高等职业技术教育"十三五"规划教材——铁道机车类

重载列车司机实务

（第2版）

主　编　张红涛　李建龙
副主编　毕红雪　朱永焕
主　审　辛宝升

西南交通大学出版社
·成都·

内 容 介 绍

本书是依据铁道机车车辆专业驾驶方向人才培养需求，并参照铁路职业技能鉴定规范，结合我国重载铁路运输有关机车运用的实际情况组织编写的。全书共 7 个项目，系统地介绍了：重载列车运输概况、重载列车机车乘务员一次乘务作业过程、重载列车驾驶、机车乘务员非正常行车处理程序、安全生产、电力机车检查与保养、各型机车电气动作及高低压试验。本书以 SS_4 改型和 HXD_3 型机车为主要机型进行编写。

本书为高等职业院校铁道机车车辆专业驾驶方向的专业教材，也可作为机务段有关运用人员的岗位培训教材。

图书在版编目（CIP）数据

重载列车司机实务 / 张红涛，李建龙主编. —2 版.
—成都：西南交通大学出版社，2017.8（2022.3 重印）
ISBN 978-7-5643-5542-5

Ⅰ. ①重… Ⅱ. ①张… ②李… Ⅲ. ①重载列车 – 驾驶员 – 高等职业教育 – 教材 Ⅳ. ①U268.48

中国版本图书馆 CIP 数据核字（2017）第 151944 号

重载列车司机实务
（第 2 版）

主　编 / 张红涛　李建龙　　责任编辑 / 王　旻
　　　　　　　　　　　　　　特邀编辑 / 王玉珂
　　　　　　　　　　　　　　封面设计 / 墨创文化

西南交通大学出版社出版发行
（四川省成都市金牛区二环路北一段 111 号西南交通大学创新大厦 21 楼　610031）
发行部电话：028-87600564　028-87600533
网址：http://www.xnjdcbs.com
印刷：四川森林印务有限责任公司

成品尺寸　185 mm×260 mm
印张　12.75　字数　317 千
版次　2017 年 8 月第 2 版
印次　2022 年 3 月第 9 次

书号　ISBN 978-7-5643-5542-5
定价　32.00 元

课件咨询电话：028-81435775
图书如有印装质量问题　本社负责退换
版权所有　盗版必究　举报电话：028-87600562

第 2 版前言

本书是根据铁路高职教育铁道机车车辆专业驾驶方向专业教学计划"重载列车司机实务"课程标准编写的。

"重载列车司机实务"是铁道机车车辆专业驾驶方向的一门主干专业课。本书以 SS_4 改型和 HXD_3 型电力机车为主要机型,紧紧围绕列车操纵的"安全、正点、平稳、准确"这一准则,重点讲述重载列车机车乘务员标准化一次乘务作业过程和重载列车操纵方面的基本技能,以及非正常行车时的处理程序等。

本书在第 1 版的基础上,增加了我国近几年来铁路重载运输的发展、重载列车牵引装备的研发、和谐型大功率机车修程修制改革等新内容,更新了知识,丰富了教材内容。

为了达到理想的教学目的,建议在教学方法上采用先进行乘务实习,再进行理论授课,授课的过程中再添加一定学时的现场实践活动。

本书由郑州铁路职业技术学院张红涛、李建龙任主编,郑州铁路职业技术学院毕红雪、郑州铁路局郑州机务段朱永焕任副主编,郑州铁路局郑州机务段辛宝升主审。其中,张红涛编写项目二至项目三,李建龙编写项目五至项目七,毕红雪编写项目四,朱永焕编写项目一。

由于编者水平所限,不当之处在所难免,恳请广大读者批评指正。

编 者

2017 年 4 月

目 录

项目一 重载列车运输概述 ·· 1
    任务一　重载列车运输的发展历程 ·· 2
    任务二　开行重载列车的条件 ·· 6
    任务三　重载列车制动系统关键技术 ·· 10

项目二 重载列车机车乘务员一次乘务作业过程 ································ 13
    任务一　段内作业过程 ·· 14
    任务二　出段与挂车 ·· 19
    任务三　发车准备与发车 ·· 24
    任务四　途中作业 ·· 26
    任务五　调车作业 ·· 33
    任务六　终点站与退勤作业 ·· 51
    任务七　机车乘务员呼唤应答标准用语 ···································· 55

项目三 重载列车驾驶 ·· 67
    任务一　作用在列车上的各种力 ·· 68
    任务二　列车的特性 ·· 74
    任务三　重载列车的操纵 ·· 79
    任务四　不同情况下重载列车的操纵 ·· 86
    任务五　机车的空转与撒砂 ·· 89
    任务六　制动机操纵的基本知识 ·· 91
    任务七　重载列车制动机的操纵 ·· 93

项目四 机车乘务员非正常行车处理程序 ·· 99
    任务一　信号机故障 ·· 100
    任务二　其他几种非正常时的行车处理 ·································· 104

项目五 安全生产 ·· 113
    任务一　电力机车乘务员安全生产 ·· 114
    任务二　铁路交通事故 ·· 120

　　　　任务三　铁路交通事故报告与调查处理 ································· 124
　　　　任务四　铁路交通事故救援与起复 ····································· 126

项目六　电力机车检查与保养 ··· 136
　　　　任务一　电力机车检查的基本知识 ····································· 136
　　　　任务二　电力机车检查 ··· 140
　　　　任务三　机车给油 ··· 162
　　　　任务四　电力机车自检自修 ··· 163
　　　　任务五　电力机车主要部件的保养 ····································· 165

项目七　各型机车电气动作及高、低压试验 ······································· 171
　　　　任务一　DF_{8B}型内燃机车电气全面检查程序 ····························· 172
　　　　任务二　HXN_5型内燃机车智能显示器检测操作程序 ······················· 177
　　　　任务三　SS_4型电力机车高、低压试验程序 ····························· 182
　　　　任务四　HXD_3型电力机车高、低压试验程序 ··························· 190

参考文献 ··· 197

项目一　重载列车运输概述

【项目描述】

本项目主要学习重载列车运输发展历程、开行重载列车的条件、重载列车制动的关键技术等三方面的知识,以了解世界上其他国家及我国重载列车运输的发展情况,激发同学们学习本课程及投身我国铁路重载列车运输事业的热情。

【教学目标】

1. 知识目标

(1) 掌握铁路重载运输的特点;

(2) 掌握重载铁路应具备的条件;

(3) 了解世界上,尤其是我国重载列车运输的发展概况;

(4) 了解开行重载列车的条件;

(5) 掌握重载列车制动的关键技术。

2. 能力目标

(1) 能说出铁路重载运输的特点;

(2) 能说出国际重载协会关于重载铁路应具备的条件,及我国大秦铁路,朔黄、京广、京沪、京哈等干线各符合重载协会的哪些标准;

(3) 会总结我国发展重载铁路的主要技术与装备;

(4) 会分析重载列车制动系统的关键技术。

【相关知识】

铁路重载运输是指在一定的铁路技术装备条件下,采用大功率机车(一台或多台)牵引,扩大列车编组长度,不降低行车速度,大幅度提高列车质量,从而达到一定牵引质量标准的运输方式,进一步发挥铁路集中、大宗、长距离、全天候的运输优势,达到增加运输能力、提高运输效率、降低运输成本的目的。

由于各国铁路运营条件、技术装备水平、发展重载运输的着眼点不一样,采用的重载列车运输类型和组织方式也各有特点。对于重载列车的质量过去并没有统一的标准,都是开行重载列车的国家根据各自的具体技术条件和运营需要,按照相对于普通列车的质量和长度进行确定的。

世界各国的铁路由于运营条件、技术装备水平不同,采用的重载列车形式和组织方式也各有特点。国际重载协会先后于 1986 年、1994 年和 2005 年 3 次修订了重载铁路标准。1986

年 10 月在加拿大温哥华召开的第三届国际重载大会上讨论确定，要求重载铁路应至少满足下列 3 个条件中的两项：

（1）列车质量至少达到 5 000 t。

（2）轴重 21 t 及以上。

（3）年运量 2 000 万 t 及以上。

1994 年修订的标准要求重载铁路至少满足以下 3 个条件中的两项：

（1）列车质量至少达到 5 000 t。

（2）轴重 25 t 及以上。

（3）在长度至少为 150 km 的线路上年运量不低于 2 000 万 t。

在 2005 年国际重载协会理事会上，对新申请加入国际重载协会的重载铁路，要求至少满足以下 3 个条件中的两项：

（1）列车质量不小于 8 000 t。

（2）轴重达 27 t 以上。

（3）在长度不小于 150 km 的线路上年运量不低于 4 000 万 t。

重载铁路运输因其运能大、效率高、运输成本低而受到世界各国铁路部门的广泛重视，特别是在一些幅员辽阔、资源丰富、煤炭和矿石等大宗货物运量占有较大比重的国家，如美国、加拿大、巴西、澳大利亚、南非等，发展尤为迅速。目前，重载铁路运输在世界范围内迅速发展，重载运输已被国际公认为铁路货运发展的方向。

任务一　重载列车运输的发展历程

【教学目标】

1. 知识目标

（1）了解国内外重载列车运输的发展概况；

（2）了解国内外重载列车运输的差异性。

2. 能力目标

（1）能简单说出国内外重载列车运输的发展；

（2）会简单比较分析国内外重载列车运输的差异。

【相关配套知识】

一、国外重载列车运输的发展概况

世界铁路重载运输是从 20 世纪 50 年代开始出现并发展起来的。第二次世界大战后的经济复苏及工业化进程的加快，对原材料和矿物资源等大宗商品的需求量增加，导致这些货物的运输量增长，给铁路运输提出了新的要求。一方面，大宗、直达的货源和货流为货物运输实现重载化提供了必要的条件；另一方面，铁路部门从扩大运能、提高运输效率和降低运输成本出发，也希望提高列车的质量。而铁路技术装备水平的不断提高又为发展重载运输提供了物质技术基础。一些国家铁路从20世纪50年代起就有计划、有步骤地进行牵引动力现代化改造，停造并先后停止使用蒸汽机车，新型大功率内燃和电力机车逐步成为主要的牵引动力，为大幅度提高牵引质量提供了必需的牵引动力。从而，以开行长大列车为主要特征的重载运输开始出现。但这一时期的重载技术尚不配套，一些关键技术，如长大列车间的过量冲动、车钩强度、机车的合理配置、同步操纵及制动等，都没有得到很好的解决。

重载运输从20世纪60年代中后期开始取得实质性进展，并逐步形成强大的生产力。美国、加拿大及澳大利亚等国铁路相继在运输大宗散装货物的主要方向上开创了固定车底单元列车循环运输方式，并且发展很快。美国是单元式重载列车的发源地。1958年，为了加强与当时出现的煤浆管道运输的竞争能力，铁路开行了每辆货车载重90.7 t、编组85辆的第一列由矿区直达钢厂的万吨级矿石单元式重载列车。1960年，美国只有一条固定的重载单元列车运煤线路，年运量不过120万t；到1969年，重载煤炭运输专线增加到293条，运量达1.44亿t，占铁路煤炭运量的30%左右。苏联在20世纪60年代末为解决线路大修对运输的干扰，在通过能力紧张的限制区段，组织开行了将两列普通货物列车连挂合并的组合列车。之后，这种行车组织方式又成为提高繁忙运输干线区段能力的重要措施。南非铁路在20世纪60年代末开始引进北美重载单元列车技术，并从70年代开始，在其窄轨运煤和矿石的线路上，逐步把列车的质量提高到5 400 t和7 400 t，并不定期开行总重为11 000 t的重载列车。巴西铁路从20世纪70年代中期开始，通过借鉴、引进北美和南非的技术，开行了重载单元列车。另外，波兰、瑞典、印度等国，也根据各自国家的具体情况和实际需要，开行了质量和长度都超过普通列车标准的重载列车。

20世纪80年代以后，由于新材料、新工艺、电力电子、计算机控制和信息技术等现代高新技术在铁路上的广泛应用，铁路重载运输技术及装备水平又有了很大提高。特别是在牵引动力、车辆大型化、轻量化、同步操作和制动技术等方面有了新的突破，从而更大地促进了重载运输的发展。

各国铁路运营条件、技术装备水平、发展重载运输的目的不同，采用重载列车运输类型和组织方式各有差异。以美国、加拿大为代表，包括澳大利亚、巴西、南非等国，是以降低运输成本、获取更大利润为目的。这些国家的铁路网规模大，行车密度小，货运比重大，运能有较大富余，而且货流量大，去向又集中，一般均组织由装车地到卸车地之间的单元式重载列车。苏联铁路是客货混跑，运能紧张，为提高铁路运输能力而发展重载运输，因而多采用组合式列车或超重超长列车。

牵引质量的提高是铁路重载运输技术发展总体水平的体现。铁路重载运输发展以来，一些国家列车牵引试验的牵引质量纪录不断被刷新：

（1）1967年10月，美国诺克福西方铁路公司（N&W，现已归入诺克福南方铁路公司）在韦尔什—朴次茅斯250 km区段上，开行了500辆煤车编组、由6台内燃机车分别分布在整个列车头部和中部担当牵引、全长6 500 m、总重达44 066 t的重载列车。

（2）1989年8月，南非铁路在锡申—萨尔达尼亚矿石运输专线上，试验开行了编组660辆货车、由16台机车牵引（5台电力机车＋470辆货车＋4台电力机车＋190辆货车＋7台内燃机车＋1辆罐车＋1台制动车）、总长为7 200 m、总重达71 600 t的重载列车。该项世界纪录一直保持到 2001 年直到澳大利亚创造新的纪录为止。

（3）1996 年 5 月 28 日，澳大利亚在纽曼山—海德兰港铁路线上，试验开行了由 10 台 Dash-8 内燃机车牵引 540 辆货车（3 台机车＋135 辆货车＋2 台机车＋135 辆货车＋2 台机车＋135 辆货车＋2 台机车＋135 辆货车＋1 台机车），总长为 5 892 m、总重达 72 191 t（铁矿石净重为 57 309 t）的重载列车。这次试验列车的平均车速为 57.8 km/h，最高达 75 km/h。

（4）2001 年 6 月 21 日，澳大利亚铁路创重载列车新世界纪录：BHP 公司开行了一列装载 8.2 万 t 铁矿石，总重达 99 734 t，由 682 辆货车和 8 台机车组成的列车，长度达 7 300 m，仅有 1 名司机，另外 7 台机车由 GE 公司生产的哈里斯机车遥控系统控制。

二、我国铁路重载运输的发展概况

我国铁路发展重载运输有两种途径：一是有计划地对既有干线铁路进行配套改造，在既有主要繁忙干线上开行 5 000 t 级整列式重载列车；二是新建大能力、高标准的重载运输专线，如大同—秦皇岛双线电气化重载运煤专线。

我国铁路发展重载运输起步较晚，是从开行组合列车开始起步的。自 1984 年经国务院批准，决定在北京局管辖的丰沙大和京秦电气化铁路试验开行重载列车至今，经历了 3 个阶段，采取了 3 种运输组织模式。

第 1 阶段（1984—1990 年）为改造旧线、开行组合式重载列车模式阶段。这种组合式重载列车是由两列或两列以上首尾相接的普通货物列车合并连挂而成的，通过成倍数地增加列车的质量和长度，利用一条运行线组织运行，有效地提高了运输方向上的线路通过能力。这种重载列车运输方式，不需对铁路线路设施进行大规模技术改造，列车可根据运输的实际需要因地制宜地随时进行组合或分解。1984 年 11 月在大同—沙城—丰台—秦皇岛间首次开行了由两列普通货物列车合并的重载列车，随后又在沈山线、石德线和平顶山—江岸西间开行了 7 000～7 600 t 的组合列车，对于缓和当时繁忙干线运输区段运输能力紧张状况，起到了一定的作用。通过实践，加深了对重载组合列车的认识，尤其是各机车间的协调操纵问题，为了确保组合列车的安全运行，一方面要解决机车间的可靠通信联系，另一方面还必须确定主辅机的协调操纵方法。

第 2 阶段（1990—1992 年）为新建大秦铁路，开行单元式重载列车模式阶段。为了加速山西煤炭能源基地的开发和建设，增加晋煤外运通道，1992 年我国建成了全长 653.2 km 的大同—秦皇岛铁路，它是我国第一条双线电气化重载单元列车的运煤专线，单元列车的质量达到了 10 000 t。大秦铁路在机车、车辆、信号、通信、工务、供电及运输管理等方面大量采用了先进技术，是中国铁路重载运输发展的重要标志。

第 3 阶段（1992 年以后）为逐步改造既有繁忙干线，开行整列式重载列车模式阶段。由一台或多台机车集中在头部牵引的整列式重载列车，是我国重载运输发展过程中采用的重载列车基本形式。为在全国既有路网推行重载列车技术，中国铁路总公司有计划、分步骤地在一些主要干线（包括京广线、京沪线、京哈线）繁忙区段组织开行了 5 000 t 级的整列式重载列车，这种扩能效果显著的重载运输方式，已成为中国发展重载运输的主要方式。

2004 年 12 月 12 日，大秦铁路 2 万 t 重载组合列车试验一举成功。2 万 t 重载列车的试验成功,标志着中国铁路重载成套技术装备取得了质和量的突破,跨入了世界先进行列;标志着大秦铁路可以以其"先进、成熟、经济、实用、可靠"的技术和先进的运输组织方式,为煤炭运输的需求提供强大的运力保证。2014年4月2日,由中国铁路总公司在大秦铁路组织实施的牵引质量3万t重载列车运行试验取得了圆满成功。这是我国铁路重载运输发展新的里程碑,中国也成为世界上仅有的几个掌握3万t铁路重载技术的国家之一。

此外,为满足地方经济发展的需要,由中国铁路总公司和山西、河南、山东等省共同投资兴建的瓦(塘)日(照)铁路于2014年12月建成通车,是继大秦铁路后我国又一条新的"西煤东运"能源运输大动脉。瓦(塘)日(照)铁路是我国第一条30 t轴重重载铁路,按Ⅰ级铁路干线标准建设,正线长度约1 267.3 km,双线电气化、自动闭塞、客货混行线路。设计年运量为2亿t,设计速度为120 km/h,牵引质量为5 000 t和10 000 t,到发线有效长度为1 050 m和1 700 m,一般区段和困难区段的最小曲线半径分别为1 200 m和800 m。

三、国内外铁路重载运输的差异性比较分析

国内外铁路重载运输的主要区别如下:

1．行车密度不同

一条铁路线路运输能力的提高主要靠两点:一是提高货物列车的载质量,二是增加行车密度。目前,我国铁路主要区段的能力,都不同程度地呈现紧张状态,即使是重载运煤专线——大秦铁路也是如此,大秦线现有组织模式每日组织货物列车90对之多,因此行车密度大是我国铁路重载运输的主要特点。而在国外,铁路运输能力相对富余,重载运输线路多是夜间施工,白天行车,行车密度也很低,最低7对/日,复线区段最多25对/日。

2．列车轴重与列车牵引质量差异

在较低的行车密度条件下,为满足运输需求,国外采用加大轴重和牵引质量的组织方式。目前,运用中最大轴重已达40 t,是澳大利亚FMG公司轴重40 t的矿石敞车。美国、加拿大等重载铁路的轴重普遍达到32.5～35.7 t,瑞典、巴西的重载列车轴重已提高到30 t,南非重载列车轴重已提高到26 t(窄轨),而俄罗斯正在将重载货车轴重提高到27 t,并加紧研究35 t轴重的轨道部件。列车牵引质量也基本都在20 000 t左右,美国、加拿大等重载单元列车牵引质量普遍由15 000 t向18 000 t发展,而且有向更重方向发展的趋势。南非、澳大利亚的重载单元列车牵引质量已超过20 000 t。澳大利亚BHP重载铁路已进行82 000 t牵引质量的重载单元列车试验。

3．车辆运用情况差异

国外铁路是按占用车辆小时收费,没有车辆周转的概念,提倡以车代库,这在一定程度上促使运输模式向加大列车质量方向发展;而在我国,大轴重、大载重的车辆相对较少,注重提高车辆运用效率,压缩车辆周转时间,所以车辆数量在一定程度上制约着我国重载运输的发展。

4．机车运用及操纵情况差异

国外重载铁路多采用多机牵引，机车分散编挂在列车中，用同步遥控设备操纵。我国大秦铁路自 2004 年起才大量开行万吨列车，运输组织方式包括单元式和组合式两种，单元式万吨重载列车多采用两台 SS_4 机车挂于列车头部牵引；2006 年 3 月 28 日，大秦线开行的 2 万 t 列车采用 5 台 SS_4 改型机车，用不同的编组方式进行牵引（常用的是 2-2-1 分布组合）。2014 年 4 月 2 日，大秦线开行的 3 万 t 煤炭列车由 4 台 HXD_1 大功率交流传动电力机车牵引，总编组达 320 辆，列车总长 3 971 m。由此可见，机车同步操纵设备是重载列车多机牵引时必不可少的技术装备，美国研制的 Locotrol 机车同步操纵系统已发展到第三代，性能不断提高，功能也进一步完善。我国虽已研制出机车同步操纵与制动系统，但由于种种原因没有达到理想的应用效果，目前引入的是美国 GE 公司的 Locotrol 同步操纵装置。

5．列车制动装置差异

电空制动用于长大货物列车，将实现列车中各货车同步制动和缓解，大大减少重载列车的纵向冲动。国外发达国家已普遍应用 ECP（电控空气制动系统）技术。而我国目前采用的仍是传统的空气制动方式，尚未全面采用 ECP 技术。

6．重载线路运营模式差异

国外铁路重载线路多为单线（或间有部分复线）封闭式的线路，重载单元列车的运输组织形式简单，基本都是点到点的重载运输模式；而我国大秦铁路与路网中的其他线路联网，装车端有口泉支线、云岗支线、大准线、京包线、北同蒲线等线路连接，线路中部与津蓟线、京承线等连通，线路东端除了连接秦皇岛港口外，还与京秦线、京山线连通，车流来源及去向复杂，且相邻线路牵引定数不一，呈现多点至多点的模式，是一条半封闭式的兼具通道功能的重载运煤铁路，运输组织比较复杂。

任务二 开行重载列车的条件

【教学目标】

1．知识目标

（1）掌握实现重载运输的途径；

（2）了解我国发展重载铁路的主要技术与装备；

（3）掌握我国发展重载铁路过程中机车的研发过程。

2．能力目标

（1）能分析实现重载运输的主要途径；

（2）能总结为适应我国重载铁路的发展，铁路机车的机型发展，并会通过查阅资料，了解相关型号机车的主要技术参数。

【相关配套知识】

实现重载运输有两种基本途径：一是扩大列车编组，增加列车长度，开行长大列车；二是提高轴重，加大车辆的每延米载重，发展大型货车。从世界重载运输技术的发展趋势来看，尽可能提高列车每延米载重，充分利用现有站线长度，已逐渐成为今后重载铁路运输的主流方向。

由于在重载铁路运输上广泛使用大轴重的大型货车，都有效地提高了列车每延米的质量，一般达到 8~9 t/m，运输效率得到大幅度提高。我国目前繁忙干线长大列车每延米质量一般为 6 t/m 左右，重载列车也仅为 7 t/m 左右，距重载运输发达国家有很大差距，同时也说明存在很大的效益空间可以发展利用。

一、我国发展重载铁路的主要技术与装备

1. 机 车

研制大功率内燃、电力机车以提高牵引列车质量，是我国重载运输的主要发展方向。无论是开行重载组合列车、重载混编列车，还是开行重载单元列车，均需要有大功率的内燃机车或电力机车作为牵引动力。中国的牵引动力已实现了以内燃、电力牵引为主的布局，主要繁忙干线实现了内燃、电力机车牵引，为发展重载运输创造了条件。

20 世纪 80 年代以来，我国自主研制成功了 DF_8、DF_{8B}、SS_{4B}、SS_7 等大功率重载机车，基本满足了发展重载运输的需要。其中 DF_8 型内燃机车装机功率为 3 310 kW，为全路重载牵引中的主型货运机车之一。在此基础上研制的 25 t 轴重的 DF_{8B} 型机车，更加适合在繁忙干线牵引 4 000~5 000 t 重载列车。SS_4 型电力机车由两节相同的 4 轴机车组成，额定持续功率为 6 400 kW，批量生产的 SS_{4B} 型电力机车，在繁忙干线上担负着重载运输的任务。SS_7 型电力机车为 6 轴重载电力机车，额定持续功率为 4 800 kW，是适用于山区小半径曲线重载线路的主型机车。

2003 年以来，我国铁路通过技术引进消化吸收再创新，已基本掌握了世界最先进的大功率电力机车的总成、车体、转向架、主变压器、网络控制、主变流器、驱动装置、牵引电机、制动系统等 9 大核心技术，并掌握了世界最先进的大功率内燃机车的柴油机、主辅发电机、交流传动控制等 9 大核心技术，实现了传统的交直传动向先进的交直交传动方式的跨越，标志着我国大功率重载机车生产制造技术已跻身世界先进行列。2007 年 6 月 25 日，首批总功率为 9 600 kW 的"和谐 1 型"（HXD_1）8 轴交流传动电力机车在大秦铁路投入运营，可双机牵引 2 万 t 重载组合列车。2008 年 1 月 22 日，总功率为 9 600 kW 的"和谐 2 型"（HXD_2）机车也在大秦线 2 万 t 重载组合列车牵引试验中取得成功，并开始投入正式运行。另外，总功率为 7 200 kW 的"和谐 3 型"（HXD_3）交流传动电力机车已逐步成为京沪、京广两大铁路干线的主力机型。同时，具备良好性能的总功率为 4 660 kW 的 HXN_3 和总功率为 4 400 kW 的 HXN_5 型交流传动内燃机车陆续在各个铁路局投入使用。此外，2012 年，由中车株洲电力机车有限公司研制的"神华号"十二轴机车是货运干线机车，机车功率 14 400 kW，最高速度 120 km/h，轴式 3(B_0-B_0)，轴重 25 t。2014 年下线的总功率为 9 600 kW, 30 t 轴重的 HXD_{1F} 和 HXD_{2F} 大功率交流传动电力机车，牵引能力比现有同功率和谐型电力机车高出大约 20%。而且两款机车在互联互通、运用操作、部件互换性、检修及整备接口、控制逻辑、安全及生

活设施等6个方面实施了统一化，首次实现了不同厂家设计制造的不同型号机车间的互联互通、重联运行。这两款机车的成功下线，填补30 t大轴重电力机车的技术空白，更好地满足了重载货运列车对机车大牵引动力的需求，这些大功率交流传动机车投入运营后，进一步提升了我国铁路重载运输的牵引动力水平。

2．车　辆

为了适应重载运输，对铁路的固定设施和移动设备必须进行一定的技术改造，其中作为载运工具的铁路车辆应具备一些特殊的结构性能，主要表现在下面几个方面：大吨位、低自重系数、大延米荷载、低重心高度、便于迅速装卸、减少纵向冲动、加强纵向力的承受能力、低动力作用转向架。

（1）大吨位：重载列车的牵引质量比常规列车大得多，因此要求组成重载列车的每一辆货车具有较大的吨位，扩大车辆吨位的途径有两条，一是增加轴重；二是不改变轴重，增加轴数，即由原来的4轴车改为6轴车或8轴车，即每辆车的总重由84 t提高到126 t或168 t。增加轴重须加强线路，更换重型钢轨。增加轴数使车辆结构复杂，并增加车辆自重。经过国内铁路专家长期论证，确定采取逐步增加轴重的途径来提高我国铁路车辆的吨数。

（2）低自重系数：重载列车的牵引质量中有一部分为车辆自重，一部分为装载货物的质量。如果车辆自重小，则每辆车在同样的轴重条件下，可装载的货物量大，运输效率提高。因此，作为重载运输的车辆应在保证必要的强度、寿命条件下尽可能减小车辆的自重。

（3）大延米荷载：重载列车的牵引质量大、列车的编组辆数比较多，因此列车的长度也比较长，但是列车的长度会受到车站到发线长度的限制，我国车站到发线长度一般为650 m、850 m、1 050 m等几种，在运煤专线上，某些站的到发线长度可以达到1 700 m，甚至2 000 m。因此，在某一区间运行的列车长度，要根据该区间的到发线长度而定，如果根据运输需要增加列车长度，则需要加长该区间车站的到发线。

根据我国铁路桥梁和线路设计标准规定，车辆每延米载重最大可达8 t，而我国大部分车辆的延米载重均低于此标准，仅有大秦线每延米载重达到10 t。如果重载车辆能充分利用线桥容许的延米荷载，可以在同样牵引吨位下缩短列车长度，也可在到发线长度不变的情况下增加列车吨位。

（4）低重心高度：为了运行安全，防止车辆在运行过程中出现倾覆事故，按《铁路技术管理规程》车辆及其装载货物的重心不能超过 2 m。虽然增加车体高度、缩短车辆长度可以提高车辆的延米荷载，但是由于车辆重心高度的限制，使车辆不能充分利用容许轴荷载或不能充分利用线路容许的延米荷载。

（5）便于迅速装卸：单元重载列车采用固定编组，按固定线路循环运行于装、卸货物的两地。为了加快车辆周转，采用机械化装卸方式，如我国大秦线运煤重载列车，在大同用装料机不停车装煤，到秦皇岛在翻车机上不摘钩卸煤，因此运煤单元列车的车辆上需采用可以两车相对转动的转子车钩，同时考虑车体侧墙有足够的刚度和强度，能满足翻车机上工作的要求。

（6）减少纵向冲动、加强纵向力的承受能力：由于重载列车中的编组车辆增加，当列车在线路断面变化区间运行以及起动、制动时列车内部的纵向冲力加剧，使列车中每辆车承受的纵向力加大，因此作为重载运输的车辆要有强固的车钩，用大容量的缓冲器来吸收列车冲击时的能量，同时要采用制动波速较快的制动机。在制动工况下使列车中每辆车的速度接近，以减小车辆之间的冲击速度。为了使重载列车能承受较大的纵向力，我国铁道车辆强度设计规范也做了适当修改，提高了车辆纵向强度的要求。

（7）低动力作用转向架：为了减少由轴重增加而对轨道的损伤，世界各国铁路正在着重研制和改进车辆转向架结构性能，减少因增加轴重而对轨道的破坏作用。

3．机车无线同步操纵技术

2003年以来，我国铁路在引进Locotrol技术的基础上，对大秦线开行2万t重载组合列车技术进行了系统集成创新：实现了Locotrol技术与800 MHz数据电台的集成创新；Locotrol技术与SS_4机车、CCBⅡ制动机的集成创新；在世界上首次实现了Locotrol技术与GSM-R技术的集成创新。通过集成创新，大秦线成功开行了3种编组的2万t组合列车：采用$4 \times 5\,000$ t的编组、1+1+1+1动力布置方式、由4台SS_4机车牵引204辆C80货车的重载组合列车；采用$2 \times 10\,000$ t的编组、1+2+1动力布置方式、由4台SS_4机车牵引204辆C80货车的重载组合列车；采用$2 \times 10\,000$ t编组、1+1+可控列尾动力布置方式、由2台和谐型机车牵引210辆C80货车的重载组合列车。2014年4月2日，大秦线采用$3 \times 10\,000$ t的编组、1+1+1+1动力布置方式、由4台HXD_1机车牵引320辆C80货车，成功开行了3万t的重载组合列车。

4．铁路线路技术要求

（1）延长站线。

按目前车辆的结构尺寸，850 m有效长到发线仅能容纳牵引吨数为4 000～5 000 t的列车长度，1 050 m有效长能容纳5 000～6 000 t列车，若牵引吨数达到7 600～8 000 t以上的重载列车，需延伸股道有效长1 700～2 300 m以上。

（2）更换重型轨道和道岔。

重载列车要求上部建筑特别是轨道质量最小应在每米60 kg以上，专用重载铁路可铺设每米75 kg重轨及相应的重型道岔和配件。

运营实践表明，货车轴重的提高将会对线路结构产生以下几个方面的不利影响：

① 轨道部件的伤损。钢轨断裂、轨枕裂纹、扣件折损都会随着轴重的提高而增加，从而降低轨道运用的安全度，影响行车安全。

② 轨道结构的失效。随着轨道部件的伤损增加，部件更换量和维修工作量增大，材料消耗增加，以致使整个轨道的继续使用在技术经济上不合理，因而必须提前进行大修、中修。亦即轴重的增加导致轨道大、中修周期的缩短。

③ 线路状态的恶化。路基基床下沉变化速率加快，病害增多；道床脏污、板结、硬化而失去其应有的弹性、渗水性及稳定性；轨下胶垫老化、破损周期缩短；钢轨轨面易于发生剥离、压溃，在曲线地段还会出现严重的上股钢轨侧面磨耗；轨道几何形位变化速率加快，线路维修工作量增大。

我国的试验分析表明：当轴重由18 t分别提高到21.6 t和25 t，则钢轨的安全使用寿命依次缩短66%和86.7%，而轨道的日常维修工作量则相应增加37%和79%。

（3）线路参数的改变。

最小曲线半径、限制坡度、变坡代数差、竖曲线半径等的变化。

（4）路基密实度的提高。

然而，随着货车轴重的增加，轮轨间的相互作用（特别是垂向相互动力作用）不断增强，车辆对轨道结构的破坏作用及线路变形也随之加剧。如不采取措施，将会大大增加轨道日常维护工作量，缩短轨道使用寿命。

二、取得的主要成效

近20多年来，中国铁路通过发展大功率电力、内燃机车和大型货车，积极在运煤通道和繁忙干线开行重载列车，大力发展重载运输，对提高我国铁路运能、缓解铁路对国民经济的瓶颈制约，发挥了不可替代的重要作用。据统计，1980—2007年，我国铁路货运列车平均总重从1 994 t增加到了3 193 t，增加了60.1%；货运量从11.1亿t增加到31.3亿t，增长了181.3%；货运周转总量从5 717.5亿t增加到23 797亿t·km，增长了316.2%。而同期铁路营业里程仅增加了46.2%。大秦线作为我国最重要的运煤通道，通过重载扩能，运量逐年提高，2002年实现运量1.0亿t，2003年达到1.2亿t，2004年1.5亿t，2005年2.0亿t，2006年2.5亿t，2007年突破3亿t，2008年运量突破3.4亿t，成为世界上年运量最大的铁路线。2010年12月26日，大秦铁路提前完成年运量4亿t的目标，为保障我国能源运输安全做出了重要贡献。

任务三　重载列车制动系统关键技术

【教学目标】

1．知识目标
（1）掌握重载列车对制动系统的基本要求；
（2）掌握重载列车制动装置必须满足的条件。
2．能力目标
（1）能讲述重载列车对制动技术的基本要求；
（2）能说出重载列车制动装置必须满足的条件。

【相关配套知识】

一、重载列车制动系统关键技术

制动系统对列车运行安全有着举足轻重的作用，现代铁道技术虽已发展了多种制动方式，但对货物列车来讲，空气制动仍然是最基本的制动作用方式。货物列车空气制动作用制约因素较多，其中列车长度是重要的制约因素。不同于一般的货物列车，我国的重载列车发展至今，已由 5 000 t 级提高到 30 000 t 级以上，编组辆数也由 60 多辆增加到 320 辆之多，列车的最大长度已达 3.9 km 以上，因此导致了空气制动作用的严重恶化，根据重载列车的特点，对制动技术的基本要求可总结如下：

1．制动空走时间和制动距离

影响制动距离的因素很多，主要有制动空走时间、制动空走距离、制动机性能、列车运行速度、线路纵断面条件、牵引吨数和气候条件等。

制动空走时间是指从司机采取制动措施时起，到闸瓦压向车轮产生制动作用为止所用的时间。制动空走距离是指列车在空走时间内所走行的距离。制动时，制动空走距离判断不准确，容易发生超速或停车位置不准等现象，甚至发生"冒进""冒出"等事故。

影响制动空走距离的制动空走时间主要和列车长度或编组辆数有关。由于重载列车编组辆数的增加，必然导致制动空走时间和制动距离的增加，加上长大列车压力梯度对后部车辆制动力的影响，因此对于重载列车应要求有比普通列车更高的制动力，才能保持和普通列车同等的制动距离。

2．充气作用和长大下坡道的运行安全性

列车空气制动后的再充气时间随着编组辆数的增加而呈非线性的增加。重载列车需要有比普通列车长得多的再充气时间，因此，在长大下坡道多次循环制动时，对司机操纵方法特别是再充气时间的要求更高。

3．减轻列车纵向动力作用

货物列车在纵向非稳态运动过程中产生的纵向动力作用不仅是导致断钩、脱轨等重大事故的主要原因，也是破坏货物完整性和加速机车车辆装置疲劳破坏的重要因素。该纵向动力作用以空气制动时为甚，并基本上与列车的总制动力或辆数成正比。在同样装置、线路和操纵工况等作用条件下，重载列车的纵向力通常比普通列车成倍增加，因此，如何减小重载列车的纵向作用力是需要研究的重要内容。

二、重载列车制动装置必须满足的要求

（1）要具有很高的制动波速和较高的缓解波速。为此必须加强和改进每辆车的局部减压性能，增加局部减压性能，这样，由制动管长方向的衰减问题即可解决。

（2）在大力提高制动波速的同时，采用制动缸先快后慢的变速充风方法，适当地延长制动缸充风时间，以达到大大减轻制动冲击，又不延长制动距离的目的。

（3）采用摩擦系数较大的闸瓦，同时改用较小的制动缸和副风缸。这样，既可以保证在同样的闸瓦压力条件下，使重载列车的初充风时间不致延长；又由于闸瓦压力较低，可以减轻闸瓦磨耗。

（4）采用性能良好的空重车自动调整装置，保证空车不滑行，重车具有足够的制动力。

（5）制动管内壁和各个连接管器具有较小的气体流动阻抗。

（6）要有密封式制动缸和良好的压力保证性能。在长大下坡道制动保压时，能保持制动缸不漏泄，即使有一点漏泄，副风缸也能及时给予补风，总风缸也能经制动管给副风缸补风，保持制动缸压力不致因漏泄而衰减。

（7）牵引组合列车处于列车中部的机车应当装有中继制动装置或同步制动装置。前者可以把前面传来的已经衰减得很微弱的制动指令加以放大，然后再向后传送；后者可以接受列车头部的制动指令，并把它同步向后传送。

【项目小结】

本项目主要介绍了国内外重载列车的发展历程，以及我国发展重载铁路运输的主要技术与装备；另外，从重载列车运行的安全角度出发，介绍了重载列车制动系统的关键技术。

【复习思考题】

1. 重载铁路的定义应满足哪些条件？
2. 重载铁路运输的特点有哪些？
3. 我国铁路发展重载运输的途径有哪些？
4. 国内外铁路重载运输的主要区别是什么？
5. 我国发展重载铁路的主要技术与装备是什么？
6. 对重载列车制动系统的基本要求有哪些？

项目二　重载列车机车乘务员一次乘务作业过程

【项目描述】

本项目主要学习重载列车机车乘务员一次乘务作业过程和调车作业及机车乘务员呼唤应答作业标准，培养学生在今后的机务工作过程中，形成"说标准话、干标准活"的良好习惯，为我国重载铁路运输的发展打下坚实的基础。

【教学目标】

1. 知识目标

（1）掌握机车乘务员一次乘务作业程序；

（2）掌握调车作业有关规定，尤其是利用本务机进行中间站的调车作业；

（3）掌握机车乘务员呼唤应答。

2. 能力目标

（1）能进行机车乘务员一次标准化乘务作业；

（2）能胜任学习司机进行调车作业；

（3）能配合司机进行呼唤应答作业。

【相关知识】

列车的安全正点运行，是铁路运输一切工作的基础，只有在这个基础上才能实现多拉快跑和增收节支。为了保证列车安全正点运行，机车乘务员除不断地提高操纵技术外，还要加强安全生产知识和规章制度的学习。乘务工作中严格执行《铁路技术管理规程》和《铁路机车操作规则》等有关的规章命令，熟悉乘务工作规律，熟悉线路特点和气候情况，熟悉线路的纵断面，结合季节气候特点，充分利用列车运行监控记录装置的提示信息，按要求正确操纵机车。

机车乘务员是铁路运输的主要技术工种，担负着驾驶机车，维护列车安全正点的责任。总之，作为合格的机车乘务员必须做到"安全、正点、平稳、准确"地操纵机车。

《铁路机车操作规则》是机车乘务员操纵列车规范化、标准化的重要依据，因此，机车乘务员和各级机务管理人员必须认真学习和严格执行本规则的规定，树立良好的职业道德，做到遵章守纪、爱护机车、平稳操纵、安全正点。

随着铁路运输事业的跨越式发展，乘务制度也相应发生变化，出现了单司机值乘的乘务方式。该乘务方式是：操纵列车的司机为值乘司机，换班司机为随乘司机，值乘司机和随乘司机共同完成列车的牵引任务。值乘司机和随乘司机在一个值乘区段内轮流担当列车操纵任务，随乘司机必须听从值乘司机的指挥，协助值乘司机完成本趟值乘任务。待乘、出勤报到、库内作业、出库挂车，换挂，终点站及入库作业、退勤，两司机必须同时作业。

任务一　段内作业过程

【教学目标】

1．知识目标

（1）了解乘务员待乘休息的有关内容；

（2）掌握机车乘务员出勤作业的有关规定；

（3）掌握机车乘务员接车作业的有关要求。

2．能力目标

（1）能按规定进行标准化的出勤作业；

（2）会进行出勤后的接车作业（如：IC卡数据的转储、机车三项设备的检查等）。

【相关配套知识】

机车乘务员一次作业过程是指乘务员从出勤、牵引列车到退勤全过程。为了保证乘务员在值乘时精力充沛，在出乘前必须充分休息，各铁路局还制订了出乘前的待班制度。

一、待乘休息管理

担当夜间乘务工作的机车乘务员，必须实行班前待乘休息。铁路局应制订机车乘务员待乘休息管理制度，统一规定夜班待乘休息的起止时间。机务段应制订细化落实措施，明确规定各待乘车次的具体待乘时间并予以公布。

机车乘务员到乘务员公寓待乘卧床休息不少于 4 h；非常预备乘务人员应等同待乘机班，纳入待乘管理范围（见图2-1）。

图 2-1　乘务员公寓待乘休息

机务段应建立段、车间干部检查待乘室制度。段、车间值班干部每天必须检查待乘休息情况，并进行指纹确认。

铁路局应对待乘及管理情况进行不定期检查。

二、出勤和接车作业

1．乘务员出勤时应做到

（1）出乘前必须充分休息，严禁饮酒，按规定着装，准时出勤，如图2-2所示。

图2-2　乘务员准备出勤

（2）出勤时，机车乘务员应携带工作证、驾驶证、岗位培训合格证（鉴定期间由机务段出具书面证明）和有关规章制度，到机车调度员处报到，立正报告（用语为：××机班，值乘××次出勤）。出示证件，接受指纹影像识别、酒精含量测试，如图2-3所示；听取机车调度员传达安全通报、上级要求，按规定领取司机报单、司机手册、列车时刻表、运行揭示等行车资料和备品，如图2-4所示。

图2-3　输入指纹，接受酒精含量测试

图2-4　领取相关资料

（3）认真阅读核对运行揭示及有关安全注意事项，对临时限速应摘抄（区段、时间、限速值）在司机手册上（见图2-5），结合担当列车种类、天气等情况，做好安全预想，并记录于司机手册（见图2-6）。认真听取出勤指导，将司机手册交机车调度员审核并签认（见图2-7、图2-8）。

审阅运行揭示,将命令号码抄写在手册上,慢行地点公里标及限制速度值写在相关站名后面并画红线。阅读有关指示、命令、通报,进行乘前问答考试

根据担当区段、车次、天气、本机班人员状况、使用机车型号及有关要求,召开小组会,订出安全措施,记录在司机手册上

图 2-5　核对阅读运行揭示、注意事项　　　　图 2-6　制订行车安全措施

图 2-7　执行标准化出勤

出勤乘务员认真阅读安全卡及相关安全传达内容(操纵司机阅读,学习司机认真听取安全卡内容)

认真阅读安全卡后,二人分别在出勤传达登记簿上签名

图 2-8　安全卡阅读并签字

(4)办理运行揭示和列车运行监控装置(以下简称 LKJ)专用 IC 卡(以下简称 IC 卡)交付时,必须实行出勤机班与出勤调度员双审核、双确认的检验签认把关制度。

(5)出勤后利用验卡设备,将 IC 卡内容与运行揭示进行逐条核对(见图 2-9)。

项目二 重载列车机车乘务员一次乘务作业过程

出勤完毕利用验卡设备，将 IC 卡内容与运行揭示进行逐条核对（操纵司机阅读，学习司机核对）

图 2-9 核对 IC 卡运行揭示内容

2．出勤后接车时应做到

（1）出勤后按职责分工进行交接。机班同到地（外）勤，领取机车钥匙、"机车运行日志"，了解机车运用、检修情况，停留股道。担当货物列车或单司机单班值乘的须领取（携带）列车无线调度通信设备手持电台。学习司机（单司机单班或待值乘司机）领取工具、备品、棉丝等物品，办理燃料、耗电交接手续（见图 2-10）。

（2）接车后，确认 LKJ、机车信号、列车无线调度通信设备等行车安全装备合格证齐全、符合规定。开启行车安全装备电源。确认 LKJ 时钟正确，并将年、月、日、时、分记录于司机手册。核对粘贴在显示器上的数据"版本标签"、LKJ 显示的数据版本号、电务车载设备检测合格证记载的数据版本号应一致，司机在电务车载设备检测合格证版本确认章上"司机确认"栏签字；值乘外局机车的，核对粘贴在显示器上的"版本标签"和 LKJ 显示的数据版本号一致（见图 2-11）。

图 2-10 办理交接手续

图 2-11 检查行车安全装备

（3）将 IC 卡内运行揭示数据导入 LKJ，拔出 IC 卡后对可控信息进行查询、核对。正确输入乘务员代号、交路号、车站号、车次、列车种类等数据参数，正确选择车速等级，确认 LKJ "开车"灯亮；并将交路号、车站号、车速等级、LKJ 数据版本号等记录在司机手册上（见图 2-12）。

17

（4）开启列车无线调度通信设备或机车综合无线通信装置（以下简称 CIR，下同），并进行通话录音和回放试验（用语为：×月×日××、××机班值乘××机车录音试验）；开启列车尾部安全防护装置（以下简称列尾装置，下同）司机控制盒（见图 2-13）。

图 2-12 输入相关数据及核对揭示　　　　图 2-13 相关设备试验

（5）开启机车信号电源，机车信号上电显示。

（6）行车安全装备必须全程开机，按规定正确操作使用，严禁擅自关机。不得使用列车无线调度通信设备进行与行车无关的通话，并应遵守保密的规定。

（7）按分工范围和规定顺序对机车进行检查、试验，并对机车修理项目进行重点复查。针对具体车型的检查项目可参照铁运【2012】281号《铁路机车操作规则》（以下简称《操规》）附件1（见图2-14）。

图 2-14 机车检查

（8）电气动作试验、电力机车高低压试验按《操规》附件2规定的项目和标准进行。

司机启动柴油机。启机前，司机应确认全员处于安全位置并进行甩车，甩车后关闭示功阀。启机时，学习司机（待值乘司机）应站在紧急停车装置处观察柴油机升速情况，发现危及安全时，应立即按压紧急停车装置按钮。

电力机车升弓前，司机需确认全员到岗、到位，车顶、高压室、车底无人，检查确认车顶高压设备绝缘状态良好（无高压检测设备时查看机车感应网压值），受电弓工作风压不低于600 kPa，具备升弓条件后，向司机室外高声呼唤："升弓"，鸣笛（限鸣区段除外，下同），确认无异常，升起非操作端侧受电弓。升弓时，学习司机（待值乘司机）应在司机侧瞭望确认受电弓升弓状态；单司机单班值乘的升弓后确认受电弓升起状态。

启机或升弓后，启动空气压缩机进行泵风，确认总风缸压力不低于 600 kPa，将单阀置全制位后，对机车上部进行巡视检查。

JZ-7、DK-1、CCBⅡ制动机检查和试验按《操规》附件 3 至附件 6 的规定进行。

【拓展资源】

机车乘务员岗位之段内作业

出乘之前不饮酒　充分休息精神足
上班途中守交规　提前出勤不马虎
运行揭示细核对　施工关键记清楚
电器试验逐项做　发现问题不疏忽
检查机车要到位　勤敲细看隐患除
揭示录入共确认　运记操作不错输

出勤和开车防止错输

出勤把好揭示关　盯好参数输入点
电子录音好设备　项点定要细核对
先看你我司机号　莫把换长辆数倒
列车种类要看好　客车货车别乱跑
区段车站号一变　运记屏面问题现
车速等级选不好　如不停车改不了
开车看看五盏灯　有权无权警惕键
机车信号上下行　地面监控信号好

任务二　出段与挂车

【教学目标】

1. 知识目标

（1）掌握 LKJ 设置为调车工作状态的方法；
（2）掌握机车要道还道的方法；
（3）掌握机车出段的有关作业内容；
（4）掌握机车挂车的有关规定；
（5）掌握列车制动机试验的有关内容及方法。

2．能力目标

（1）会进行出段及挂车作业过程中有关LKJ、CIR的设定；

（2）会进行要道还道作业（主要是会进行机车鸣笛要道作业）；

（3）能协助司机共同确认进路状态，并会进行呼唤应答，完成机车出段作业；

（4）能执行十、五、三车和一度停车规定，按规定进行挂车；

（5）会显示机车连挂信号，会按规定连接风管及开启折角塞门；

（6）会进行列车制动机性能试验。

【相关配套知识】

机车整备完毕机班全员上车后，司机将LKJ设置为调车工作状态，按规定要道还道，准备出段。设有两端司机室的机车，必须在运行方向的前端司机室操纵；电力机车应确认或升起首次值乘列车运行方向的后弓。

一、机车整备完毕，机班全员上车后，要道准备出段

（1）确认调车信号或股道号码信号、道岔开通信号、道岔表示器显示正确，厉行确认呼唤（应答），鸣笛动车（限鸣区段除外，下同）。如某局规定动车时要求打开司机室侧窗，学习司机（待值乘司机）立岗（见图2-15）。

（2）移动机车前，应确认相关人员处于安全处所，防溜撤除，注意邻线机车、车辆的移动情况。鸣笛动车，由近及远，依次逐架确认经路上的每一架信号机、道岔表示器；对首架信号机（非集中区为股道号码信号、道岔表示器），必须在信号显示侧"探头瞭望，手比呼唤"确认动车前实施LKJ【定标】键打点。严格按信号显示要求运行，严守限制速度（见图2-16）。

图2-15　准备出段

图2-16　段内控速

（3）电力机车通过自动过分相测试点处，应确认车载自动过分相装置作用良好。

（4）机车到达站、段分界点停车，签认出段时分（单班单司机签点办法由铁路局规定），了解挂车股道和经路，执行车机联控，按信号显示出段（见图2-17）。

图 2-17 停车签点

执行车机联控时，按压 LKJ【出入库】键，确认首架信号开放，实施 LKJ【定标】键打点，按信号显示出段，并将出段时分记录在司机手册上。

二、严格控制机车速度

进入挂车线后，应严格控制机车速度，执行十、五、三车和一度停车规定，确认脱轨器、防护信号及停留车位置。

（1）距脱轨器、防护信号、车列 10 m 前必须停车。

（2）确认脱轨器、防护信号撤除后，显示连挂信号，以不超过 5 km/h 的速度平稳连挂（见图 2-18）。

（3）连挂时，根据需要适量撒砂，连挂后要试拉。

图 2-18 挂　车

三、检查车钩、软管联结和折角塞门状态

挂车后，机车保持制动，司机确认机车与第一位车辆的车钩、软管联机负责；列车本务司机应复检机车与第一位车辆的车钩、软管联结和折结和折角塞门状态。多机重联时，机车与车辆连挂状态的检查由连挂司角塞门状态。

（1）正确输入 CIR、LKJ 有关数据。采用微机控制制动系统的机车，核对制动机设定的列车种类。向运转车长或车站值班员（助理值班员）了解编组情况、途中甩挂计划及其他有关事项。

（2）货运票据、列车编组顺序表需由机车乘务组携带时，应按规定办理交接，并妥善保管。

（3）司机应在列车充风或列车制动机试验时，检查本务机车与列尾装置主机是否已形成"一对一"关系。

（4）制动主管达到定压后，司机按规定及检车人员的要求进行列车制动机试验，装有防折关装置的机车应确认制动主管贯通情况。

（5）发现充、排风时间短等异常或制动主管漏泄每分钟超过 20 kPa 时，及时通知检车人员（无检车人员时通知车站值班员）。

（6）制动关门车辆数超过规定时，发车前应持有制动效能证明书。

（7）列车制动机进行持续一定时间的保压试验，应在试验完毕后，接受制动效能证明书。

（8）司机接到制动效能证明书后，应校核每百吨列车质量换算闸瓦压力，不符合《铁路技术管理规程》及本区段的规定时，应向车站值班员报告。

四、列车制动机试验

1．全部试验

列检作业场无列车制动机的地面试验设备或该设备发生故障时，机车对列车充满风后，司机应根据检车员的要求进行试验：

（1）自阀减压 50 kPa（编组 60 辆及以上时为 70 kPa）并保压 1 min，对列车制动机进行感度试验，全列车必须发生制动作用，并不得发生自然缓解，司机检查制动主管漏泄量，每分钟不得超过 20 kPa；手柄移至运转位后，全列车须在 1 min 内缓解完毕。

（2）自阀施行最大有效减压（制动主管定压 500 kPa 时为 140 kPa，定压 600 kPa 时为 170 kPa），对列车制动机进行安定试验，以便检车员检查列车制动机，要求不发生紧急制动，并检查制动缸活塞行程或制动指示器是否符合规定。

遇下列情况之一时，必须进行制动机的全部试验：

（1）主要列检所对解体列车到达后，编组列车发车前；无调车作业的中转列车，可施行一次。

（2）区段列检所对始发和有调车作业的中转列车。

（3）列检所对运行途中自动制动机发生故障的到达列车。

站内设有试风装置时，应使用列车试验器试验，连挂机车后只做简略试验。

2．简略试验

制动主管达到规定压力后，自阀减压 100 kPa 并保压 1 min，检查制动主管贯通状态，检车员、车站值班员或车站有关人员检查确认列车最后一辆车发生制动作用；司机检查制动主管漏泄量，每分钟不得超过 20 kPa。

遇下列情况之一时，必须进行制动机的简略试验。

（1）区段列检所对无调车作业的中转列车（根据区间线路及制动缸活塞行程变化的情况，需要全部试验时，由铁路局规定）。

（2）更换机车或更换乘务组时。

（3）无列检作业的始发列车发车前。

（4）列车软管有分离情况时。

（5）列车停留超过 20 min 时。

（6）列车摘挂补机，或第一机车的自动制动机损坏交由第二机车操纵时。

（7）机车改变司机室操纵时。

（8）单机附挂车辆时。

简略试验：有列检作业的由列检人员负责，无列检作业的由运转车长负责，无运转车长的由车辆乘务员负责，无车辆乘务员的由车站人员负责。挂有列尾装置的列车由司机负责。

3．持续一定时间的保压试验

在长大下坡道前方的列检作业场需进行持续一定时间的保压试验时，应在列车制动机按全部试验方法试验后，自阀减压 100 kPa 并保压 3 min，列车不得发生自然缓解。

货物列车在接近长大下坡道区间的车站，应进行持续一定时间的全部试验，列检应填发制动效能证明书交给司机。具体试验和凉闸的地点、办法，由铁路局规定。

长大下坡道为：线路坡度超过 6‰，长度为 8 km 及其以上；线路坡度超过 12‰，长度为 5 km 及其以上；线路坡度超过 20‰，长度为 2 km 及其以上。

4．试验中的注意事项

（1）试验时，司机应掌握制动主管充、排风时间（将排风起、止时间及减压量记录在司机手册上，在排风结束和充风缓解时实施 LKJ【定标】键打点），检查制动主管压力的变化情况，并作为本次列车操纵和制动机使用的参考依据。装有列尾装置的列车，进行列尾风压查询；装有防折关装置的机车，注意观察其状态；CCBII 型、法维莱等微机控制的制动机，注意观察显示屏上充风流量信息。

（2）试验完毕，确认防护信号撤除。在试风缓解至定压后司机应及时将自阀减压不少于 100 kPa，使列车处于制动保压状态；未装列尾装置的列车，因检车员、车站值班员或车站有关人员作业超过 3 min 未及时保压的，机班要做好记录并在退勤时向机车调度员报告。

（3）礼貌查验添乘（登乘）机车人员证件或调度命令并做好记录，除特殊情况外，添乘（登乘）人数不得超过 2 人，并不得在非操纵端乘坐（见图 2-19）。

图 2-19 添　乘

【拓展资源】

机车乘务员岗位——出段与挂车

调车控速盯门灯　　看呼手比互卡控
出发挂车一度停　　防护撤除钩位正
全列贯通试风好　　排风时间需记牢

出库作业

出库之前细看车　　电器试验逐项做
走行部位重点查　　状态良好不带活
动车控速盯门灯　　正点出库莫迟拨
上看网来下看岔　　立体瞭望共配合

挂车作业

出发挂车一度停　　十五三车距离清
防护撤除再引导　　小给电流低速行
钩锁轻响车不动　　缓解回零再试拉
连接状态要确认　　塞门开放锁落位

任务三　发车准备与发车

【教学目标】

1. 知识目标
（1）掌握列车压钩的规定及机车退行距离的计算方法；
（2）掌握起动列车时的有关要求。
2. 能力目标
（1）会进行列车压钩时机车退行距离的计算；
（2）会进行列尾装置司机控制盒的操作，以检查制动管的贯通状态；
（3）会进行多机重联起动列车时机车风笛的操作；
（4）能在规定的对标地点正确进行 LKJ 操作，并会出站后的记点作业。

【相关配套知识】

一、司机根据发车时间，做好发车准备工作

货物列车起动困难时，可适当压缩车钩，但不应超过总辆数的 2/3。若要计算压缩车钩时机车的退行距离，可按每辆车车钩弹簧的自由伸缩量 2×83 mm 计算，即机车退行距离 $S = 0.166$ m × 压缩车钩的辆数。压缩车钩后，在机车加载前，不得缓解机车制动。

二、确认行车凭证，准确呼唤应答

起动列车前，必须 2 人及以上（单司机值乘区段除外）确认行车凭证、发车信号显示正确，准确呼唤应答，执行车机联控，鸣笛起动列车（见图 2-20）。

图 2-20　2 人手比确认出站信号

（1）起动列车前按压列尾装置司机控制盒查询键，检查尾部制动主管压力是否与机车制动主管压力基本一致（见图 2-21）。

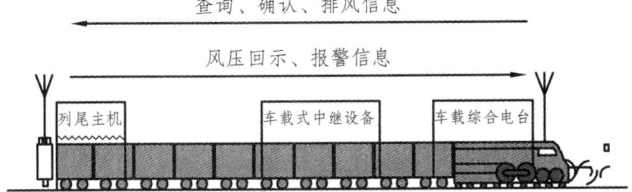 

图 2-21　列尾装置应用示意图及列尾司机控制盒

（2）列车起动时，应检查制动机手柄是否在正常位置及各仪表的显示状态，做到起车稳、加速快、防止空转。

（3）内燃机车提手柄、电力机车进级时，应使柴油机转速及牵引电流稳定上升。当列车不能起动或起动过程中空转不能消除时，应迅速调整主手柄位置，重新起动列车。

（4）列车起动后，应进行后部瞭望确认列车起动正常。单司机单班值乘的不进行后部瞭望（见图 2-22）。

 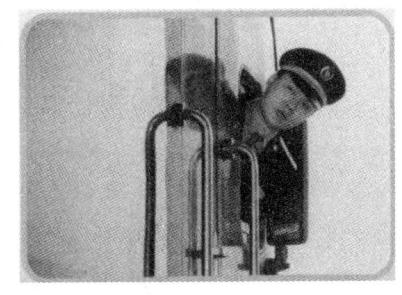

起动列车后，学习司机：确认开车时刻
操纵司机：正点（或晚点××分）开车
学习司机：好了

列车起动后，及时进行后部瞭望
学习司机：后部注意　操纵司机：后部好了
学习司机：后部好了

图 2-22　列车起动后的记点及后部瞭望

（5）附挂（多机）运行的列车起动前，本务机车司机须与附挂司机进行联控，确认附挂机车乘务员的位置，并按规定鸣笛（限鸣区段，使用列车无线调度通信设备联系），得到附挂司机鸣笛回示（回答）后方可起动列车，没有回示（回答），不得动车。运行中，附挂机车乘务员应在列车运行方向前端司机室（主操纵台）值守。

（6）按规定的对标地点及时、准确按压LKJ的【开车】键，确认LKJ调用数据正确并处于正常工作状态，出站后由学习司机记点。

【拓展资源】

机车乘务员岗位——发车准备与发车

牵引重载预压钩　　不良天气预想到
凭证信号共确认　　平稳给流起动稳
检查仪表后部望　　再加指令加速行
雨雪天气勤撒砂　　均匀加速防空转

任务四　途中作业

【教学目标】

1. 知识目标

（1）掌握列车操纵示意图；
（2）了解列车操纵与安全注意事项；
（3）了解电力机车运行中的注意事项；
（4）了解列车运行中的安全注意事项；
（5）了解多机牵引应遵守的规定；
（6）了解组合列车及附挂（重联）机车的有关要求；
（7）掌握机械间巡视的时间及内容；
（8）掌握机车行车安全装备检查的要求。

2. 能力目标

（1）能看懂列车操纵示意图，并会按其要求进行行车；
（2）会进行机车机械间的巡视；
（3）会进行机车行车安全装备的检查；
（4）会总结列车运行中有关安全的规定。

【相关配套知识】

机车途中运行作业，是乘务组一次乘务过程中的主要阶段，它包括司机依照列车操纵示意图操纵列车安全运行，调车作业（见该项目任务五），呼唤应答及学习司机的走廊巡视等作业内容。这一阶段的作业好坏直接影响到行车的安全和正点。所以，要求乘务员熟悉各种规章及业务，遇事不慌乱，正确及时地处理，保证行车安全。

一、列车操纵示意图、操纵提示卡

机务段应根据担当的牵引区段、使用机型、牵引定数、区间运行时分等编制列车操纵示意图、列车操纵提示卡。在编制过程中，应利用LKJ运行数据对其进行校核优化。

列车操纵示意图应包括以下内容：
（1）列车速度曲线。
（2）运行时分曲线。
（3）线路纵断面和信号机位置。
（4）站场平面示意图。
（5）提、回手柄地点。
（6）动力制动使用和退回地点。
（7）空气制动减压量和缓解地点及速度。
（8）区间限制速度及区段内各站道岔的限制速度。
（9）机械间、走廊巡视时机。
（10）接触网分相区地点。
（11）各区间注意事项。

铁路局按照列车操纵示意图相关内容，针对担当区段的安全关键，编制操纵提示卡，明确区间公里、运行时分、平均速度、具体提回手柄地点、提回手柄级位或柴油机转速、制动机使用操作、电力机车过分相操作、特殊困难区段操作，以及含到发线有效长度、道岔限速、站中心公里、股道有无接触网等内容的中间站站场示意图等内容和安全注意事项。

二、列车操纵与安全注意事项

（1）机车司机在运行中必须严格执行"彻底瞭望、确认信号、准确呼唤、手比眼看"的"十六字令"，依照机车乘务员一次出乘作业标准、列车操纵示意图、列车操纵提示卡正确操纵列车，并规范执行确认呼唤（应答）和车机联控制度。

（2）严格遵守每百吨列车质量换算闸瓦压力限制速度，列车限制速度，线路、桥隧、信号容许速度，机车车辆最高运行速度，道岔、曲线及各种临时限制速度，以及LKJ速度控制模式设定的限制速度的规定。列车运行中，当列尾装置主机发出电池欠压报警、通信中断等异常情况时，司机应及时通知就近车站值班员或列车调度员，旅客列车应同时通知车辆乘务员。

（3）设有两端司机室的机车，司机必须在运行方向前端司机室操纵（调车作业推进运行时除外）。机车信号转换开关置于正确位置。非操纵端与行车无关的各开关均应置于断开位并锁闭，取出制动机手柄或置于规定位置；列车无线调度通信设备和列尾装置司机控制盒置于关闭位。安装双套LKJ主机的机车，非操纵端LKJ应关闭。

（4）操纵机车时，未缓解机车制动不得加负荷（特殊情况除外）；运行中或未停稳前，严禁换向操纵。设有速度工况转换装置的机车，车未停稳，不准进行速度工况转换。

机车负载运行中，内燃机车提手柄、电力机车进级时，应使柴油机转速及牵引电流稳定上升，遇天气不良时应实施预防性撒砂，当机车出现空转不能消除时，应及时调整主手柄位置；具有功率自动调节控制功能的和谐型机车运行在困难区段出现空转时，不得盲目退回手柄。

（5）内燃机车提、回手柄应逐位进行，使牵引电流、柴油机转速稳定变化。负载运行中，当柴油机发生喘振、共振时，司机应及时调整主手柄位置。退回手柄时，主手柄回至"1"位需稍作停留再退回"0"位。

主手柄退回的过程中，若柴油机转速不下降，为防止柴油机"飞车"，禁止手柄回"0"位，立即采取停止燃油泵工作、打开燃油系统排气阀、按下紧急停车按钮等措施。

三、电力机车运行中应注意的事项

（1）根据列车速度，选择适当的手柄位置。牵引电动机电压、电流不得超过额定值。

（2）解除机车牵引力时，牵引手柄要在接近"0"位前稍作停留再退回"0"位。

（3）使用磁场削弱时，要在牵引电机端电压接近或达到额定值，电流还有相当余量时，逐级进行。

（4）通过分相绝缘器时严禁升起前后两受电弓，一般不应在牵引电动机带负荷的情况下断开主断路器。按"断""合"电标，断开、闭合主断路器（装有自动过分相装置除外）。货物列车若通过分相绝缘器前，列车速度过低时（速度值由铁路局规定），允许快速退回牵引手柄。

（5）遇接触网故障或挂有异物，降、升受电弓标或临时降、升弓手信号时，及时降下或升起受电弓。

（6）接触网临时停电或异常时，要迅速断开主断路器、降下受电弓，立即采取停车措施，检查弓网状态。装有车顶绝缘检测装置的机车，司机要检查确认机车绝缘情况，确认机车绝缘装置故障或绝缘不良时，不得盲目升弓。

（7）运行中应确认制动缸压力表压力。

（8）装有列尾装置的列车出发前、进站前、进入长大下坡道前和停车站出站后，应使用列尾装置对制动主管的压力变化情况进行检查，发现制动主管的压力异常时，应立即停车，停车后，查明原因妥善处理，并通知就近车站值班员或列车调度员。

（9）施行常用制动时，应考虑列车速度、线路坡道、牵引辆数和吨数、车辆种类以及闸瓦压力等条件，保持列车均匀减速，防止列车冲动。进入停车线停车时，提前确认LKJ显示距离与地面信号位置是否一致，准确掌握制动时机、制动距离和减压量，应做到一次停妥。牵引列车时，不应使用单阀制动停车，并遵守以下规定：

① 初次减压量，不得少于50 kPa。长大下坡道应适当增加初次减压量，具体减压量由铁路局制定。

② 追加减压一般不应超过两次；一次追加减压量，不得超过初次减压量。

③ 累计减压量，不应超过最大有效减压量。

④ 单阀缓解量，每次不得超过30 kPa（CCBⅡ、法维莱型制动机除外）。

⑤ 减压时，自阀排风未止不应追加、停车或缓解列车制动。

⑥ 货物列车运行中，自阀减压排风未止，不得缓解机车制动。

⑦ 禁止在制动保压后，将自阀手柄由中立位推向缓解、运转、保持位后，又移回中立位（牵引采用阶段缓解装置的列车除外）。

⑧ 货物列车速度在 15 km/h 以下时，不应缓解列车制动。长大下坡道区段因受制动周期等因素限制，最低缓解速度不应低于 10 km/h。重载货物列车速度在 30 km/h 以下，不应缓解列车制动。

⑨ 少量减压停车后，应追加减压至 100 kPa 及以上。

⑩ 站停超过 20 min 时，开车前应进行列车制动机简略试验。

（10）施行紧急制动时，应迅速将自阀手柄推向紧急制动位，并立即解除机车牵引力，期间柴油机不得停机，电力机车不得断主断路器、降弓，动力制动应处在备用状态。列车未停稳，严禁移动自阀、单阀手柄（投入动力制动时，单阀除外）。无自动撒砂装置或自动撒砂装置失效时，停车前应适当撒砂。

（11）单机（包括双机、专列回送的机车，下同）在自动闭塞区间紧急制动停车后，具备移动条件时司机须立即将机车移动不少于 15 m，再按照先防护后报告的原则，在轨道电路调谐区外使用短路铜线短接轨道电路，然后向就近车站值班员或列车调度员报告停车位置和原因。

单机被迫停在调谐区内时，司机须立即在调谐区外使用短路铜线短接轨道电路，然后向就近车站值班员或列车调度员报告停车位置和原因。

（12）列车运行中，发现制动主管压力急剧下降、波动，空气压缩机不工作或长时间泵风不止，列尾装置发出制动主管压力不正常报警等异常情况时，应迅速停止向制动主管充风，解除机车牵引力，及时采取停车措施。

（13）列车停车再开车后，应选择适当地点进行贯通试验。司机确认制动主管排风结束、列车速度下降方可缓解，同时司机应注意风表压力及列车充、排风时间（万吨及以上重载列车除外）；装有列尾装置的列车还应使用列尾装置查询列车尾部制动主管风压。

（14）装有动力制动装置的机车在列车调速时，要采用动力制动为主、空气制动为辅、相互配合使用的方法，并应做到：

① 内燃机车在提、回动力制动手柄时，要逐位进行，至"1"位时应稍作停留。电力机车给定制动励磁电流时，电流的升、降要做到平稳。

② 制动电流不得超过额定值。

③ 动力制动与空气制动配合使用时，应将机车制动缸压力及时缓解为 0（设有自动控制装置的机车除外）。

④ 需要缓解时，应先缓解空气制动，再解除动力制动。

⑤ 多机牵引使用动力制动时，前部机车使用后，再通知后部机车依次使用；需要解除动力制动时，根据前部机车的通知，后部机车先解除，前部机车后解除（装有重联线和同步装置机车运行时除外）。

（15）当发现列车失去空气制动力或制动力减弱危及行车安全时，紧急制动可以同步投入动力制动的机车，司机应立即使用紧急制动，并将动力制动投入达到最大值，在确认动力制动发挥作用后，使用单阀缓解制动缸压力至 150 kPa 以下（设有自动控制装置的机车可不进行单阀缓解操作）。有运转车长（车辆乘务人员）值乘的列车，司机迅速通知运转车长（车辆乘务人员），使用车辆紧急制动阀停车；装有列尾装置的列车，司机应采取列尾装置主机排风制动措施使列车停车，停车前适当撒砂。

（16）装有动力制动的机车在使用动力制动调速过程中发生紧急制动或需紧急制动时，司机应保持机车动力制动，同时立即用单阀缓解机车制动缸压力至 150 kPa 以下（设有自动控制装置的机车可不进行单阀缓解操作）。

（17）列车或单机停留时，不准停止柴油机、劈相机及空气压缩机的工作，并保持制动状态。

① 进站停车时，应注意车站接车人员的手信号。

② 货物列车应保压停车，直至发车前出站（发车进路）信号机开放或接到车站准备开车的通知后，方能缓解列车制动。

③ 夜间等会列车时，应将机车头灯灯光减弱或熄灭。

④ 中间站停车，有条件时应对机车主要部件进行检查。

⑤ 机车乘务员必须坚守岗位，不得擅自离开机车。

（18）内燃、电力机车在附挂运行中，换向器的方向应与列车运行方向相同，主接触器在断开位，禁止进行电气动作试验。

（19）机车各安全保护装置和监督、计量器具不得盲目切（拆）除及任意调整其动作参数。内燃、电力机车各保护电器（油压、水温、接地、过流、柴油机超速、超压等保护装置）动作后，在未判明原因前，不得强迫启动柴油机及切除各保护装置。机车保护装置切除后，应密切注视机车各仪表的显示，加强机械间的巡视。

（20）运行中，应随时注意机车各仪表的显示。发现机车故障处所和非正常情况，要迅速判明原因及时处理，并将故障现象及处理情况填记"机车运行日志"。

（21）遇天气恶劣，应加强瞭望和鸣笛，信号机显示距离不足 200 m 时，应立即报告车站值班员或列车调度员。

四、运行中的安全注意事项

（1）不得超越机车限界进行作业，电气化区段严禁攀登机车、车辆顶部，途中停车检查时，身体不得侵入临线限界。

（2）电力机车乘务员需要登机车顶部检查弓网状态或处理故障时，应断开主断路器，降下受电弓，必须向车站值班员或列车调度员申请办理登顶作业，接到列车调度员发布接触网已停电允许登顶作业的调度命令并验电、接地后方准作业。

（3）外走廊式的内燃机车运行中不得在走廊上作业。

（4）严禁向机车外部抛撒火种，机械间严禁吸烟。

（5）列车在区间被迫停车后不能继续运行时，司机应立即使用列车无线调度通信设备通知两端站、列车调度员及运转车长（无运转车长时为车辆乘务员），报告停车原因和停车位置，根据需要迅速请求救援并按规定设置防护。机车故障后 10 min 内不能恢复运行时，司机应迅速请求救援。

（6）遇天气不良、机车牵引力不足等原因，列车在困难区段可能发生坡停或严重运缓时，司机应提前使用列车无线调度通信设备通知两端站或列车调度员。

（7）单机进入区间担当救援作业，在自动闭塞区间正方向运行时，应使 LKJ 处于通常工作状态，严格按分区通过信号机的显示要求行车；在自动闭塞区间反方向、半自动闭塞区间及自动站间闭塞区间运行时，应使 LKJ 处于调车工作状态。在接近被救援列车 2 km 时，按规定严格控制速度。

（8）运行途中突发难于抵抗的身体急症，要立即报告列车调度员或车站值班员，不能维持驾驶操纵的要立即采取停车措施。

五、多机牵引时应遵守下列规定

（1）机车重联后，相邻机车之间连接状态的检查，由相邻机车乘务员实行双确认，共同负责。

（2）机车操纵应由行进方向的前部机车负责。重联机车必须服从前部机车的指挥，并执行有关鸣笛及应答回示的规定。

（3）设有重联装置的机车，该装置作用必须良好，重联运行时应接通重联线。其他各有关装置及制动机手柄的位置按《操规》附件 8 执行。

（4）电力机车重联运行中，前部机车应按规定鸣示降、升弓信号，后部机车必须按前部机车的指示，立即降下或升起受电弓。

（5）中部、尾部挂有补机的列车，其具体操纵及联系办法由铁路局规定。

六、组合列车及附挂（重联）机车的有关要求

（1）组合列车前部、中部机车必须装有同步操纵装置并保持通信设备良好，其具体操纵及联系办法由铁路局规定。

（2）附挂（重联）机车连挂妥当后，附挂（重联）司机按规定操作制动机、弹停装置、电气设备等，操作完毕、具备附挂（重联）运行条件后，通知本务机车司机。

附挂（重联）机车需与本务机车或前位机车摘开时，必须恢复机车牵引条件后（闭合蓄电池开关、开启 LKJ、升弓或启机、空压机工作、总风缸压力达到定压、机车处于制动状态），方可通知前位机车进行摘挂作业。

无动力回送机车按规定开放无火回送装置，操作有关阀门。

七、机械间巡视

1. 内燃、电力机车机械间及走廊巡视检查的要求（由非操纵司机或学习司机负责）

（1）内燃机车：始发列车出站后；列车运行中一般每 30 min 进行一次；发生异音、异状时。

（2）电力机车：始发列车出站后；发生异音、异状时。

单司机值乘时，机械间检查时机由铁路局规定。

2．巡视检查项目

（1）内燃机车检查项目：电气间、柴油机、增压器、牵引发电机、辅助传动装置、空气压缩机、辅助发电机、牵引电动机的通风机等状态是否正常；有无电气绝缘烧损气味；油水管路有无漏泄；水箱水位和各仪表显示是否正常。

（2）电力机车检查项目：各辅助机组运转是否正常；各部件有无异音、异状；有无放电和电气绝缘烧损的气味；主变压器油温、油位是否正常；牵引及辅助变流器工作状态、各保护继电器和指示灯、指示件有无异状或动作显示。

八、机车行车安全装备

（1）机车出段前，必须确认 LKJ、机车信号、列车无线调度通信设备、列尾装置司机控制盒、平面灯显接口设备、防折关装置、警惕报警装置、机车走行部监测装置等行车安全装备检测合格证签发符合规定。出段必须开机，按规定正确操作使用，严禁擅自关机。

不得使用列车无线调度通信设备进行与行车无关的通话，并应遵守保密的规定。

（2）列车途中在本务机车前部加挂补机、更换本务机车或机车因故不能继续运行请求救援时，司机应在停车后且制动主管减压的情况下，解除列尾装置主机记忆的本务机车号码，加挂机车、更换后机车及救援机车连挂车列后担当本务时，重新建立"一对一"的关系。

【拓展资源】

机车乘务员岗位——途中作业

移动手柄不宜猛	电流给定不波动
贯通试验莫疏漏	小带电流少排风
全列缓解表回零	列车状态记心中
值乘区段线路熟	分相位置要记清
信号线路接触网	上下左右勤观察
正常运行保匀速	频繁变速难平稳
精操机车控距离	巧借坡道控速度
非常情况莫紧张	沉着冷静守规章
恶劣天气需警惕	宁可错停不盲行
机车故障快处理	安全信息速传递
行车瞭望不间断	手比呼唤保安全

途中运行防止错操

运行瞭望高呼唤	速度定要时时念
支线操作心中明	关键车站互提醒
黄灯缓解看分相	莫近运记限速线
进行信号勿停车	红灯停车错不了
信号不好早点撂	慢行限速牌看好
侧线停车早联控	股道号码共确认
对标困难分两段	制动缓解仔细看
尽职尽责保安全	途中错操可避免

任务五　调车作业

【教学目标】

1. 知识目标

（1）了解调车作业的基本要求；

（2）了解调车工作的领导及指挥；

（3）了解调车作业计划及准备；

（4）掌握调车信号的显示方式及确认调车信号的方法；

（5）掌握"问路式"调车作业的方法；

（6）了解溜放作业的限制；

（7）了解试拉制度；

（8）掌握越出站界调车和跟踪出站调车的作业方法；

（9）掌握电气化区段调车作业的有关规定及方法；

（10）掌握调车速度及安全距离的限制要求。

2. 能力目标

（1）能看懂调车作业计划单；

（2）会由近及远识别调车信号的开放；

（3）会与有关人员进行"问路式"调车车机联控；

（4）会确认跟踪及越出站界调车通知书；

（5）能讲出"长杆钓鱼"的调车作业方法。

【相关配套知识】

在铁路运输生产过程中，除列车在车站的到达、出发、通过以及在区间内运行外，凡机车车辆进行一切有目的的移动统称为调车。为解体、编组列车、摘挂、转场、整场、调移、取送车辆以及机车的对位、转线、出入段等目的而使机车车辆在站线或其他线路上移动的作业。它是铁路行车工作的基本内容之一。

一、调车作业的基本要求

(一)调车工作的重要性

调车作业按设备分为牵出线调车和驼峰调车。按作业目的分为:

(1)解体调车——将到达的车列,按车组(辆)去向或车种,分解到指定的线路内的作业。

(2)编组调车——根据列车编组计划、列车运行图有关规定和要求,将车辆编成车列或车组的作业。

(3)取送调车——为装卸货物以及检修车辆时,向指定地点送车或取回车辆的作业。

(4)摘挂调车——列车进行补轴、减轴、换挂车组及车辆甩挂的作业。

(5)其他调车——包括车列转线、车辆整理、配对货位、机车转线、机车出入段等的作业。

由于调车工作的地点经常变化,工作对象不固定,工作条件不同,以及参加调车工作的人员众多,因此调车工作是铁路行车工作中比较复杂、技术性又比较强的工作。对于技术站来说,调车工作更是其主要生产活动,它对完成车站的数量和质量指标起着重要作用。其他办理客货运的车站,也要进行不同数量的调车作业。所以,调车工作是铁路运输生产活动的基础,是完成铁路运输过程不可缺少的重要环节,又是车站工作组织中一项重要工作。

从整个运输过程来看,车辆在车站的停留时间,在车辆周转时间中占相当大的比重,而货车在一次周转过程中,一般要进行5~6次的调车作业。全路用于调车的机车台数,约占全路运用机车的20%;调车工作所支出的费用,占铁路运营支出的25%。因而,调车作业质量的好坏、效率的高低、调车安全的程度,不仅对完成车站装卸工作、缩短车辆停留时间、加速车辆周转等各项指标有很大的影响,而且对保证行车安全和实现编组计划、列车运行图、运输方案也有着直接关系。

铁路行车事故中的相当部分与调车有关,而冲突、脱轨、挤道岔等惯性事故,绝大多数发生在调车工作中。由此可见,改进调车工作,严格执行各项制度,提高调车工作人员的技术水平,采用先进的调车工具和设备,提高调车效率,保证调车安全,对加速机车车辆周转,增加运输能力,提高运输质量,降低运输成本起着重要作用。

(二)站场设施

调车作业绝大多数的工作是在编组站、货运站及区段站进行的。

编组站设置于大批货物车流集散地、港口附近或多条铁路线衔接枢纽的地方,其主要作业为解体编组各种货物列车。它有较多的线路和各种车场及调车信号设备,有的车站上还有机车整备、车辆检修设备,如站修线等。中间站的调车作业一般进行一些沿途零担摘挂的调车作业。

编组站、区段站和其他较大的车站线路较多,为便于管理和减少各种作业间的相互干扰,实现平行作业,提高车站能力,可根据线路的配置情况及用途按线群划分车场。

(1)到达场——办理接入到达解体列车作业的车场,通常与驼峰相接。

（2）停车场——办理自编出发列车作业的车场；可分为上发场（上行发车）及下发场（下行发车）。

（3）到发场——兼办列车到达与出发作业的车场。可分为上行发车场和下行发车场。

（4）通过车场——办理无调车作业的中转列车的车场。

（5）编组场——办理列车的解体与编组作业的车场。

在编组场附近还有一些诸如货场、地方厂矿企业专用线及各站段，铁路材料厂的专用线也都有调车作业取送空重车的任务。

（三）调车工作的特点

从调车工作的作业对象、参加人员、工作环境来看，调车工作呈现以下特点：

（1）作业地点涉及面广：从调车场到到发场，从调车线到货物线、专用线，从牵出线到驼峰，调车工作几乎涉及整个铁路线。

（2）作业对象多种多样：被调动的有机车、客车和货车，货车中又有棚、敞、平、砂、罐等各种车辆。

（3）作业人员工种多：参与调车工作的有车站调度员、车站值班员、调车区长、调车长、连结员、制动员等工种。

（4）作业组织比较复杂：全站由站调，调车区由调车区长或驼峰调车区长，调车组由调车长领导指挥调车工作。

（5）作业方法灵活多变：按作业目的有解体、编组、取送调车等；在牵出线上按操作技术有推送、溜放调车等；在驼峰上按操作技术有定速、变速溜放等。

（6）影响调车作业效率的因素较多：如调车人员的思想情况和技术水平、车场道岔、曲线坡度、气候条件、车辆种类和型号、装载货物的种类等。简称为"天、地、人、车、货、风、雪、雨、露、霜"。

（四）调车工作的固定性

为使参加调车作业的人员，在作业中相互协调、紧密配合，以及熟悉调车技术设备及工具的性能，便于及时操作和使用，调车工作要实行九固定，即固定作业区域、线路使用、调车机车、人员、班次、交接班时间、交接班地点、工具数量及其存放地点。

1．固定作业区域

在调车作业繁忙，配线较多的车站，配有两台或两台以上调车机时，应根据车站作业特点、设备情况以及调车作业性质，划分每台调车机的固定作业区域。以避免各调车机车作业的相互干扰，并有利于作业人员熟悉本区域作业性质和设备状况，掌握作业区调车工作的规律，避免在作业中发生冲撞等事故。

2．固定线路使用

结合车站线路配置及车流情况，要固定车站调车场每一条线路的用途。以有效地使用线路，减少复重作业，缩短调车行程，提高调车效率为目的。技术站的调车线，应按车站调车工作任务要求、编组计划去向、车流性质、车流量大小等，结合线路配置及有效长等确定。

3．固定调车机车

为便于调车工作，要求调车机车起、停快，前后瞭望条件好，能顺利通过半径较小的曲线。因而，调车用的机车要车身短、轴距小，前后均有头灯、防滑踏板、扶手把等。担当调车作业的机车应固定使用，以便了解机车性能，掌握调车技术。作固定替换用的调车机车及小运转机车，亦应符合调车机车的条件。

4．固定人员、班次

调车作业是由多工种配合进行的，包括调车组人员、调车机车的乘务人员和扳道人员等。由于单位不同、工种不同，他们只有长期固定在一起工作，才能相互了解、密切配合、协调作业，因此人员和班次要固定。

5．固定交接班时间和地点

固定交接班时间和地点，可以避免交接班人员相互等待，有利于缩短非生产时间。这里主要指的是调车组和调车机车乘务组的交接班时间必须统一，地点必须固定。

6．固定工具数量和存放地点

配备足够数量和质量良好的调车工具和备品，是做好调车工作的物质保证。固定其数量和存放地点，不仅便于保管，而且当损坏或短少时，也便于及时发现和补充，保证正常的工作需要。

中间站一般没有固定的调车机车，由本务机担负调车作业，虽不完全具备上述条件，但也应尽力做到人员和工具的固定，以协调作业，提高效率，保证安全。

二、调车工作的领导及指挥

调车工作是一项由多工种联合行动的复杂工作。它不仅作业场地大、调动的机车车辆多种多样、作业人员及工种多，而且作业组织比较复杂、作业方法灵活多变，以及影响调车作业效率的因素较多等。因此，调车工作必须实行统一领导和单一指挥，以便有效、迅速、高质量地完成调车任务。

（一）统一领导

车站的调车工作，由车站调度员（未设车站调度员的，由车站值班员）统一领导。各场（区）的调车工作，由负责该场（区）的车站调度员或该场（区）的调车区长或驼峰调车区长领导。各调车区间相互关联的调车工作，应按车站调度员的指示进行，调车区长不得超越自己的职权去领导其他场、区的作业。车站调度员、调车区长在领导调车工作中，遇有占用正线、到发线和机车走行线以及影响接发列车进路的调车工作时，必须与车站值班员联系，取得同意后，方可进行。

（二）单一指挥

单一指挥，就是在同一时间内，一台调车机车的调车作业计划的执行、作业方法的拟订和布置，以及调车机车行动的指挥，只能由调车长一人负责指挥。由本务机车进行车辆摘挂作业时，可由车站值班员或助理值班员担任指挥工作。遇有特殊情况，上述人员不能指挥作业时，可由有任免权限的单位鉴定、考试合格的连结员代替。

如果一个调车组配有两名调车长时，对每台担当调车作业的机车，在同一时间内，不准轮流指挥。必须更换指挥人时，应按各局有关规定办理。在调车作业时，所有调车有关人员（调车组、扳道组、机车乘务组）都必须服从调车指挥人的指挥。

（三）调车有关人员的职责

1. 调车长的职责

调车长是调车作业的指挥者，对提高调车工作效率，完成调车工作任务，保证调车安全负有重大责任。调车长在调车作业前，必须亲自并督促组内人员充分做好准备，认真进行检查，在工作中应做到：

（1）组织调车人员正确及时地完成调车任务。

调车长每次接受调车作业计划后，应制订具体的作业方法，如制动人员分工、送车地段、溜放方法等，连同注意事项亲自向参加调车作业的有关人员传达清楚。组织调车人员严格按照调车作业计划和技术作业过程，正确及时地完成调车工作任务。"正确"是按"调车作业通知单"的要求进行作业，做到解散或溜放车辆时不混线、不堵门，尽量缩小车组间的距离；送作业车和检修车时，要对好位置；编组列车时，车辆要连挂正确，车下不压铁鞋。"及时"是指按"调车作业通知单"规定的时刻，完成调车作业，以保证列车按运行图的规定时刻发车；及时腾空到发线，保证不间断地接车。

（2）正确及时地显示信号（发出指令），指挥调车机车的行动。

调车作业中，调车组、机车乘务组、扳道组、信号员等有关调车人员之间的联系和要求，是依靠信号来传递的。调车长显示的信号，是对参加调车作业的人员发出的命令，是安全迅速地进行调车作业的先决条件，是调车机乘务人员及其他调车人员行动的依据，所以调车长显示手信号必须正确及时。"正确"是指信号显示方式要标准，做到横平竖直，灯正圈圆，角度准确，段落清晰；使用无线电调车时，应做到按规定频率，显示标准的无线调车灯显信号。"及时"是指根据不同的距离、速度、作业方法，及时显示信号，不错过时机。

（3）负责调车人员的人身安全和行车安全。

在进行调车作业时，调车长应照顾到所有参加调车作业人员的安全。起动车列前，应注意有无人员进入车列作业；在需要上下车的地点适当减速；溜放时，准确掌握速度等。调车长要处处以身作则，带头执行规章制度；加强班组管理，强化标准作业，在作业中严格要求，确保人身和作业安全。

当由车站值班员、助理值班员等其他人员指挥调车作业时，同样应按照上述要求进行工作。

2. 调车机车司机的职责

调车机车司机在作业中应做到：

（1）组织机车乘务人员正确及时地完成调车任务。

（2）负责操纵调车机车，做好整备，保证机车质量良好。

（3）时刻注意确认信号，不间断地进行瞭望，认真执行呼唤应答制，正确及时地执行信号显示（作业指令）的要求。没有信号（指令）不准动车，信号（指令）不清立即停车。

（4）负责调车作业的安全。

三、调车作业计划及准备

（一）调车计划的编制

调车领导人领导调车工作是通过调车作业计划来实现的。调车作业计划是参加调车作业有关人员统一行动的依据。为此，调车作业必须按调车作业计划进行。

调车计划按性质和内容可分为：班计划、阶段计划和调车作业计划。

调车领导人根据车站技术作业过程所规定的各项技术作业时间标准、班计划和阶段计划的任务要求，结合站场设备情况、现在车分布情况和列车到达确报资料，按始发列车的编组要求、到达列车的编组内容、货物作业车和检修车取送、接发列车与调车作业进度情况等，正确及时地编制、布置调车作业计划，即调车作业通知单。调车领导人编制的调车作业计划，应以书面形式下达。调车作业通知单按各企业规定的格式符号及要求填写。配有专用调车机的车站，一般采用的调车作业通知单的格式如图 2-23 所示。

×月×日		第×号解体×××× 次		调车机车××××	
		计划起止时分	自 18：00 至 20：00		
		实际起止时分	自×××至×××		
顺序	股道	挂车数	摘车数	作业方法	记事
1	8	30			全部
2	12		2		
3	9		2		
4	10		3		
5	11		3		
6	12		2		
7	15		6		
8	10		1		
9	8		1		
10	9		3		
11	16		7		禁溜

调车长：×××　　填单人：×××

图 2-23　调车作业通知单

在中间站，利用本务机调车，应使用附有车站示意图的调车作业通知单，并注明停留车位置，作业时间内接发旅客列车的车次和时刻，如图2-24所示。利用本务机车进行调车作业的中间站，考虑到司机对中间站设备不够熟悉，不了解当时车站停留车的位置及距警冲标的距离，夜间中间站又无照明，为确保安全，必须填写有关线路及停留车辆位置的示意图。随着旅客列车的提速，为确保旅客列车的运行安全和作业人员的人身安全，及时停止有关的调车作业，必须注明作业时间内接发旅客列车的车次和时刻。

在中间站不得利用单司机单班值乘列车的机车进行调车作业，遇特殊情况，必须利用该本务机车对本列进行调车作业时，相关作业人员应加强安全控制。

"调车作业通知单"的内容应有班次、月、日、计划编号、担当机车、作业项目、计划及实际起讫时分、作业顺序、场别、股道、挂车数、摘车数、作业方法、残存车数、记事及编制人签名等。

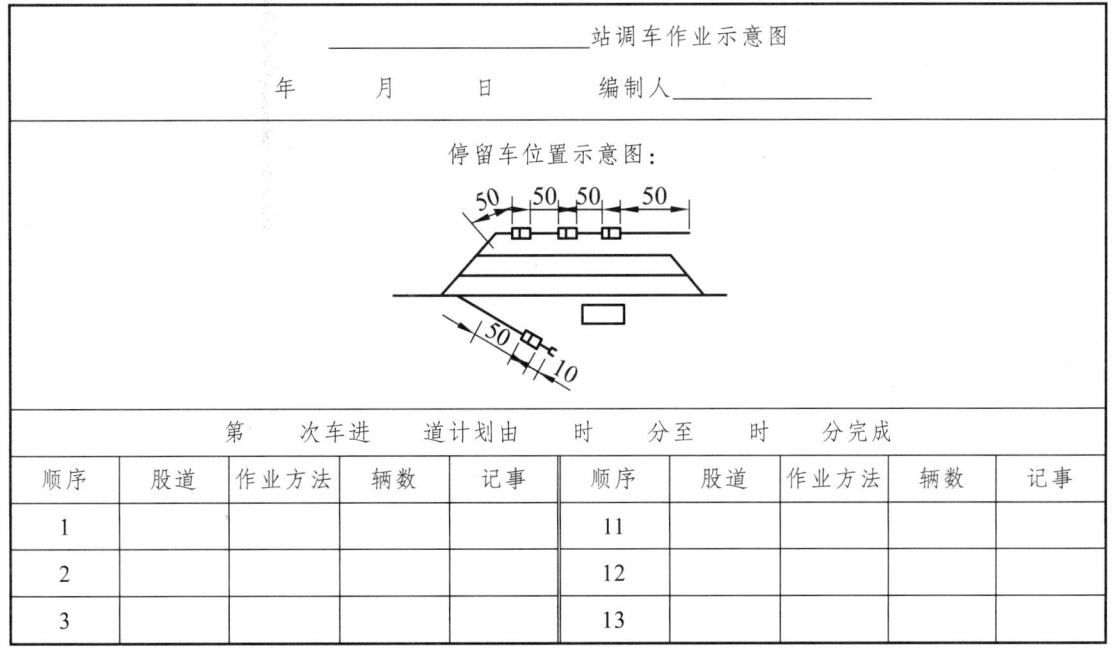

图2-24 附有车站示意图的调车作业通知单

（二）调车计划的布置、交接方法

1．调车计划的布置

调车领导人布置调车作业计划，应使用调车作业通知单。使用无线调车灯显设备的车站，调车作业计划布置方法，由铁路局规定。当一批作业（指一张调车作业通知单）不超过三钩时，允许以口头方式布置（中间站利用本务机车调车除外）。由于口头布置没有书面依据，为确保作业人员之间协调一致，确保作业安全，有关人员必须复诵。

2．调车计划的交接

为保证在调车作业中正确执行作业计划，使调车指挥人能彻底了解计划的要求，调车领导人与调车指挥人必须亲自交接计划，布置作业要求和注意事项。调车指挥人亲自到调车领导人处接受调车任务、联系计划、听取指示，这样不仅防止计划误传，还可以全面了解情况、领会意图、掌握关键，有利于保证安全和提高效率。如因连续作业，调车指挥人离不开作业现场时，调车领导人应将调车计划送到现场，当面交给指挥人，或由连结员接取。由于设备原因，亲自交接计划确有困难以及设有调车作业通知单传输装置的车站，交接办法在《车站行车工作细则》（简称《站细》）内规定。

3．调车计划的传达

为正确及时地完成调车作业计划规定的任务和要求，调车指挥人每次接受调车作业计划后，应根据调车作业计划制订具体作业方法，连同注意事项，亲自向司机交递和传达。

对其他人员，调车指挥人亦应亲自传达。当亲自传达有困难时，可指派连结员传达或在《站细》内规定。如由调车领导人将调车作业计划向信号员传达；驼峰作业时，调车领导人向峰顶提钩人员及峰下铁鞋制动长传达；未设调车组的中间站利用本务机车作业时，由车站值班员向扳道员传达等。

调车指挥人确认有关人员均已了解调车作业计划后，方可开始作业。

（三）调车计划的变更

变更计划主要指变更股道、辆数、作业方法及取送作业的区域或线路。随意变更计划，既不安全，也影响效率。但调车作业涉及的因素较多，且多为活的因素，产生计划变更是难免的。如何正确了解和掌握情况，增强预见性，不变更或少变更计划，这是对调车领导人的一项重要要求。变更计划应用书面方式重新按规定程序下达。对于一批作业（指一张调车作业通知单）变更股道不超过三钩时，允许以口头方式布置，但必须停车传达，有关人员复诵。变更股道超过三钩时，应重新填写调车作业通知单。仅变更作业方法或辆数时，不受口头传达三钩的限制，可不停车传达，但调车指挥人必须向有关人员传达清楚。驼峰解散车辆，只变更钩数、辆数、股道时，可不通知司机。但调车机车变更为下峰作业或向禁溜线送车前，须通知司机。

中间站利用本务机车调车时，无论变更钩数多少，都应重新填写附有示意图的调车作业通知单。

岔线、段管线、货物线内调车时，如遇作业计划与实际情况不符，准许调车指挥人根据实际情况，自行制订作业计划，并传达清楚。但在作业完了后，必须及时向调车领导人汇报计划变更和车辆停留情况。

（四）调车作业准备

做好调车作业前的准备，是安全、迅速地进行调车工作的前提。只有做好准备，才能顺利地执行调车计划，安全地完成调车任务。作业前的准备工作主要有如下内容：

（1）车列溜放或从驼峰解散前，要事先做好排风、拉风和摘管工作，防止车辆在溜放途中，因副风缸内余风泄漏产生制动，造成车辆追尾撞车，避免作业中停车摘管，延长作业时间。

（2）在作业开始前，为使有关调车人员协调一致，应核对计划，做到准确无误，防止传错、抄错、看错或误认。在填写或抄改调车作业通知单的过程中，也应认真核对。

（3）确认进路是否正确，检查线路是否空闲、停留车的位置、车组间的距离、车辆状况、车辆上下有无障碍物；防溜用具、防溜措施及线路有无障碍等。在货物线、段管线、岔线等地点甩挂、取送车辆时，还要派人通知装卸、检修作业等人员注意，并须确认线路两旁的货物堆放距离是否符合规定，以免发生调车和人身伤亡事故。

（4）人力制动时，要事先做好选闸试闸工作，系好安全带，保证溜放的车组有足够的制动力。铁鞋制动时，制动员根据溜放车组的空、重及辆数多少，事先准备好足够的质量合格的铁鞋。

（5）无线调车灯显设备的良好与否将关系到作业的安全和效率。为保证作业安全和提高作业效率，调车作业前应对无线调车灯显设备进行试验。中间站调车必须在每批作业前对无线调车灯显设备进行认真试验。

中间站设有调车组时，应在列车到达前的规定时间叫班，作业人员应提前到岗，按要求做好准备，并应重点了解列车运行情况、停车情况及作业重点要求。不能因"作业量小"、"作业简单"或其他原因，晚叫班或只叫部分人员到岗，造成准备不足或缺员作业，引发行车事故。

四、调车作业

（一）信号的显示与确认

调车作业中，调车组、机车乘务组、扳道组、信号员等有关调车人员之间的行动要求，是依靠信号（指令）来传递的。调车人员用无线调车灯显设备、信号旗、信号灯发出的信号（指令），是指挥调车作业的命令和要求，是机车乘务人员及其他调车人员行动的依据。所以，调车作业时，调车人员必须按规定方式正确及时地显示信号（发出指令）。

机车乘务人员要认真确认信号（作业指令），并回示。没有看到调车指挥人的起动信号（指令），不准动车；信号（指令）不清，立即停车。对单机返岔子或机车出入段时，可根据扳道员显示的道岔开通信号或调车信号机显示的进行信号动车。无扳道员和调车信号机时，调车指挥人确认道岔开通正确（如为集中操纵的道岔，还须与操纵人员联系）后，向司机显示起动信号。

在推进车辆过程中调车指挥人应站在能使司机看见其显示信号的位置，车列前部再派其他调车人员瞭望，及时向调车指挥人显示信号。

连挂车辆，要显示十、五、三车的距离信号（单机除外），没有显示十、五、三车的距离信号，不准挂车，没有司机回示，应立即显示停车信号。

当调车指挥人确认停留车位置有困难时，应派人显示停留车位置信号。

为确保动车组的安全，便于司机操控和瞭望，动车组调车作业原则上采用自走行方式，司机必须在动车组运行方向的前端操作，而且禁止连挂其他机车车辆调车（救援及动车组无动力回送调车时的调车机除外）。

调车人员不足2人，不准进行调车作业。

(二)调车进路的准备与确认

1. 集中联锁进路的准备

在电气集中的车站,信号员或作业员应按照调车作业通知单的要求或值班员的命令,正确、及时地按下有关按钮,操纵道岔的转动。进路排好后,调车信号(月白灯光)自动开放。操纵信号时,要眼看、手指、口呼,并做到一看、二排、三确认、四呼唤,严禁他人操纵。

为确保接发列车安全,加大对中间站调车安全的控制力度,解决轨道电路分路不良等问题,要求中间站调车还必须遵守以下规定:

(1) 涉及正线和到发线的调车作业,必须得到车站值班员准许;否则,信号员不得擅自排列调车进路。

(2) 利用和穿越正线调车作业时,车站值班员(信号员)未得到调车人员(单机、轨道车为司机)的要道请示,不得擅自排列调车进路;调车人员(司机)未得到值班员(信号员)调车进路准备妥当的命令,不得擅自动车。严格执行"问路式"调车的有关规定。

(3) 集中联锁的四、五等站,准备长调车进路时,调车进路必须一次排出,不准分段排列调车进路。

2. 非集中联锁进路准备和要道还道制度

在非集中联锁或集中联锁故障的进路上调车作业时,扳道员应根据调车作业通知单及调车指挥人的信号要求,正确及时地扳动道岔、显示信号,严格执行"一看、二扳、三确认、四显示"制度及要道还道制度,以确保调车进路的正确。"一看"包括看道岔的开通位置;看进路有无障碍;看邻线有无机车车辆越过警冲标。"二扳"指将道岔扳至所需位置。"三确认"包括确认道岔开通位置正确;确认尖轨与基本轨密贴;确认机车车辆未越出警冲标;确认进路无障碍。"四显示"指向有关人员显示进路开通信号。

参加调车作业的有关人员之间,联系准备和确认调车进路所使用的一种规定联络方式称为要道还道。在非集中联锁的进路调车作业时,为保证调车进路的正确,防止调车作业中挤岔子或进入异线等事故,调车有关人员要认真执行要道还道制度。

一条进路,往往要经过好几组道岔,经过几个扳道员的作业才能完成,如果联系上稍有脱节或误认要道信号,就有影响作业或错误准备进路的可能。为防止这种情况,车站对人工操纵的道岔可采用互相监督、人工联锁、区域联防、互相检查制,把分散的道岔,联成为一个整体,以保证进路准备的正确。要道还道起人工联锁、互相检查的作用,其方法是:要道由近而远,还道由远而近。

使用书面调车计划时,要道还道制度,只起联系作用,扳道人员应按调车作业计划准备进路。要道还道时,应统一为"进×道要×道","出×道要×道"。在连续溜放和驼峰解散车辆时,只要求对溜放及解散车组的第一钩实行要道还道制度,自第二钩起,扳道员即可根据调车作业通知单的要求扳动道岔。

要道还道制度,分为两种情况:一种是以调车长、司机为一方,以扳道人员为另一方,确认进路准备是否妥当、正确;另一种是当调车进路上配有两名以上扳道员时,在互相检查、确认调车进路是否正确时,也要执行要道还道制度。由于各站线路配置不同,扳道员之间要道还道的具体办法,应在《站细》内规定。

当一条调车进路上既有集中联锁的道岔，又有非集中联锁的道岔，进路准备的方法也应在《站细》内规定。

3．调车进路的确认

调车进路的确认包括确认调车信号、负责与扳道员要道还道、负责"问路"、负责瞭望等。

调车进路确认分工如下：

（1）单机运行或牵引车辆运行时，前方进路由机车乘务员负责确认。

（2）推进运行时，前方进路由调车指挥人确认，如调车指挥人所在位置确认前方进路有困难时，可指派调车组其他人员确认。

（三）调车速度限制及安全距离

调车作业中要做到安全、迅速、准确，掌握调车速度是关键。进行调车作业的司机，必须严格按照《铁路技术管理规程》、《铁路调车作业标准》等有关规章规定的限制速度和调车指挥人的信号操纵机车，在任何情况下，不准超速作业。调车指挥人除了注意观速、观距，及时准确地显示信号外，发现司机超速危及安全时，必须立即显示停车信号。

调车速度的限制是根据调车作业的特点，调车时所经过线路、道岔，调动特殊构造的车辆或装载特殊货物车辆的要求，保证调动车列运行中的安全所作的规定。作业中还应根据带车多少，制动力大小，以及距离远近等，由司机和调车指挥人员共同掌握。

（1）在空线上牵引运行时，速度不准超过 40 km/h。调车作业时，被调动的车辆一般都处于排风、摘管状态，车辆的自动制动机没有加入机车的制动系统，这样车列的停车和减速全凭机车自身的制动力，车辆对机车的冲击力较大；调车作业的线路标准、道岔号码通常低于正线、到发线标准。因此，空线上牵引运行时速度不准超过 40 km/h。

（2）空线推进运行速度不准超过 30 km/h。当推进运行时，除了受上述条件限制外，还因机车处于后部瞭望不便，前方进路依靠车列前端的调车组人员负责，司机需依据调车指挥人中转的信号操纵机车，一旦有险情，可能造成司机制动推迟，故须降低速度，规定不准超过 30 km/h。

（3）调动乘坐旅客或装载爆炸品、压缩气体、液化气体、超限货物的车辆时，速度不准超过 15 km/h。为保证旅客的安全和舒适，防止装有危险货物及超限货物的车辆由于高速调动或紧急制动时引起货物爆炸、货物窜动发生意外事故，因而调动速度不准超过 15 km/h。调动装载超限货物的车辆时，调车领导人应将作业限制通知调车组及其他人员。作业中应注意道岔握柄、道岔表示器、信号机柱子、邻近线路建筑物的限界及邻线停留车的情况，以确保安全。

（4）接近被连挂的车辆时速度不准超过 5 km/h。车辆连挂时对车底架产生的冲击力，主要决定于冲击时的车钩力。目前，我国货车大型车多，车辆整体强度及车钩、缓冲器的强度大大增加，全路主要编组站的调速系统均按 5 km/h 设计和作业，即驼峰出口速度为 5 km/h，减速顶临界速度为 5 km/h，所以规定连挂速度不准超过 5 km/h。

（5）经过道岔侧向运行的速度由工务部门根据道岔具体条件规定。由于调车作业经过的道岔类型不一，在调车场设置的道岔型号较小，再加上调车作业机车的类型也不尽一致，因此由工务部门作出规定并纳入《站细》。

（6）推上驼峰、解散车辆时的速度和装有加、减速顶的线路上的调车速度在《站细》内规定。

（7）在尽头线上调车时，距线路终端应有 10 m 的安全距离；遇特殊情况，必须近于 10 m 时，要严格控制速度。尽头线末端均设有车挡或端部站台，取送车时，因司机在另一端，在制动距离掌握上稍有不慎，则可能与车挡或端部站台碰撞而造成事故，故有 10 m 的安全距离。

（8）电力机车在有接触网终点的线路上调车时，应控制速度，机车距接触网终点标应有 10 m 的安全距离。在电气化铁路区段，为了避免电力机车在设有接触网终点标线路上调车时，因运行速度高，停车不及时，造成刮坏机车和接触网等设备，因此，对电力机车规定了距接触网终点标应有 10 m 的安全距离。

（9）遇有天气不良等非正常情况进行调车作业时，由调车指挥人根据天气情况，适当降低速度。发生非常情况，如邻线路施工或发生事故，其人员和机械工具随时可能侵入限界时，允许调车领导人向调车人员提出限制速度的要求，以确保调车作业安全进行。

（四）溜放调车的限制

平面溜放调车、驼峰解散车辆可以缩短调车行程，压缩调车钩分，提高调车效率。溜出的车组，其减速或停车是靠人力制动机、铁鞋、减速器或减速顶制动实现的。为了确保调车作业安全，对某些车辆及在一些线路上，禁止溜放。

1．禁止溜放的车辆

（1）装有禁止溜放货物的车辆。

（2）非工作机车、动车（组）、轨道起重机、大型养路机械、机械冷藏车、大型凹型车、落下孔车、客车和特种用途车。

上述车辆因本身构造的原因，禁止溜放。对上述禁止溜放的车辆，发站应在车辆两侧"票插"内揭挂"禁止溜放"或"限速连挂"表示牌。调车领导人应在"调车作业通知单"上注明"禁止溜放"或"限速连挂"符号，以便作业中掌握。

（3）乘坐旅客的车辆。为了确保旅客的生命财产安全，乘坐旅客的车辆，无论是客车还是代用客车，一律不得溜放调车。

2．禁止溜放调车的线路

（1）超过 2.5‰ 坡度的线路（为溜放调车而设的驼峰、牵出线除外）。

（2）停有正在进行技术检查、修理、装卸作业车辆的线路，停有乘坐旅客车辆的线路及无人看守道口的线路。

（3）停有装载爆炸品、压缩气体、液化气体车辆的线路。

（4）停留车辆距警冲标的长度，容纳不下溜放车辆（应附加安全制动距离）的线路。

（5）中间站正线、到发线及与其衔接而未设隔开设备的线路。

（五）禁止溜放调车的其他情况

（1）未配调车组的中间站或调车组不足3人时，禁止溜放作业。

未配调车组的中间站，利用本务机车进行调车作业，一般由车站值班员、助理值班员或运转车长担任指挥人，临时配合，难免不协调。运转车长担任指挥时，对车站设备与停留车位置不太熟悉，中间站夜间照明不足，不利溜放作业和行车安全。

溜放调车作业必须有一人指挥机车，一人提钩作业，一人实施制动，至少需3人。所以，配有调车组的中间站，调车组不足3人时，禁止溜放作业。若配有调车组的中间站，有3人作业时，因设备较差（如线路坡度大）、人员水平低，相互配合不好等原因，也禁止进行溜放作业。

（2）不得附挂机械冷藏车溜放其他车辆（推峰除外）。附挂其他禁止溜放的车辆进行溜放作业时不受限制，但速度不准超过15 km/h。

（3）不准采用牵引溜放法调车。

牵引溜放法调车是指调车机车牵引车列快速运行，途中摘钩后，机车加速与车辆拉开距离，从而扳动道岔，使机车与车列进入不同股道的调车方法。这种调车方法对司机、调车人员、扳道员相互的配合要求较高，倘若提钩时机、速度大小、扳道时机掌握不当，都可能造成前堵后追，进入"四股"的严重后果，因此现在已被明确禁止采用。

除上述情况外，遇有降雾、暴风、雨、雪等不良气候或照明不足，确认信号和停留车位置有困难时，车辆人力制动机失效而又不具备使用铁鞋等制动条件时，制动人员不足或使用人力制动机未配挂安全带时，为保证作业安全，均不得溜放调车。

（六）调车作业的其他规定

1．试拉制度

推送车辆时，应先进行试拉。车列前部应派人瞭望，及时显示信号。

试拉是指为防止车辆在推进或牵引走行中脱钩，在机车车辆连挂后进行的一次牵引与制动试验（包括撞钩），以便确认车辆的连挂状态。

推送车辆时，为了防止减速或紧急停车时，因连挂状态不良发生车辆溜逸而危及行车安全，应先试拉，确认连挂状态良好后再进行作业。但在同一线路内，连续连挂作业时，根据连挂距离，可以不每钩都进行试拉，但要确认连挂状态，车组间距超过10车时须试拉。连续连挂时，可以不停车连挂，但最后一组一般不采用连续连挂的方法进行，并要认真采取防溜措施，避免车辆溜出警冲标，造成严重后果。

2．线路两旁堆放货物的规定

线路两旁堆放货物，距钢轨头部外侧不得小于1.5 m。货物站台上堆放货物，距站台边缘不得小于1 m。货物应堆放稳固，防止倒塌。不足上述距离时，不得进行调车作业。

货物堆放的限制如图2-25所示。

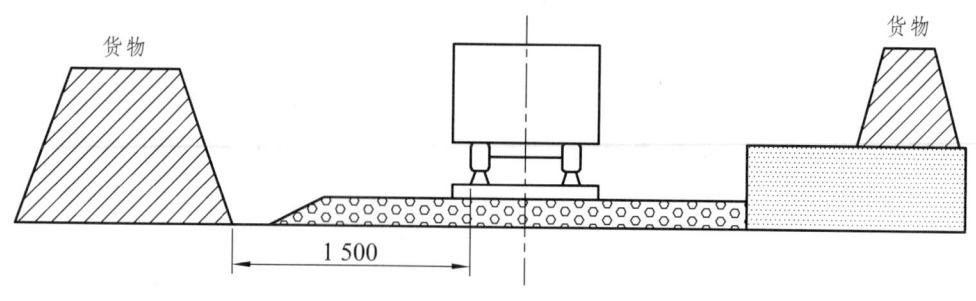

单位：mm

图 2-25 货物堆放的限制

3．调车作业连接软管的规定

转场及在超过 2.5‰ 坡度的线路上（驼峰作业除外）调车时，10 辆及以下是否需要连接软管及连接软管的数量、11 辆及以上必须连接软管的数量由车站和机务段根据具体情况共同确定，并纳入《站细》。

在一般情况下调车作业时，被调动的车列（组）都是在排风、摘管状态，车列的减速和制动停车都是靠机车本身的制动力，不需连接软管。但在不利地形和特殊条件下，如转场、向岔线、专用线取送车辆或在超过 2.5‰ 坡度的线路上调车作业时，为保证获得足够的制动力，使调车车列能及时停车，应安装连接软管。连接软管数量太多，会因摘解软管、车列充风而延长作业时间；连接软管数量过少，会影响制动力。为此，连接软管数量及要求应根据机车类型、线路坡度、挂车多少及作业的要求等具体情况确定，并纳入《站细》。

4．越区、转场的要求

越区作业是指调车机车由本调车区到其他调车区进行的取送车辆作业。转场作业是指由调车场去到发场或去另一调车场的转线作业。越区或转场调车，不仅要经过许多线路和道岔，有的还需跨越正线，因而涉及各调车区和车场之间作业的安排。如果没有做好联系和防护，不但要影响调车效率，而且会危及行车安全。因此，要求调车机车在越区或转场作业时，两区（场）调车领导人之间必须事先做好联系，做出调车作业书面计划，下达给参加调车作业的有关人员，并做好防护。没有做好联系和防护的，不准放行越区车或转场车。

越区、转场作业要做好以下工作：

（1）越区、转场作业前，调车领导人先将越区（转场）的时间、地点、辆数及有关事项，与进入区、场的调车领导人联系，取得同意后，再向本区有关人员布置。

（2）越出、进入或经由场、区的扳道人员，应按本区、场调车领导人的布置，停止相抵触的作业，确认线路空闲，并准备进路。

（3）越出区的信号员、扳道员，在接到进入区进路准备妥当或同意转场通知后，方可通知本区调车指挥人指挥越区（转场）作业。

（4）划分区（场）的车站，不论有无固定信号设备，均应制定越区（转场）的联系办法，纳入《站细》。作业时，必须按照《站细》中的有关规定办理。

（七）在正线、到发线上的调车作业

1．作业要求

在正线、到发线上调车时，要经过车站值班员的准许。在接发列车时，应按《站细》规定的时间，停止影响列车进路的调车作业。

接发旅客列车时，能进入接发列车进路的线路没有隔开设备或脱轨器，不准调车，但遇下列情况可以调车：

（1）发出旅客列车时，与列车相反方向。

（2）本务机车在停留线路内摘下，列车拉道口、对货位。

为了防止机车车辆进入旅客列车接车线，接停车的旅客列车时，在接车线末端方向第一组道岔必须向相邻线路开通。

有特殊困难的车站，确需调车时，制订安全措施，由铁路局批准。

2．越出站界调车

（1）概念。

越出站界调车：由于未设牵出线或牵出线被占用时调动较长的车列，需越过出站信号机而占用区间进行调车。

（2）有关规定。

越出站界调车时，双线区间正方向，必须区间（自动闭塞区间为第一闭塞分区）空闲；单线自动闭塞区间，闭塞系统必须在发车位置，第一闭塞分区空闲，经车站值班员口头准许并通知司机后，方可出站调车。

单线半自动闭塞区间和双线反方向出站调车时，须有停止基本闭塞法的调度命令，与邻站办理闭塞手续，并发给司机出站调车通知书，如图 2-26 所示。

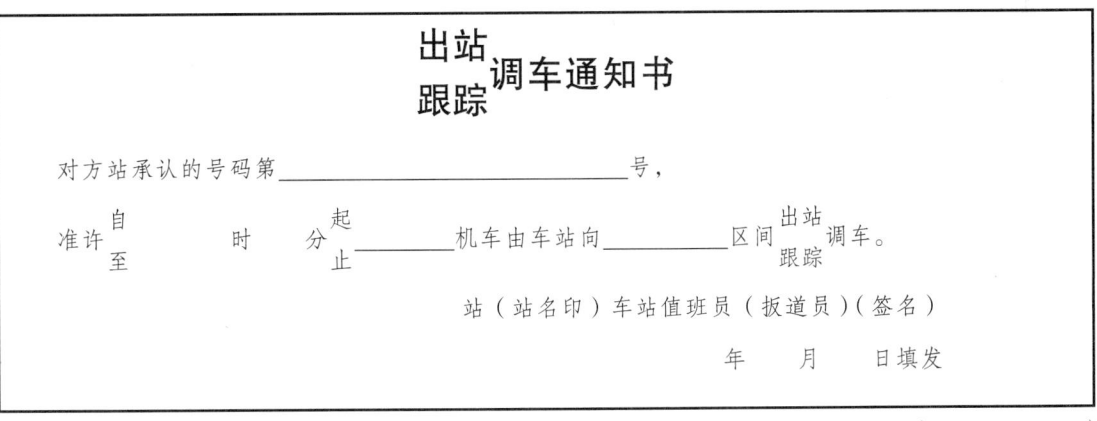

图 2-26 出站、跟踪调车通知书

3．跟踪出站调车

（1）概念。

跟踪出站调车：列车由车站出发后，间隔一定距离或时间即跟随列车越过出站信号机，在规定距离内进行的调车作业。

（2）有关规定。

跟踪出站调车，只准许在单线区间及双线正方向线路上办理，并须经列车调度员口头准许，取得邻站值班员的承认号码，发给司机跟踪调车通知书（附件5）。在先发列车尾部越过预告、接近信号机（或靠近车站的第一个预告标）或《站细》规定的间隔时间后，方可跟踪出站调车，但最远不得越出站界500 m。

遇下列情况，禁止跟踪出站调车：

① 出站方向区间内有瞭望不良的地形或有连续长大上坡道（站名表由铁路局公布）。

② 先发列车需由区间返回，或挂有由区间返回的后部补机。

③ 一切电话中断。

④ 降雾、暴风雨雪时。

列车虽已到达邻站，但跟踪调车通知书尚未收回时，禁止办理区间开通手续。

（八）机车出入段

在设有机务段的车站，机车出入段是一项频繁的调车作业。它不仅关系到加速机车出入段的放行，保证机车按停留时间标准进行作业，而且也关系着能否按列车运行图正点行车，同时也影响着车站的接发列车工作。因此，车站值班员必须认真掌握机车出入段的时机与经路。

当车站配置有固定机车走行线时，出入段机车必须走固定走行线。因为设计、确定机车走行线时，已考虑到减少机车出入段对接发列车工作的干扰，考虑了机车出入段走行的便利和合理，机车出入段按固定走行线走行，一般是最有利的经路。

机车固定走行线上，禁止停放机车车辆，以保证机车出入段的经路畅通。机车固定走行线上，一旦停放机车车辆，或引起机车出入段变更走行线，司机对变更走行线的线路不熟悉，有可能延长机车出入段的时间；如果是非电气集中的车站，车站值班员忘记在走行线上停有机车车辆，再向固定走行线放行出入段机车，则有可能酿成事故。

当车站未配置固定走行线或临时变更走行线时，应事先通知司机走行经路。司机按固定信号或扳道员显示的信号运行。进路式电气集中的车站，机车出入段的进路是分段准备的，途中难免有变化，故不通知司机，司机按信号显示运行。

（九）手推调车

手推调车是调移车辆的辅助形式。一般是在缺乏动力的情况下，利用人力或其他机械设备短距离移动车辆（如对货位等）时采用。为保证安全，手推调车应符合以下要求：

（1）手推调车应事先经调车领导人同意。在调车线、货物线及其他线路上手推调车时，应得到调车领导人的同意。因为调车领导人全面掌握线路使用、设备特点和作业进度等情况。在正线、到发线及其衔接线路上手推调车时，还应得到车站值班员的准许，以保证接发列车安全。

（2）要认真检查调车车辆人力制动机良好，有胜任人员负责人力制动机制动。

（3）手推调车速度不得超过3 km/h，以保证随时停车。

（4）下列情况禁止手推调车：

① 在超过 2.5‰ 的坡度的线路上（确需手推调车时经铁路局批准）。

② 遇暴风雨雪车辆有溜走可能或夜间无照明时。主要考虑到作业和人身安全，禁止手推调车。

③ 接发列车时，能进入接发列车进路的线路上无隔开设备或脱轨器。

④ 装有爆炸品、压缩气体、液化气体的车辆，禁止手推调车。

⑤ 电气化区段，接触网未停电的线路上，对棚车、敞车类的车辆。

手推调车是一种辅助调车形式。但在一些中间站，由于缺少调车动力，手推调车经常采用。特别是装卸人员为了装卸作业方便，经常以手推调车的方式移动车辆位置，但往往由于对装卸人员的教育和组织不当，发生车辆溜入区间或进入接发列车进路，造成较大损失和恶劣影响。现在各局、站对此情况采取有力控制手段。如对每批推车的辆数、组与组间的间隔距离加以限制；还有将撬棍保存在车站值班员处，手推调车取撬棍时经车站值班员准许，同时填写手推调车申请书，写明手推调车的移动范围及人力制动机制动人员姓名，落实责任制。这些做法都收到了较好的效果。

五、电气化区段调车工作

电气化铁路的调车工作，在一些主要环节上，如领导指挥、计划、联系、检查确认、信号、速度等，与非电气化铁路的规定、办法基本相同。但是由于牵引供电设备的影响，在某些调车作业方法上和个别环节上，也必须做一些相应的改变或限制。正确了解和掌握电气化铁路调车工作的特点和限制，对于提高调车效率，保证作业安全，具有重要作用。

（一）电力机车推送车辆进入无电区进行调车作业的方法

1. 未挂接触网导线的线路及其作业方法

目前，我国电气化铁路车站的站线和专用线，尚有一部分未挂接触网导线。例如，采用各种跨线式和旁置式起重机进行装卸作业的货物线、设有漏斗的线路，以及为了防止电力机车受电弓与接触网导线发生闪烁（火花）而危及安全的油库线等，一般都不电气化，大多数采取两头或一头挂网的办法。对于这些未挂接触网或接触网因故临时停电的线路，由电力机车担当调车作业时，可采用"长竿钓鱼"的方法，进入无电区进行调车作业。

所谓"长竿钓鱼"，即指电力机车挂有一定数量的车辆作为"隔离车"，使车辆进入无电区进行摘挂或配对货位，而电力机车本身并不进入无电区，始终保持在接触网供电的条件下进行调车作业的一种方法，如图 2-27 所示。

图 2-27 "长竿钓鱼"调车示意图

2. 采用"长竿钓鱼"的调车方法应注意的问题

采用"长竿钓鱼"的调车方法存在一些不安全的因素，而且有可能增加调车作业中机车的带车数，延长调车作业时分，一般不宜采用。只有当电力机车须进入无电区摘挂车辆或担当事故救援等特殊情况下方可采用，并应注意以下几点：

（1）要有足够数量的车辆作"隔离"，保证"隔离车"进入无电区作业时，电力机车与接触网终点标或分区绝缘器仍有1~2车的安全距离，严防电力机车进入无电区。因为"接触网终点标"设在接触网终点的边界上。分区绝缘器设在车站的装卸线、专用线等经常需要停电的股道上，当联结这一股道的电源开关打开之后，这一股道随即停电。如果电力机车越过它们，就将进入无电区而"寸步难行"。

① 掌握采用"长竿钓鱼"作业的方法。采用"长竿钓鱼"作业的车站，应在《站细》或调车作业通知单（示意图）中记明接触网终点标和分区绝缘器与有关调车信号机或最外方道岔尖轨尖端之间的距离（容车数），便于有关人员掌握。

② 当无电区内停留的待挂车辆距离接触网终点标或分区绝缘器较远时，在可能的条件下，可采用手推调车等方法，将待挂车辆向外移动，以减少甚至取消电力机车所带的"隔离车"。

（2）调车领导人应亲自或通过调车指挥人向司机和参加调车作业的有关人员口头传达安全注意事项，并在调车作业通知单（示意图）的附注栏内记明"无电区"字样，以提醒注意。

（3）调车指挥人应亲自或提前派人检查线路和停留车情况，必要时应派人显示停留车位置，如股道内正在进行货物装卸或接触网检修等作业时，应通知有关人员停止作业，确认作业人员和机具撤离至安全地点后，方可进入该线进行调车作业。

（二）调车作业有可能越过分相绝缘器时的处理

电气化铁路牵引变电所及分区亭所在站，设有分相绝缘器，以区分不同的相序。电力机车运行至分相绝缘器前，必须退回牵引电流，切断主断路器，电力机车滑行通过分相绝缘器，至另一相序时合上主断路器后，再接电运行。运行中的分相绝缘器如图2-28所示。

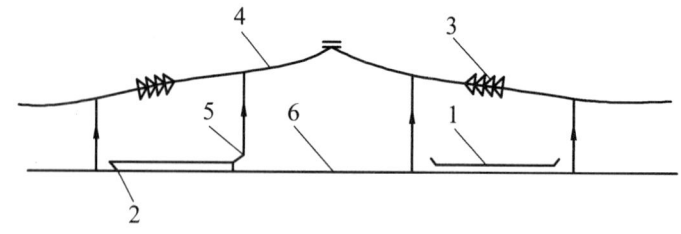

图2-28 分相绝缘器

1—主绝缘；2—接头线夹；3—承力绝缘子；4—承力索；5—吊弦；6—导线

1. 分相绝缘器设置的位置

分相绝缘器一般设在进站信号机外方适当地点。因为站内常有机车不间断地进行各种调车作业，如将分相绝缘器设在站内，势必造成电力机车频繁地断开主断路器，甚至有可能停在无电区，影响调车作业的安全和效率。既有电气化铁路，尚有一部分车站的分相绝缘器设在进站信号机内方，致使摘挂列车机车（电力）在该站利用正线调车时，有可能越过它。分相绝缘器设在进站信号机外方的车站，采用越出站界和跟踪出站调车时，也有可能越过。

2．防止电力机车停在分相绝缘器无电区内

（1）《站细》中应记明分相绝缘器与有关调车信号机或最外方道岔尖轨尖端之间的距离（容车数），并在调车作业通知单（示意图）中注明，便于编制调车作业计划和进行调车作业的有关人员掌握。

（2）当分相绝缘器设在进站信号机内方，而利用正线调车时，应按越出站界或跟踪出站调车办理。防备电力机车牵出车列加速闯过分相绝缘器时，越过进站信号机而进入区间。

（3）电力机车越过分相绝缘器时，除严格执行"禁止双弓"的规定外，为了积蓄动能闯过无电区，应在断电标前加速运行，以防电力机车停于无电区内。

此外，当利用正线调车而区间停电时，调车计划中应注明"区间停电"字样。如果分相绝缘器在站内时，应使机车距分相绝缘器不少于10 m处停车，以免将电带入区间。

【拓展资源】

调车作业

门灯信号最重要　开门手比互控到
联控不清不动车　道岔逐一确认好
紧盯信号不间断　彻底瞭望速度控
手柄闸把握在手　安全时刻记心中

任务六　终点站与退勤作业

【教学目标】

1．知识目标

（1）掌握终点站作业的内容；

（2）掌握入段作业的内容；

（3）掌握中途换乘站换班作业的内容；

（4）掌握外段交接班作业的内容；

（5）掌握退勤作业的内容。

2．能力目标

（1）会操纵LKJ进入调车状态；

（2）会进行入段的呼唤应答；

（3）会进行入段的机车检查；

（4）会办理中途继乘站换班的交接；

（5）会进行外段交接班作业；

（6）会用IC卡转储LKJ中的运行记录；

（7）会填写司机报单，并会总结乘务作业过程中的优点和缺点，改进不足之处。

【相关配套知识】

列车到达终点站后，途中运行作业即为结束，转入终点站作业及退勤作业。这个阶段的作业容易出现急躁和马虎。所以，乘务员应坚持良好的精神状态，认真完成各项作业，保证机车正常再出段。

一、终点站作业

（1）到达终点站后，摘解机车前不得缓解列车制动。若地面无列车制动机试验设备或该设备临时发生故障时，司机应根据检车员的要求，试验列车制动机。牵引制动主管定压600 kPa的货物列车到达机车换挂站后，应对制动主管实施最大有效减压量（减压170 kPa）。

（2）机车不能及时入段时，将机车移动至脱轨器外方、信号机前或警冲标内方。机车乘务员应及时检查轴温（装有轴温检测装置的除外）。LKJ转入调车状态，按调车信号显示运行。

（3）机车到达站、段分界点处应停车，签认入段时分，了解段内走行经路。

（4）确认入段信号、股道号码信号、道岔开通信号、道岔表示器显示正确，厉行确认呼唤（应答），鸣笛动车入段，按规定速度控制运行。

（5）有运用干部添乘在列车终到前，司机应出示添乘指导簿，添乘运用干部填写本趟添乘指导意见。

二、入段作业

（1）电力机车进整备线，在隔离区防护信号前停车，确认隔离区防护信号开放后再动车。

（2）在转盘（见图2-29）及整备线停留时，机车必须制动。上、下转盘时，确认开通位置，严守速度规定。转盘转动时，司机不得离座，不得换端及做其他工作。并须做到：

图2-29 机车转盘

① 内燃机车主手柄置于"0"位，换向手柄置于中立位，机车控制开关置于断开位。

② 电力机车断开主断路器，降下受电弓，牵引手柄置于"0"位。
（3）入段机车检查和整备。
机务段应根据使用机型、乘务方式和段内技术作业时间，制定机车检查、给油、保洁等工作范围和标准。
① 交班司机应将机车运用状态，在机车运行日志上做出记录，按规定做好防溜，与接车人员办理交接。
② 轮乘制司机应向接车人员详细介绍机车运用状态、机车运行日志记录等情况，与有关人员办理燃油、耗电、工具备品以及机车行车安全装备的交接（见图 2-30）。
③ 检查机车时，发现故障处所及时处理或报修。

图 2-30　行车安全装备交接

三、中途继乘站换班

出勤时，按段内机车乘务员出勤作业的规定执行。出勤后按时到达指定地点接班。
中间站换班应实行对口交接。
（1）司机交接燃料、耗电、机车运用状态等。
（2）学习司机（非操纵司机）检查机车行车安全装备，办理工具备品等交接。
（3）接班后，按《操规》附件 1.5 至附件 1.8 的规定检查机车。

四、外段（折返段）交接班

（1）内燃、电力机车交班机班应按《操规》附件 1.1 至附件 1.4 的规定进行作业，填写机车运行日志。
（2）内燃、电力机车的接班司机应按《操规》附件 1.1 至附件 1.4 的规定，对机车进行检查。学习司机（非操纵司机）对机车下部进行复检。
（3）制动机试验，内燃机车的电气动作试验，电力机车的高、低压试验按《操规》第十一条的规定执行。
（4）其他未尽事宜，按机务本段、外段（折返段）有关规定办理。

五、退勤作业

退勤前,司机用 IC 卡转储 LKJ 运行记录文件,正确填写司机报单,对本次列车的安全正点情况进行分析作出记录。

退勤时,进行酒精测试,向退勤调度员汇报本次列车安全及运行情况,对运行中发生的非正常情况按规定填写"机调-10",对 LKJ 检索分析的问题及超劳、运缓等情况做出说明,交还列车时刻表、司机报单、司机手册、添乘指导簿后,办理退勤手续(见图 2-31)。

图 2-31 退　勤

【拓展资源】

机车乘务员岗位——终点站与退勤

安全到达不放松　调车转线严卡控
机车整备保养精　动态活件处理净
运行日志细填记　工具备品交接清
退乘想着出乘人　善始善终安全行

入库作业

列车到达稳摘钩　货票交接莫遗漏
严守速度盯信号　岔尖位置需看好
着急慌忙是大忌　严防出现冲脱挤
入库整备互提醒　人身安全要牢记

转线作业

转线安全是关键　车机联控把住关
不管车站怎么喊　首架信号仔细看
战场设备记心间　穿越正线控风险
天气不良一定慢　执行规章保安全

任务七　机车乘务员呼唤应答标准用语

【教学目标】

1. 知识目标

（1）掌握呼唤应答的基本要求；

（2）掌握信号确认呼唤时机和手比姿势；

（3）掌握呼唤应答标准用语。

2. 能力目标

（1）能正确确认呼唤应答的时机；

（2）会正确运用手比姿势；

（3）会进行学习司机的呼唤作业。

【相关配套知识】

一、确认呼唤（应答）基本要求

（1）一次乘务作业全过程必须认真执行确认呼唤（应答）制度。

（2）确认呼唤（应答）必须执行"彻底瞭望、确认信号、手比眼看、准确呼唤"，并掌握"清晰短促、提示确认、全呼全比、手势正确"的作业要领。

（3）列车运行中必须对所有地面主体信号显示全部进行确认呼唤（应答），自动闭塞区段分区通过信号显示绿灯，值乘速度 120 km/h 及以上客运列车时，只手比不呼唤（带有三斜杠标志预告功能的分区通过信号机除外）。

（4）遇有显示须经侧向径路运行的信号时，在呼唤信号显示的同时，必须呼唤侧向限速值。

二、信号确认呼唤时机和手比姿势

1. 信号确认呼唤时机

应遵循"信号好了不早呼、信号未好提前呼"的原则，瞭望条件良好时，进站（进路）信号不少于 800 m；出站、通过、接近、预告信号不少于 600 m；信号表示器不少于 100 m。

2. 手比规范

（1）信号显示要求通过（显示绿灯、绿黄灯）时：右手伸出食指和中指并拢，拳心向左，指向确认对象（见图 2-32）。

图 2-32　信号显示要求通过

（2）信号显示要求正向径路准备停车（显示黄灯）时：右手拢拳伸拇指直立，拳心向左（见图 2-33）。

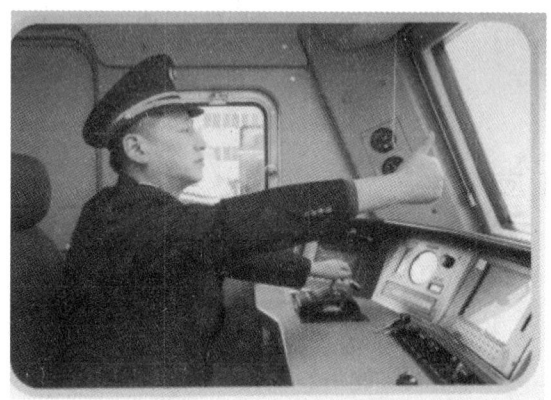

图 2-33　正向径路准备停车

（3）信号显示要求侧向径路运行（显示双黄灯、黄闪黄）时：右手拢拳伸拇指和小指，拳心向左（见图 2-34）。

图 2-34　侧向径路运行

（4）信号显示要求停车（显示红灯，包括固定和临时）时：右臂拢拳，举拳与眉齐，拳心向左，小臂上下摇动 3 次（见图 2-35）。

图 2-35　信号显示要求停车

（5）注意警惕运行时：右臂拢拳，大小臂成 90°，举拳与眉齐，拳心向左（见图 2-36）。

图 2-36　注意警惕运行

（6）确认仪表显示时：右手伸出食指和中指并拢，拳心向左，指向相关确认设备（见图 2-37）。

图 2-37　确认仪表显示

（7）确认非集中操纵道岔、各类手信号、防护信号（脱轨器）时：右手伸出食指和中指并拢，拳心向左，指向确认的非集中操纵道岔、各类手信号、防护信号（脱轨器）（见图 2-38）。

图 2-38　确认非集中操纵道岔、各类手信号、防护信号（脱轨器）

（8）列车运行中，LKJ 提示前方列车运行限制速度有变化时，司机必须在变速点前，对变化的速度值及时进行确认呼唤；确认呼唤时，右手伸出食指和中指并拢，拳心向左，指向 LKJ 显示部位。

（9）手比以注意警惕姿势开始和收回，手比动作稍作停顿。

三、机车乘务员确认呼唤（应答）标准用语

机车乘务员双岗值乘确认呼唤（应答）标准用语如表 2-1 所示。

表 2-1　机车乘务员双岗值乘确认呼唤（应答）标准用语

序号	呼唤时机	呼唤		应答		复诵	
		呼唤者	标准用语	应答者	标准用语	复诵者	标准用语
（一）出段至发车							
1	电力机车升弓	操纵司机	升弓	学习司机非操纵司机	升弓注意	操纵司机	升弓好了
2	整备完毕，人员就岗	学习司机非操纵司机	出段准备	操纵司机	准备好了	—	
3	出段前	学习司机非操纵司机	还道信号出段信号（非集中操纵道岔呼唤内容）	操纵司机	××道出段手信号好了	学习司机非操纵司机	××道出段手信号好了
4		学习司机非操纵司机	出段信号	操纵司机	白（绿）灯蓝（红）灯停车	学习司机非操纵司机	白（绿）灯蓝（红）灯停车
5	经过非集中操纵道岔前	学习司机非操纵司机	道岔注意	操纵司机	道岔开通正确	学习司机非操纵司机	道岔开通正确
6	经过其他要道还道地点前	学习司机非操纵司机	一度停车还道信号道岔开通信号	操纵司机	一度停车××道手信号好了	学习司机非操纵司机	××道手信号好了
7	行至站段分界点（或一度停车牌）	学习司机非操纵司机	一度停车	操纵司机	一度停车		

续表

序号	呼唤时机	呼唤		应答		复诵	
		呼唤者	标准用语	应答者	标准用语	复诵者	标准用语
8	调车信号前	学习司机 非操纵司机	调车信号	操纵司机	白灯、蓝(红)灯停车	学习司机 非操纵司机	白灯、蓝(红)灯停车
9	调车复示信号前	学习司机 非操纵司机	复示信号	操纵司机	白灯 注意信号	学习司机 非操纵司机	白灯 注意信号
10	换端作业时	学习司机 非操纵司机	注意防溜	操纵司机	注意防溜	—	—
11	进入挂车线	学习司机 非操纵司机	脱轨器注意	操纵司机	撤除好了(红灯、红牌)停车	学习司机 非操纵司机	撤除好了(红灯、红牌)停车
12	连挂车时	学习司机 非操纵司机	十辆、五辆、三辆、停车	操纵司机	十辆、五辆、三辆、停车	—	—
13		学习司机 非操纵司机	防护信号	操纵司机	撤除好了 注意信号	学习司机 非操纵司机	好了 注意
14	列车制动机试验时	学习司机 非操纵司机	制动、缓解 试风好了	操纵司机	制动、缓解 试风好了	—	—
15		学习司机 非操纵司机	确认行车安全装备	操纵司机	LKJ设置好了 CIR(或通信装置)设置好了 列尾装置设置好了 机车信号确认好了	学习司机 非操纵司机	LKJ设置好了 CIR(或通信装置)设置好了 列尾装置设置好了 机车信号确认好了
16	发车前	学习司机 非操纵司机	出站(发车进路)信号	操纵司机	绿灯,出站(发车进路)好了 双绿灯,××(线、站)方向出站好了 绿黄灯,出站(发车进路)好了。 黄灯,出站(发车进路)好了	学习司机 非操纵司机	绿灯,出站(发车进路)好了 双绿灯,××(线、站)方向出站好了 绿黄灯,出站(发车进路)好了 黄灯,出站(发车进路)好了
17		学习司机 非操纵司机	确认路票 确认绿色许可证 确认红色许可证 确认调度命令	操纵司机	路票正确 绿色许可证正确 红色许可证正确 调度命令正确	学习司机 非操纵司机	路票正确 绿色许可证 正确 红色许可证 正确 调度命令正确
18		学习司机 非操纵司机	进路表示器	操纵司机	××(线、站)方向好了 正、反方向好了	学习司机 非操纵司机	××(线、站)方向好了 正、反方向好了
19		学习司机非操纵司机	发车信号	操纵司机	一圈、两圈、三圈,发车信号好了 联控发车好了	学习司机 非操纵司机	一圈、两圈、三圈,发车信号好了 联控发车好了

续表

序号	呼唤时机	呼唤者	标准用语	应答者	标准用语	复诵者	标准用语
		呼唤		应答		复诵	
20	起动列车后	学习司机非操纵司机	发车表示器	操纵司机	发车表示器白灯	学习司机非操纵司机	发车表示器白灯
21		学习司机非操纵司机	确认开车时刻	操纵司机	正点（或晚点××分）开车	学习司机非操纵司机	好了
22		学习司机非操纵司机	注意对标	操纵司机	对标好了道岔限速××公里	学习司机非操纵司机	好了道岔限速××公里
23		学习司机非操纵司机	后部注意	操纵司机	后部好了	学习司机非操纵司机	后部好了
24	出站后	学习司机非操纵司机	仪表注意	操纵司机	各仪表（网压）显示正常	—	—
（二）途中运行							
1	机械间巡视及巡视后	学习司机非操纵司机	机械间检查各部正常	操纵司机	注意安全好了	学习司机非操纵司机	加强瞭望
2	贯通试验或试闸点	学习司机非操纵司机	贯通试验或试闸	操纵司机	贯通试验好了或试闸好了	学习司机非操纵司机	好了
3	查询列尾时	学习司机非操纵司机	列尾查询	操纵司机	尾部风压××千帕	学习司机非操纵司机	好了
4	接近慢行地段限速标	学习司机非操纵司机	慢行注意	操纵司机	限速××公里	学习司机非操纵司机	限速××公里
5	慢行减速地点（始端）标	学习司机非操纵司机	慢行开始	操纵司机	慢行开始	—	—
6	慢行减速地点（终端）标	学习司机非操纵司机	严守速度	操纵司机	严守速度	—	—
7	越过减速防护地段终端信号标	学习司机非操纵司机	慢行结束	操纵司机	慢行结束	—	—
8	乘降所	学习司机非操纵司机	××乘降所	操纵司机	停车	学习司机非操纵司机	停车
9	接近分相前	学习司机非操纵司机	过分相注意	操纵司机	注意	学习司机非操纵司机	注意
10	禁止双弓标前	学习司机非操纵司机	禁止双弓	操纵司机	单弓好了	学习司机非操纵司机	好了
11	断电标（T断标）前	学习司机非操纵司机	断电	操纵司机	断电好了	学习司机非操纵司机	好了

续表

序号	呼唤时机	呼唤		应答		复诵	
		呼唤者	标准用语	应答者	标准用语	复诵者	标准用语
12	越过合电标后	学习司机 非操纵司机	闭合	操纵司机	闭合好了	学习司机 非操纵司机	好了
13	准备降弓标前	学习司机 非操纵司机	准备降弓	操纵司机	准备降弓	—	—
14	降弓标前	学习司机 非操纵司机	降弓	操纵司机	降弓好了	学习司机 非操纵司机	好了
15	越过升弓标后	学习司机 非操纵司机	升弓	操纵司机	升弓好了	学习司机 非操纵司机	好了
16	遮断信号前	学习司机 非操纵司机	遮断信号	操纵司机	红灯停车 无显示	学习司机 非操纵司机	红灯停车, 无显示
17	半自动闭塞区段进站（进路）信号机处 自动闭塞区段进站信号前一架通过信号机、进站（进路）信号机处	学习司机 非操纵司机	确认车位	操纵司机	车位正确 校正好了	学习司机 非操纵司机	车位正确 好了
18	进站、接车进路复示信号前	学习司机 非操纵司机	复示信号	操纵司机	直向、侧向或注意信号	学习司机 非操纵司机	直向、侧向或注意信号
19	出站、发车进路复示信号前	学习司机 非操纵司机	复示信号	操纵司机	复示好了、注意信号	学习司机 非操纵司机	复示好了、注意信号
20	通过手信号	学习司机 非操纵司机	通过手信号	操纵司机	手信号好了 站内停车	学习司机 非操纵司机	手信号好了 站内停车
21	防护信号前	学习司机 非操纵司机	防护信号	操纵司机	红灯（红旗）停车 火炬停车 撤除好了	学习司机 非操纵司机	红灯（红旗）停车 火炬停车 撤除好了
22	预告信号前	学习司机 非操纵司机	预告信号	操纵司机	预告好了 注意信号	学习司机 非操纵司机	预告好了 注意信号
23	CIR接收接车进路预告信息时	学习司机 非操纵司机	确认进路预告信息	操纵司机	××站（线路所）××道通过（停车）、机外停车	学习司机 非操纵司机	××站（线路所）××道通过（停车）、机外停车
24	接收临时调度命令时	学习司机 非操纵司机	确认调度命令	操纵司机	调度命令确认好了	学习司机 非操纵司机	调度命令确认好了
25	通信模式转换时	学习司机 非操纵司机	通信转换注意	操纵司机	转换好了	学习司机 非操纵司机	好了
26	转换机车信号时	学习司机 非操纵司机	机车信号转换注意	操纵司机	转换好了	学习司机 非操纵司机	好了
27	接近信号前	学习司机 非操纵司机	接近信号	操纵司机	绿灯 绿黄灯 黄灯减速	学习司机 非操纵司机	绿灯 绿黄灯 黄灯减速

续表

序号	呼唤时机	呼唤		应答		复诵	
		呼唤者	标准用语	应答者	标准用语	复诵者	标准用语
28	进站（接车进路）信号前	学习司机 非操纵司机	进站（进路）信号	操纵司机	绿灯，正线通过 绿黄灯，正线通过，注意运行 黄灯，正线 双黄灯，侧线，限速××公里 黄闪黄，侧线，限速××公里 红灯，机外停车	学习司机 非操纵司机	绿灯，正线通过 绿黄灯，正线通过，注意运行 黄灯，正线 双黄灯，侧线，限速××公里 黄闪黄，侧线，限速××公里 红灯，机外停车
29		学习司机 非操纵司机	引导信号 引导手信号 特定引导手信号 机外停车	操纵司机	一红一白，引号信号好了 黄旗、黄灯，引导手信号好了 绿旗、绿灯，特定引导手信号好了 机外停车	学习司机 非操纵司机	一红一白，引号信号好了 黄旗、黄灯，引导手信号好了 绿旗、绿灯，特定引导手信号好了 机外停车
30	出站（发车进路）信号前	学习司机 非操纵司机	出站（发车进路）信号	操纵司机	绿灯，出站（发车进路）好了 双绿灯，××（线、站）方向出站好了 绿黄灯，出站（发车进路）好了。 黄灯，出站（发车进路）好了 红灯，停车	学习司机 非操纵司机	绿灯，出站（发车进路）好了 双绿灯，××（线、站）方向出站好了 绿黄灯，出站（发车进路）好了 黄灯，出站（发车进路）好了 红灯，停车
		学习司机 非操纵司机	确认路票 确认绿色许可证 确认红色许可证 确认调度命令	操纵司机	路票正确 绿色许可证正确 红色许可证正确 调度命令正确	学习司机 非操纵司机	路票正确 绿色许可证正确 红色许可证正确 调度命令正确
31	进路表示器前	学习司机 非操纵司机	进路表示器	操纵司机	××（线、站）方向好了 正、反方向好了	学习司机 非操纵司机	××（线、站）方向好了 正、反方向好了
32	确认仪表时	学习司机 非操纵司机	仪表注意	操纵司机	各仪表（网压）显示正常	—	—
33	自动闭塞区段闭塞分区通过信号前	学习司机 非操纵司机	通过信号	操纵司机	绿灯 绿黄灯 黄灯减速 红灯停车	学习司机 非操纵司机	绿灯 绿黄灯 黄灯减速 红灯停车

项目二 重载列车机车乘务员一次乘务作业过程

续表

序号	呼唤时机	呼唤		应答		复诵	
		呼唤者	标准用语	应答者	标准用语	复诵者	标准用语
34	线路所通过信号机前	学习司机非操纵司机	通过信号确认行车凭证	操纵司机	绿灯,(××方向好了) 绿黄灯,(××方向好了) 黄灯减速,(××方向好了) 侧线限速××公里,××方向好了 机外停车 线路所凭证正确	学习司机非操纵司机	绿灯,(××方向好了) 绿黄灯,(××方向好了) 黄灯减速,(××方向好了) 侧线限速××公里、××方向好了 机外停车 线路所凭证正确
35	列车运行限制速度变速点前（由高速变低速）	操纵司机	前方限速××公里	学习司机非操纵司机	注意控速	操纵司机	注意控速
36	交会列车时	学习司机非操纵司机	会车注意	操纵司机	注意	—	—
37	输入侧线股道号	学习司机非操纵司机	输入侧线股道号	操纵司机	××道输入好了		
38	输入支线号	学习司机非操纵司机	输入支线号	操纵司机	支线号输入好了		
39	接近限制鸣笛标前	学习司机非操纵司机	进入限鸣区段	操纵司机	限制鸣笛	学习司机非操纵司机	限制鸣笛
40	接近防洪地点标	学习司机非操纵司机	进入防洪地点	操纵司机	注意运行	学习司机非操纵司机	注意运行
41	接近道口前	学习司机非操纵司机	道口注意	操纵司机	注意		
42	途中换班时	接班司机	换班注意	交班司机	加强瞭望;(前方有限速);注意安全	接班司机	明白
(三)到达至入段							
1	列车终到后	学习司机非操纵司机	确认行车安全装备	操纵司机	LKJ设置好了 CIR(或通信装置)设置好了 列尾装置设置好了	学习司机非操纵司机	LKJ设置好了 CIR(或通信装置)设置好了 列尾装置设置好了
2	调车转线作业	学习司机非操纵司机	调车信号	操纵司机	白灯、蓝(红)灯停车	学习司机非操纵司机	白灯、蓝(红)灯停车
3	调车复示信号前	学习司机非操纵司机	复示信号	操纵司机	白灯注意信号	学习司机非操纵司机	白灯注意信号

续表

序号	呼唤时机	呼唤		应答		复诵	
		呼唤者	标准用语	应答者	标准用语	复诵者	标准用语
4	行至站段分界点（或一度停车牌）	学习司机非操纵司机	一度停车	操纵司机	一度停车	—	—
5	入段前	学习司机非操纵司机	还道信号入段信号（非集中操纵道岔呼唤内容）	操纵司机	××道入段手信号好了	学习司机非操纵司机	××道入段手信号好了
6		学习司机非操纵司机	入段信号	操纵司机	白（绿）灯蓝（红）灯停车	学习司机非操纵司机	白（绿）灯蓝（红）灯停车
7	经过非集中操纵道岔前	学习司机非操纵司机	道岔注意	操纵司机	道岔开通正确	学习司机非操纵司机	道岔开通正确
8	经过其他要道还道地点前	学习司机非操纵司机	一度停车还道信号道岔开通信号	操纵司机	一度停车××道手信号好了	学习司机非操纵司机	××道手信号好了
9	换端作业时	学习司机非操纵司机	注意防溜	操纵司机	注意防溜	—	—
10	进入段内尽头线或有车线	学习司机非操纵司机	十辆、五辆、三辆、停车	操纵司机	十辆、五辆、三辆、停车		
11	整备线防护信号前	学习司机非操纵司机	防护信号	操纵司机	撤除好了（红灯、蓝灯、红旗、红牌）停车	学习司机非操纵司机	撤除好了（红灯、蓝灯、红旗、红牌）停车

四、说　明

（1）同时具有接车进路和发车进路的进路信号机，列车在该信号机前停车及发车时，按照发车进路信号机进行呼唤，信号指示列车在该信号机前不停车通过该信号时，按照接车进路信号机进行呼唤。

（2）设有出站信号机的线路所，线路所通过信号比照进站信号机呼唤内容进行呼唤。

（3）双线自动闭塞区段 2 灯位进路表示器显示，根据灯位显示确认呼唤"正、反方向好了"；双线自动闭塞区段 1 灯位进路表示器显示，反方向行车着灯时确认呼唤"反方向好了"，正方向行车不着灯时不呼唤；除上述之外的进路表示器，在确认进路表示器显示灯位后，呼唤"××（线、站）方向好了"。

（4）慢行地点限速标未标明限速值时，按限速 25 km/h 进行呼唤。

（5）机车监控装置正线开车对标，无侧向道岔限速时，不呼唤道岔限速。

（6）对发车信号的呼唤，含使用手信号及无线通信设备发车。

（7）防洪地点标仅在防洪期间进行呼唤。

（8）上述表中"其他要道还道地点"，是指办理出段或入段作业走行进路上，显示出段或入段手信号之外的扳道房前的停车要道地点。

（9）双岗值乘时，首、末次机械间巡视需对巡视主要内容进行汇报。

（10）双岗值乘途中换班作业，运行当前区间或前方第一区间有临时限速时需进行呼唤。

（11）双岗值乘时，值乘人员按照《双岗值乘确认呼唤（应答）标准》执行，添乘指导司机按照《双岗值乘确认呼唤（应答）标准》中复诵者内容进行复诵。

（12）货运列车在车站开车、通过、到达可不报告和呼唤列车正晚点时分。

（13）司机途中操纵牵引、制动手柄及操作行车安全装备遇有需要进行呼唤和手比的项目时，可只呼唤不手比。

（14）机车乘务员途中担当调车作业及专调机车调车作业确认呼唤（应答）标准，由各铁路局根据担当车型及作业方式自行制定。

【拓展资源】

指导司机岗位

兵头将尾责任大　　业务教育细严抓
添乘指导盯关键　　规范两标常抽检
苦练硬功做表率　　现场指挥底气足
负责认真主动干　　班组共建和谐段

【项目小结】

本项目主要介绍了机车乘务员一次作业过程、调车作业及机车乘务员呼唤应答标准。机车乘务员一次乘务作业，是机车乘务员执行乘务作业的标准，作业过程涉及的各方面知识较多，要认真学习掌握，尤其是直接影响行车安全的作业环节，更要引起特别重视。其中作业程序中有关学习司机的作业内容和要求；关系行车安全的重要部件检查，是学习的重点。如何把握作业程序中的安全点，是学习的难点。呼唤应答是机车乘务工作中协调动作、紧密配合、互相监督，确保安全的有效制度，要熟悉和掌握。

【复习思考题】

1. 严格执行乘务员一次乘务作业过程标准化程序对保障行车安全有什么重要意义？
2. 机车乘务员在出勤作业过程中应做到哪些事项？
3. 出勤后接车时，学习（随乘）司机应确认什么内容？
4. 机车整备完毕，在出段过程中，机车乘务员应做到什么？
5. 机车在挂车时，应做到什么？
6. 机车挂车后，如接到列车制动效能证明书，如何核对其是否符合有关的规定？
7. 如列车制动效能不符合有关的规定时，应如何处理？
8. 列车制动机的试验有哪几种？
9. 列车制动机全部试验的时机和内容是什么？
10. 列车制动机简略试验的时机和内容是什么？

11. 列车制动机试验时，司机应注意什么？
12. 起动列车前，机车乘务员应注意哪些事项？
13. 电力机车在运行中，机车乘务员应遵守哪些安全注意事项？
14. 电力机车学习（随乘）司机进行机械间（走廊巡视）检查的时机、检查的项目各是什么？
15. 中间站停车时，应遵守哪些规定？
16. 终点站的作业内容有哪些？
17. 入段作业的内容有哪些？
18. 中途站换班作业中，机车学习（随乘）司机检查项目有哪些？
19. 外段（折返段）作业中，学习（随乘）司机检查、给油项目是什么？
20. 调车作业中，在连挂车辆时，要做到什么？
21. 天气恶劣情况下应如何进行调车作业？
22. 调车作业的速度有什么规定？
23. 跟踪出站调车有什么规定？
24. 越出站界调车有什么规定？
25. 何谓手推调车？禁止手推调车的情况有哪些？
26. 何谓"长杆钓鱼"调车？其注意事项有哪些？
27. 信号确认呼唤的时机是什么？
28. 信号呼唤时的手比规范分别是什么？

项目三　重载列车驾驶

【项目描述】

本项目主要介绍重载列车的平稳驾驶,在本课程中具有很重要的地位。通过本项目的学习,可以提高机务人员的业务素质,做到"安全、正点、平稳、准确"地操纵重载列车。

【教学目标】

1. 知识目标
(1) 了解作用在列车上的各种力;
(2) 掌握货物列车的特性;
(3) 掌握影响制动距离的因素;
(4) 掌握重载列车的操纵方法;
(5) 掌握不同情况下列车的操纵;
(6) 掌握机车空转的原理及撒砂的方法;
(7) 掌握制动机操纵的基本知识;
(8) 掌握重载列车制动机的操纵方法。

2. 能力目标
(1) 能说出作用在列车上的力;
(2) 会计算列车从最大拉伸状态转变到最大压缩状态列车长度缩短数值;
(3) 会分析影响制动距离的因素;
(4) 能总结不同线路、不同情况下重载列车的操纵方法;
(5) 能掌握不同编组情况列车制动充风和排风时间;
(6) 能画出DK-1和CCBⅡ列车一段和两段制动的操纵示意图。

【相关知识】

我国重载列车开行较晚,而且多数是非单元列车,列车编组比较杂乱,车辆制动机型号混杂,车钩强度不高,缓冲器型号不一致,整体容量偏小,使得重载列车开行难度较大,在硬件不足情况下,只有通过司机精心操纵才能保证列车运行安全。

重载货物列车操纵原则主要体现在:起停比较平稳,不坡停,不断钩,列车不分离,进站停车一次停妥,确保列车行车安全、正点等方面。

怎样才能掌握重载货物列车驾驶的基本方法并操纵好列车呢?主要是要掌握机车性能,了解列车特性,提高列车牵引理论水平,不断总结列车操纵实践经验。

任务一　作用在列车上的各种力

【教学目标】

1．知识目标

（1）了解机车牵引力的概念；

（2）了解机车黏着力的概念；

（3）了解机车阻力的概念及产生阻力的原因；

（4）了解列车制动力的概念；

（5）掌握列车产生制动的方法。

2．能力目标

（1）能说出机车牵引力的产生的原理；

（2）能区分机车牵引力和机车黏着力；

（3）能分析机车阻力产生的原因及分类；

（4）能分析不同制动方法的制动原理。

【相关配套知识】

作用在列车上的外力主要有：机车牵引力、黏着力、阻力和制动力。

一、机车牵引力

机车牵引力是与列车运行方向相同并可由司机根据需要调节的外力。

机车动力装置发出的扭矩，经传动装置传递，在各动轮周上形成切线力，依靠轮轨间的黏着产生由钢轨作用于各动轮周上的反作用力，从而使列车发生平移运动。这种由钢轨作用于动轮周上的切向外力之和，即为机车轮周牵引力，简称机车牵引力。

由于机车类别、机型、结构、用途的不同，机车在牵引性能方面，显示出不同的特性。机车的牵引特性如图3-1所示。

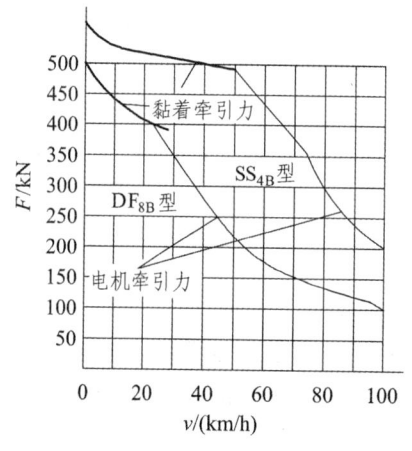

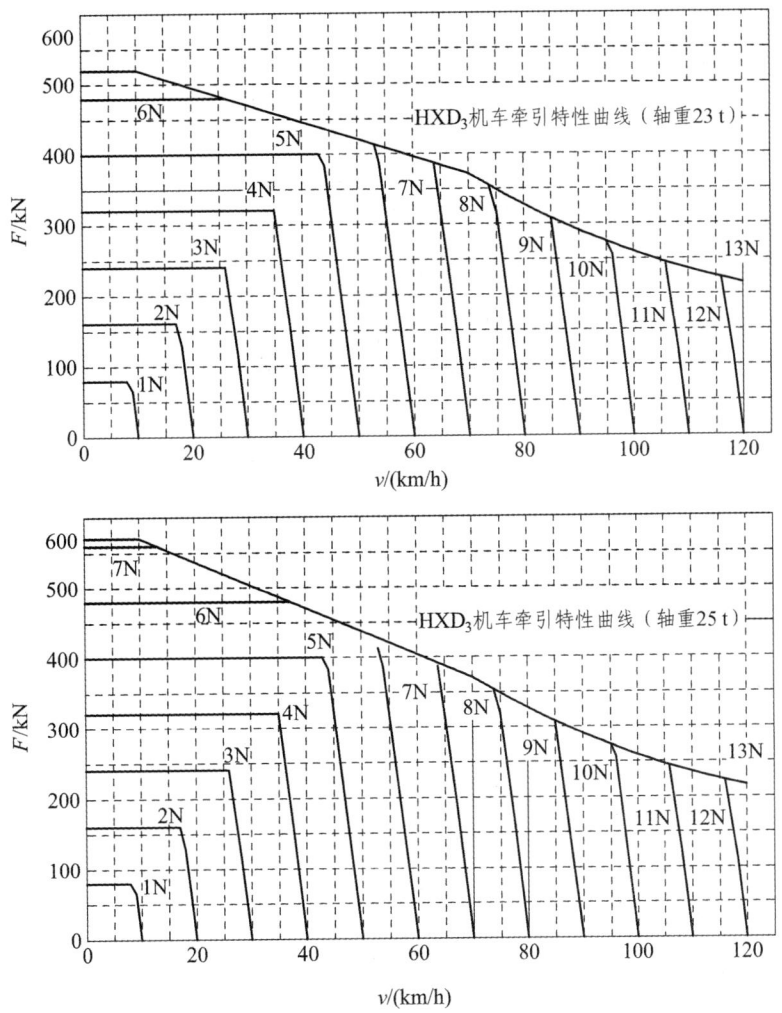

图 3-1 机车牵引特性曲线图

各型机车计算质量、最低计算速度、最大计算牵引力、计算起动牵引力如表 3-1 所示。

表 3-1 各型机车牵引主要数据

机 型	机车计算质量 P	最低计算速度 v_{jmin}	最大计算牵引力 F_{jmax}	计算起动牵引力 F_q	最大运用速度 v_{max}	机车全长 l_j	起动牵引力限制条件
SS_1	138	43.0	301.2	487.3	95	20.4	黏着
SS_3	138	48.0	317.8	470.0	100	21.4	黏着
*SS_{3B}	138	48.0	316.7	490.0	100	21.4	黏着
*SS_{3B}（双节重联）	2×138	48.0	635.6	941.8	100	42.8	黏着
SS_4	2×92	51.5	431.6	649.8	100	32.8	黏着
*SS_4 改	2×92	51.5	436.5	628.0	100	32.8	黏着
*SS_{4B}	2×92	50.0	450.0	628.0	100	32.8	黏着

续表

机型	机车计算质量 P	最低计算速度 v_{jmin}	最大计算牵引力 F_{jmax}	计算起动牵引力 F_q	最大运用速度 v_{max}	机车全长 l_j	起动牵引力限制条件
*SS$_{4C}$	2×100	50.0	450.0	628.0	100	32.8	黏着
*SS$_6$	138	48	351.0	485.0	100	21.4	黏着
*SS$_{6B}$	138	50	337.5	485.0	100	21.4	黏着
SS$_7$	138	48.0	351.0	530.0	100	22.0	黏着
6K	138	48.0	360.0	512.8	100	22.2	黏着
8G	2×92	50.0	455.0	627.0	100	34.5	黏着
*8K	2×92	48.0	471.0	654.2	100	36.2	黏着
HXD$_1$	2×92/2×100	70.0/65.0	494/532	700/760	120	35.2	黏着
HXD$_3$	150	70.0/65.0	370/400	520/570	120	20.8	黏着
DF$_{4BH}$	138	21.8	313.0	442.2	100	21.1	黏着
DF$_{4CH}$	138	24.5	301.5	442.2	100	21.1	黏着
*DF$_{4DH}$	138	24.5	341.2	442.2	100	21.1	黏着
*DF$_{4DJ}$（交流传动）	138	19.9	444.0	555.0	145	21.1	
DF$_8$	138	31.2	307.3	442.2	100	22.0	黏着
*DF$_{8B}$	138/150	31.2	340.3	480.0	100	22.0	黏着
*DF$_{8BJ}$（交流传动）	138/150	28.8	410	520/560	120	22.3	试验值
*ND$_4$	138	24.0	304.0	411.0	100	23.0	黏着
ND$_5$	135	22.2	360.0	439.7	118	19.9	黏着
*NY$_7$	130	22.0	370.0	455.0	113	23.5	黏着

注：1. 表中机型前带*号的数据取自"预期特性"。
  2. 计算质量又称整备质量。
    对所有轮对都装有牵引电机的机车，其计算质量也就是计算黏着质量，当机车部分轮对不装牵引电机（如新曙光号动车组的动车）时，其计算黏着质量按装电机的轴重计算，小于计算质量；
  3. 带"/"的数据中，"/"的左侧数据指轴重 23 t；"/"的右侧数据指轴重 25 t（加压车铁）。

二、黏着力

黏着力是在牵引力、制动力作用的前提条件下，动轮不发生空转或滑行，所能实现的最大轮周力。轮周上的切线力大于轮轨间的黏着力时，在牵引状态动轮就要发生空转，在制动状态车轮就要发生滑行。

其值按下式计算：

$$F_\mu = P_\mu \cdot g \cdot \mu_j \tag{1}$$

式中　F_μ——计算黏着力，kN；

　　　P_μ——机车计算黏着质量，t；

　　　μ_j——计算黏着系数；

　　　g——重力加速度，$g \approx 9.81 \text{ m/s}^2$。

计算黏着系数不同于（小于）理论黏着系数（轮轨间的静摩擦系数），它包含了机车轴重和牵引力分配不均、运行中轴重增减载、牵引力的波动、轮轨间纵向和横向的滑动等不利因素的影响，并且主要与轮轨表面清洁状况和机车运行速度有关。

计算黏着系数的影响因素很复杂，不能用理论方法计算，只能用专门试验得出的试验公式表达。试验公式表示在正常黏着条件下计算黏着系数和机车运行速度的关系。机车在曲线上运行时，因运动更不平稳，轮轨间的滑动加剧等原因，黏着系数降低，尤其在小半径曲线上更为明显。黏着条件不好时可以用撒砂来改善。改进机车走行部结构可以提高黏着系数（如 6K、SS_7 型采用 B_o-B_o-B_o 轴式），使用防空转装置可以提高黏着系数的利用程度。

三、阻　力

阻力是与列车运行方向相反、阻碍列车运行的、不能由司机控制的外力。

按照阻力产生的原因，阻力可分为两类：

1．基本阻力

基本阻力运行中（包括起动时）永远存在的阻力。列车在平直道上运行时，只有运行基本阻力。在平直道上起动时，只有起动基本阻力。

（1）机车、车辆的基本阻力。

机车、车辆的基本阻力由以下 5 个因素组成：

① 轴承间的摩擦。用滚动轴承代替滑动轴承，可以降低这一部分阻力。

② 轮轨间的滚动摩擦。

③ 轮轨间的滑动摩擦，包括纵向滑动和横向滑动。

④ 冲击和振动所损失的动能。

⑤ 空气阻力，包括正面阻力、表皮摩擦和涡流损失。空气阻力与列车最大截面面积、空气密度、列车表面形状有关，与相对速度的平方成正比。

此外，机车基本阻力中还包括由牵引电机（变扭器）到机车动轴之间的机械（齿轮或万向轴）传动阻力。

上述各项因素随着列车速度的高低所占的比例有变化。起动时，几乎没有空气阻力，以轴承的摩擦和机车机械传动阻力为主，轮轨间的滚动摩擦也比运行中要大得多；低速运行时，轴承的摩擦和机车机械传动阻力占较大的比例；速度提高后，轮轨间的滑动摩擦、冲击振动和空气阻力的比重逐渐加大；高速运行时，基本阻力则以空气阻力为主，因此高速列车的外形流线化显得特别重要。机车、车辆的单位基本阻力与速度的关系如图 3-2～图 3-4 所示。

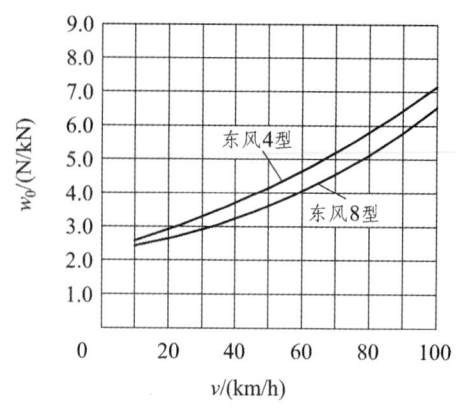

图 3-2 内燃机车单位基本阻力与速度的关系

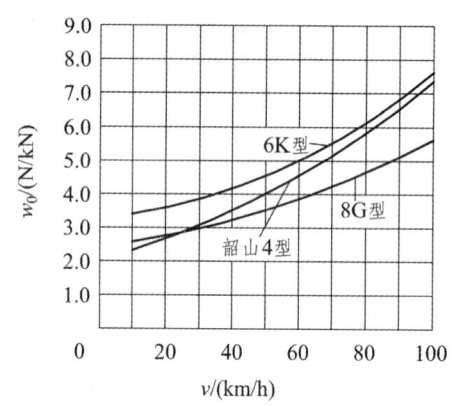

图 3-3 电力机车单位基本阻力与速度的关系

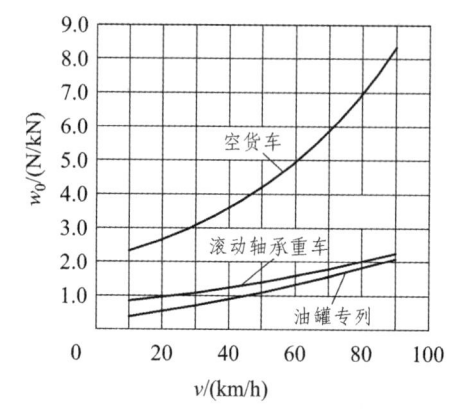

图 3-4 货车单位基本阻力与速度的关系

（2）机车、车辆起动单位基本阻力。

电力机车和内燃机车的起动单位基本阻力 w'_q 均取 5 N/kN。

滚动轴承货车的起动单位基本阻力 w''_q 取 3.5 N/kN。

2. 附加阻力

附加阻力是个别情况下发生的阻力。如坡道阻力、曲线阻力、隧道阻力。

（1）坡道阻力是机车、车辆的重力沿轨道下坡方向的分力。机车、车辆的单位坡道阻力 w_i（N/kN）在数值上正好等于坡度的千分数 i。

（2）在曲线上运行的机车车辆，运行阻力大于同样条件下直线上的运行阻力，其增大部分叫作曲线阻力。引起曲线阻力的主要原因是：机车、车辆在曲线上运行时，轮轨间的纵向和横向滑动、轮缘与钢轨内侧面的摩擦增加，同时，由于侧向力的作用，车体与构架等部分摩擦加剧。曲线阻力的影响因素复杂，难以用理论推导出计算公式，通常用对比的方法，经试验得出试验公式。

（3）列车在隧道内运行时，空气阻力比在空旷地带大，空气阻力增加的部分称为隧道附加阻力，简称隧道阻力。单位隧道阻力 w_s 由试验确定，目前尚无正式的试验公式。

基本阻力与附加阻力合在一起称为全阻力。

四、列车制动力

列车制动力是与列车运行方向相反、阻碍列车运行的、司机可以根据需要调节的外力。

1．产生制动力的方法

（1）摩擦制动。

① 闸瓦制动：以压缩空气为动力，通过空气制动机将闸瓦压紧车轮踏面由摩擦产生制动力。普通客货列车采用这种制动方式。

② 盘形制动：以压缩空气为动力，通过空气制动机将闸片压紧装在车轴上的制动盘产生摩擦形成制动力。我国新造客车已普遍采用盘形制动。

（2）动力制动。依靠机车的动力机械产生的制动力，包括电阻制动、再生制动、液力制动，其大小受到机车动力制动功率的限制。我国电力机车普遍采用，内燃机车多数采用。

摩擦制动和动力制动的制动力，都要受产生制动力的那些车轴的轮轨间黏着力的限制，属于黏着制动。制动时的黏着系数不同于牵引时的黏着系数。《列车牵引计算规程》规定的机车、车辆制动时轮轨间的黏着系数如图3-5所示。

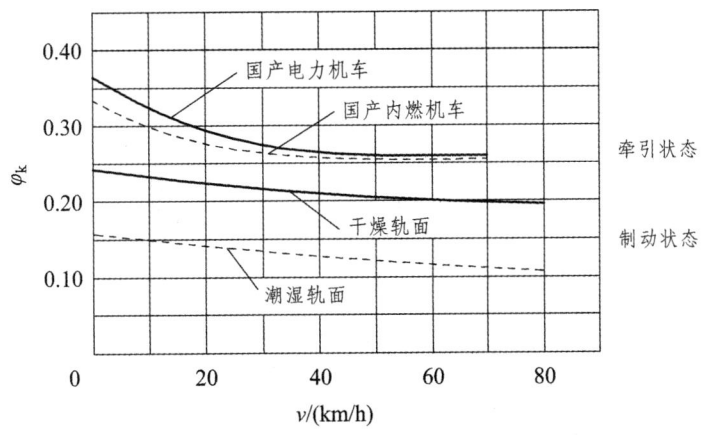

图3-5　牵引、制动状态黏着系数与速度的关系

2．闸瓦制动力

闸瓦产生的制动力，其值等于闸瓦与车轮踏面之间的摩擦力。一块闸瓦产生的制动力 ΔB 等于闸瓦压力 K 与摩擦系数 φ_k 的乘积。

$$\Delta B = K\varphi_k \tag{2}$$

目前，我国货车车辆上普遍使用的制动摩擦材料有：高磷闸瓦、低摩合成闸瓦、高摩合成闸瓦。

在制动计算中，为了简化列车制动力的计算，一般采用换算计算方法，即不管同一种摩擦材料有多少种闸瓦压力值，都采取一个固定闸瓦压力作为换算摩擦系数（φ_h）的计算标准；但是闸瓦压力不加变化，又会给制动力的计算结果带来误差，这个误差可以用适当修正闸瓦压力的办法来弥补，即把实算闸瓦压力 K 变为换算闸瓦压力 K_h，并使

$$K_h\varphi_h = K\varphi_k \tag{3}$$

这样，用换算法得出的制动力与实算法得出的制动力就一样了。

3．动力制动及其限制

机车动力制动包括电阻制动、再生制动和液力制动。

电力机车和电传动内燃机车利用牵引电机的可逆性原理，当制动时，将牵引电动机变成发电机，动轴在列车惯性力的推动下，带动齿轮使牵引电机的转子旋转发电，把列车的动能转化为电能而形成制动力。将电能消耗于机车上特设的制动电阻中，使之转化为热能散发到空气中去的，称为电阻制动；在电力机车上把所发电能反馈给电网加以利用的，称为再生制动。液力制动是液力传动内燃机车的一种动力制动方式。当制动时，动轴在列车惯性力的推动下，通过齿轮传动装置，带动液力制动器内的转子在工作油中旋转，把工作油加速，在定子中工作油又被减速，从而产生扭矩，形成液力制动力。工作油把列车动能转化为热能，并进入热交换器进行循环冷却，经散热器散发到空气中去。

任务二　列车的特性

【教学目标】

1．知识目标

（1）了解列车的链状弹性体特性；

（2）了解列车制动的产生过程；

（3）了解列车空气制动、缓解特性；

（4）掌握列车从最大拉伸状态转变到最大压缩状态时列车长度缩短值的计算方法；

（5）了解列车制动时车辆轴重的变化过程；

（6）掌握货物列车副风缸再充气时间。

2．能力目标

（1）能说出列车的链状弹性体特性；

（2）能说出列车制动的产生过程；

（3）能计算列车从最大拉伸状态转变到最大压缩状态时列车长度的缩短值；

（4）能分析列车制动时车辆轴重的变化过程；

（5）能说出表 3-4 中货物列车副风缸再充气时间。

【相关配套知识】

一、列车的链状弹性体特性

机车和若干车辆连接在一起组成列车，机车与车辆以及车辆与车辆之间是用车钩缓冲装置连接并保持一定距离的，如图 3-6 所示，在列车运行中，由于机车牵引力、列车制动力以及线路纵断面的变化，都会引起列车纵向运动的变化，车钩缓冲装置发生弹性变形，构成了一个复杂的多自由度的机械振动系统，列车就像一个链状的弹性体一样进行纵向拉伸或压缩。这种特性为列车起动创造了良好条件，同时也给平稳操纵带来了困难。

图 3-6 为车钩缓冲装置示意图。

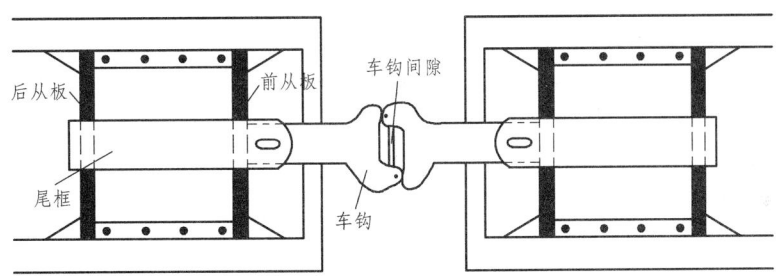

图 3-6　车钩缓冲装置示意图

表 3-2 是我国几种主要类型缓冲器，MT-2、MT-3 型缓冲器是我国仿照美国 AAR-901E 标准批准的 Mark-50 型缓冲器的结构所研制的只用弹簧摩擦式缓冲器。其主要技术参数指标完全符合我国发展重载列车对货车缓冲器的要求。MT-2 型与 MT-3 型结构和外形尺寸完全相同，MT-2 型缓冲器用于大秦线专用敞车，MT-3 型缓冲器可用于一般的通用货车。

表 3-2　我国几种主要类型缓冲器的性能参数

缓冲器型号	G1 型	G2 型	MT-2 型	MT-3 型
类　型	摩擦式	摩擦式	摩擦式	摩擦式
外形尺寸/mm	514×317×228	514×317×228	555×320×227	555×320×227
最大作用力/kN	800	1 630	2 000～2 300	2 000
行程/mm	73	73	83	83
容量/kJ	18	42	54～65	45
吸收能量/kJ	13.5	37～41	46～55	37
能量吸收率/%	75	75	≥80	≥80
质量/kg	106	116	175	175

目前，我国铁路通用货物列车使用的是 13 号车钩和 MT-3 号缓冲器，缓冲器最大行程为 83 mm；车钩与车钩之间的自由间隙一般为 15~20 mm（根据 TB 4952—85"机车车辆自动车钩连接轮廓"标准计算，两车钩连挂后的纵向间隙为 19.5 mm），因此，当列车从最大拉伸状态转变到最大压缩状态时（见图 3-7），列车长度的缩短数值按下式计算：

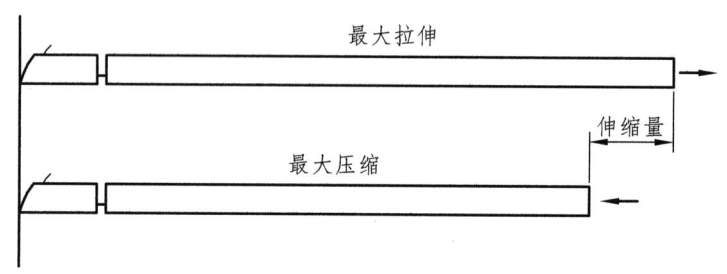

图 3-7 列车最大伸缩量示意图

$$L = [(a \times 2 + b) \times n \times 2] \div 1\,000\ (\text{m}) \tag{4}$$

式中 L——列车从最大拉伸状态转变到最大压缩状态列车长度缩短数值；
$\quad\quad a$——缓冲器最大行程；
$\quad\quad b$——车钩自由间隙；
$\quad\quad n$——列车编组辆数。

例如，货物列车编组 62 辆，车钩自由间隙 20 mm，求列车从最大拉伸状态转变到最大压缩状态，列车长度缩短数值。

a：缓冲器不压缩；
b：缓冲器最大压缩。
货物列车：
a：$L_a = 20 \times 62 \times 2 = 2\,480$ (mm) ≈ 2.5 m
b：$L_b = [(83 \times 2 + 20) \times 62 \times 2] \div 1\,000$ (mm) $= 23.06$ m

二、列车制动过程

由于列车制动作用是由列车管减压，促使三通阀动作，制动缸充气等一系列过程实现的，如图 3-8 所示。列车的制动作用由前向后逐辆发生，制动过程分为 4 个阶段：

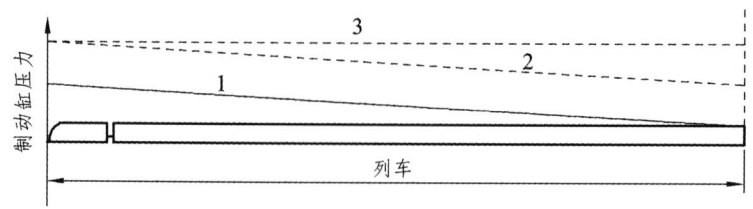

图 3-8 列车制动过程示意图

（1）从列车管减压排风开始，到最末一辆车制动缸升压时止，为第一阶段。这时，机车制动缸压力已上升到 100 kPa 左右，列车前部制动力比后部大，后部车辆向前拥，车钩转为压缩状态（图中 1 线）。

（2）各辆车制动缸压力在 1 线状态平均上升，至前部第一辆车压力升到最大值（图中 2 线）。列车前部制动力仍比后部大，车钩缓冲装置继续压缩。

（3）各车制动缸压力由前至后均升至最大值（图中 3 线）。这时，各辆车制动力基本相等，在被压缩的缓冲器弹簧反拨力作用下列车车钩由压缩状态转为拉伸状态。

（4）制动作用保持到停车或缓解，列车纵向波动过程逐步消失。

列车制动过程中车辆间受冲击力的作用，列车伸缩振动变化过程如图 3-9 所示。

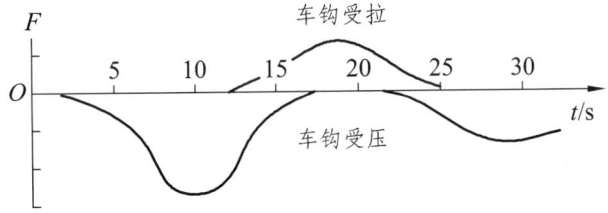

图 3-9　列车制动过程中伸缩振动示意图

三、列车空气制动、缓解特性

采用传统空气制动的列车，在其制动或缓解的时候，制动空气压力波均是由机后第一辆车开始，直至传递到最后一辆车，列车在这一传递过程中逐步产生制动或缓解作用，由于列车中的车辆在制动或缓解过程中存在时间差，因此造成了列车冲动。为了更形象地说明这一过程，我们以 72 辆货物列车为实验对象，对其制动和缓解过程进行了测试，实验结果见图 3-10。

为了减少列车冲动，适应车辆向大吨位、高速度方向发展，我国铁路已大量生产、装用新型空气制动机。新型空气制动机具有制动作用迅速、灵敏度高、制动力强，无论在常用制动还是紧急制动时都能缩短制动距离，有利于提高列车运行速度；列车前后车辆制动或缓解比较一致，操纵方便，确保了列车安全平稳运行。

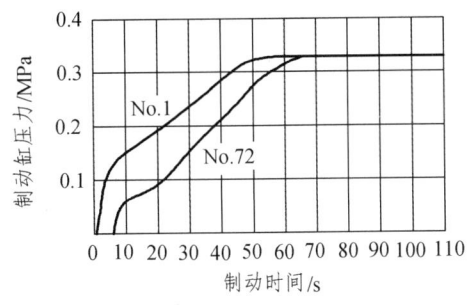 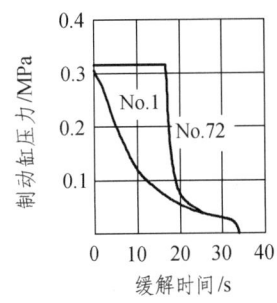

图 3-10　列车制动、缓解特性

四、各型制动机的制动、缓解波速及传递时间的计算

各型制动机的制动、缓解波速如表 3-3 所示。

表 3-3　各型制动机的制动、缓解波速

制动机型式	103	GK	120	ABDW
常用制动/(m/s)	180	81	225~255	120
紧急制动/(m/s)	240	160	270~280	293
缓解波速/(m/s)		70	195	150

例如：5 000 t 重载货物列车，GK 型制动机，计长 81，SS$_4$ 型机车牵引。
列车长：$L = 33 + 81 \times 11 = 924$ (m)；
制动波传递时间：$t_z = 924 \div 80 = 11.55$ (s)；
缓解波传递时间：$t_h = 924 \div 70 = 13.2$ (s)。

五、列车制动时冲动力的计算

列车制动时最大压缩力计算：

$$F_y = a \int B \frac{t_z}{t_c} \mathrm{d}t \tag{5}$$

式中　F_y——列车制动时最大压缩力；
　　　a——计算常数；
　　　B——列车总制动力，$B = \dfrac{b(P+G) \times g}{1\,000}$；
　　　t_z——制动波传递时间；
　　　t_c——制动缸充气时间；
　　　b——单位制动力；
　　　P——机车质量；
　　　G——车列总重；
　　　g——重力加速度。

从公式（5）可以看出，列车制动时压缩力（冲动力）的大小与列车总制动力的大小成正比，与制动波的传递时间成正比，与制动缸的充气时间成反比，与列车编组辆数的平方成正比。而制动波的传递时间和制动缸的充气时间与制动机类型有关，对司机来讲也可以说是客观存在。因此，欲要减小列车制动时的冲动，只能从提高操纵技术，合理控制列车制动力，即适当掌握减压量和制动时机来解决。

六、列车制动时车辆轴重的变化

列车制动时，车辆车轮与闸瓦制动摩擦，速度降低，转向架上部箱体受惯性力的作用向前冲，使前台车轴重增加，后台车轴重减少，箱体出现倾斜，如图 3-11 所示。减速度越大，箱体倾斜越严重。

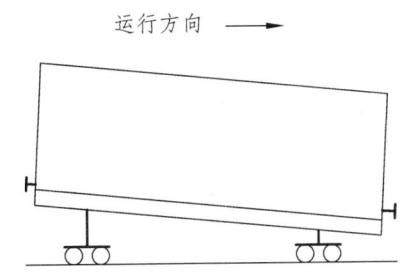

图 3-11 列车制动时车辆箱体变化示意图

七、货物列车副风缸再充气时间

车辆副风缸再充气状态对正确掌握减压量和列车制动力影响很大,《列车牵引计算规程》提供了货物列车副风缸再充气时间,如表 3-4 所示。

表 3-4 货物列车不同减压量副风缸再充气时间

r/kPa \ n/辆	20	30	40	50	60	70	80
列车管 500 kPa							
60	22	29	38	52	70	84	98
100	34	55	72	93	120	145	172
120	48	65	88	116	147	180	212
140	60	82	110	140	174	212	252
列车管 600 kPa							
60	26	35	45	62	84	102	122
100	46	63	84	106	135	164	201
120	56	76	102	128	160	196	240
140	65	90	121	150	185	228	280

任务三 重载列车的操纵

【教学目标】

1. 知识目标

(1) 掌握列车冲动和断钩的机理;
(2) 掌握防止重载货物列车断钩的措施;
(3) 掌握重载列车的操纵方法。

2. 能力目标
（1）能分析列车冲动和断钩的机理；
（2）能说出防止重载货物列车断钩的措施；
（3）能说出不同线路情况下，重载列车平稳的操纵方法。

【相关配套知识】

一、列车冲动和断钩的机理

列车在起动、制动、缓解以及调车作业时，作用在列车上的力发生骤变，引起车辆之间冲击。在这些力的作用下，车钩间隙、车钩受力大小发生变化，使缓冲器产生拉伸或压缩变形。例如，列车施行空气制动时，制动波由前向后传播，各车辆之间开始制动的时机不同，我们称之为制动时差，这样，相邻车辆间产生一个制动力差，导致相邻车辆间有一个速度差，后部车辆涌向前方，这种压缩状态由前向后传递，当制动作用到一定时期后，列车处于最大压缩状态。然后，由于受本身制动力和前部车钩力的影响，列车后部车辆速度反而比前部车辆下降的快，列车逐渐由压缩状态转变到拉伸状态，当拉伸状态达到最大后，列车前部车辆受到后部车辆拉动，速度降低，列车又转变到压缩状态。缓解时的情况则与此相反，先产生拉伸运动，再过渡到压缩状态，如此反复在列车内产生伸缩振动。由于车辆之间作相对运动时存在阻力以及缓冲器压缩时吸收能量，这种伸缩振动会逐渐衰减，最后达到稳定状态。

不论车钩受拉伸力还是受压缩力，缓冲器均产生压缩变形。由于缓冲器的容量和行程有限，当车钩力增大到一定程度，缓冲器容量趋于饱和，行程达到最大值时，缓冲器被完全压缩（"压死"），如果车钩力再继续增加，缓冲器已不再起缓冲作用，于是出现所谓的"刚性冲击"，形成冲动。在这个阶段内，多余的冲击动能将直接由车体和钩缓装置的破坏或变形来吸收，由于车体刚度比钩缓装置大得多，当冲击造成的拉力超过钩缓装置的强度时，就会拉断车钩或损坏缓冲装置的某些部件，这就是列车冲动和断钩产生的机理。

研究和试验表明，最大的纵向力往往发生在空气制动及其缓解工况，特别是低速缓解和紧急制动时。

二、防止重载货物列车断钩的措施

（1）加快更新改造货车制动机、车钩、缓冲器。
要减少断钩的可能性，必须具备两个条件：一是制动机性能要好（包括制动和缓解波速要高，制动缸充、排气速度不能过快），以便减少制动、缓解过程中产生的纵向冲动；二是车钩要有足够的强度，缓冲器要有足够的容量，以便承受可能发生的最大纵向力。
（2）改善列车操纵，减小列车纵向力。
由于重载列车的纵向波动比普通列车复杂得多，其操纵方法应有很大不同。我国对重载列车纵向动力学已经有不少理论研究和试验成果，为正确认识重载列车的断钩问题并采取相应对策提供了依据。

列车的纵向运动分为稳态和非稳态两种。对非稳态运动在列车冲动和断钩的机理中已作了描述。

稳态运动是指列车在常力或缓变力作用下的运动。在这种情况下，列车中各车之间的相对位移量极其微小，对列车的纵向运动没有明显影响。

（3）空气制动缓解时的速度不能低于 30 km/h。

因为现有制动机缓解波速很低，加上空气制动缓解时加大动力制动或小闸制动力这一因素，从移动闸把列车缓解这一过程，列车降速量较大，一般降低 20 km/h 左右。这一点与普通列车有很大不同，已为多次试验所证实。如果在 25 km/h 缓解，缓解后速度可能降至 5 km/h 以下，也可能缓解未完列车就停止了。这时闸瓦摩擦系数大，列车尾部车辆缓解晚于前部，必然造成很大的纵向拉力，极易断钩。如果遇到极低速度的慢行，宁肯停车后再开，也不要采取低速缓解的办法。当然，缓解地点和时机相对于减速目标地点应有一定的"提前量"。

（4）使用空气制动时，减压量要尽量小，提倡"早减压、少减压"。

空气制动减压量越大，缓解时纵向拉力越大。在需要使用空气制动时，应尽可能使用较小的减压量，可以用提前减压延长制动距离的办法来达到同样的调速目的。

（5）列车运行速度低于 40 km/h 时，尽可能不要使用紧急制动。

三、操纵方法

重载列车的操纵，应该以减少列车纵向力作为指导操纵的重要原则，从减少冲动和防止断钩角度来考虑。

（一）列车起动时的操纵

1．站内起车时的操纵

起车稳，加速快，充满风再动车，伸开钩再加速。在平坦的线路上，当列车通过出站道岔或限速地点后，应及时提高主手柄（调速手轮或调速手柄级位）位置，列车速度尽快地升至能保证该列车运行图所要求的速度，将主手柄（调速手轮或调速手柄级位）放置适当位置，使列车尽可能保持均衡速度运行。

牵引货物列车时，起车前应压缩车钩并适当撒砂，压缩车钩的辆数一般不超过牵引辆数的 2/3，要避免全列压缩，使后部车辆移动。

压缩车钩后自发车前，不得缓解机车制动，起车时要做到首先确认列车管充满风后再起车，伸开车钩后再加速。起车过程中，应尽量做到牵引电机电流幅值变化小，这样不仅出力均匀，起动平稳，而且因牵引力没有突变，不会超过黏着力产生空转。但是，也要根据实际情况，适当适量地进行撒砂，以预防空转的发生。

2．列车运行中的操纵

在较平坦的线路上运行时，以限制速度通过出站道岔后，应及时提高级位，将列车速度尽快提高到能保证该列车时刻表所要求的均衡速度，然后可根据线路纵断面，将运行级位固定在适当级位，以便在整个运行区段内，使列车保持均衡速度运行，从而达到起车稳、加速快，给进站调速留有充裕的时间，以保证平稳进站，安全停车，正点运行。

掌握好回调速手柄的时机，充分利用惰力。当列车进入停车站前的区间时，司机应根据线路情况，在不晚点的前提下，及时回零位，充分利用惰力运行。一般进正线停车时，不宜晚回手柄抢点运行，否则将造成高速进站，容易造成冲动或事故。在列车进入第一个停车站时，还应提早试验制动机，以便做到心中有数。进侧线停车时，掌握站外调速时机，并应考虑减压量和充风时间。对电力机车而言，一般最好是电气制动和空气制动配合使用，以防进站充风不足，制动力减弱而造成事故。

3. SS_4改、HXD_3型电力机车平道操纵

1）SS_4改型电力机车平道操纵

SS_4型机车具有牵引力大、有可靠的加馈电阻制动、无级调速及恒流、限压、准恒速运行等特点。在牵引列车时，与其他机车的操纵有所不同。在平道前压好钩，待列车缓解后，调速手轮逐渐给至3~4位，全列车起动后，再将调速手轮移至理想位置。

牵引转惰行时，先将牵引电流降至原电流的1/2，然后再缓慢回零，禁止直接回零，以免操作过电压引起主回路接触器触头烧损和列车冲动。

如是起伏坡道，可手轮放置理想位置，由电子柜控制，实现准恒速运行。

惰行转牵引时，先将手轮直接移至低于当时机车速度10 km/h的刻度上，再缓慢上移，待出现220 A的初电流后，稍停，再逐渐提手轮至理想位置。每次电流增幅不宜超过100 A。

2）HXD_3型电力机车平道操纵

HXD_3型机车为大功率交-直-交型电力机车，牵引采用恒牵引力，准恒速特性控制，牵引控制司机控制器手柄为13级，级间能平滑调节，每级速度变化$\Delta v = 10$ km/h。每级牵引力变化设定$\Delta F = 80$ kN，最大扭矩输出为560 kN。列车在起动前全列车应在缓解状态，起动时调速手柄要逐级缓慢推进（不准超过3级起动），全列起动后再缓慢进级，做到恒流，进级快会给列车带来冲动断钩及其他不良后果。

在平道与小坡道上起动时，机车牵引力有较大的富裕，加上滚动轴承货车已达到100%，列车起动的阻力减小，起动比较容易，拉钩起动（特别是慢起动）时，列车接近稳态运动，车钩受力不会超过机车的起动牵引力，待列车缓解完了就可以徐徐加力起动。

在大坡道上起动，情况要复杂得多。由于货物列车改为滚动轴承，起动阻力比滑动轴承小得多，为伸钩（车钩在伸张状态）起动提供了可能，考虑到牵引重载列车的机车起动牵引力较大，在限坡上起动也够用，可以采用先加力再缓解或先缓解随即加力的列车起动办法，随着列车的缓解，逐步加大起动电流的操纵方法。这种方法能够有效地防止列车后溜，起动比较平稳。起动时，一要严防空转，二要注意起动电流，实在起动不了不要勉强，以防烧坏电机。

使用上述方法起动失败时，补救的操纵方法是：就地制动减压50 kPa，退出牵引，缓解机车制动，尽力压缩车钩，压钩时注意撒砂，为起动列车创造条件。起动前，追加减压至80 kPa，运转位缓解列车制动7~8 s时给定牵引力，在不空转的前提下尽量加大起动牵引力，使列车顺利起动。这种操纵方法在多次试验中采用，如1992年8月14日，在京广线郑州北—

广水间进行重载货物列车牵引试验，列车编组 64 辆，重 5 105 t，计长 81.5，使用 SS$_4$ 型 051 号机车牵引，新安店—李新店间 927 km 处停车，线路坡度 6.5‰ 并有曲线。操纵过程如下：制动减压 80 kPa，速度降到 20 km/h 时机车制动到 300 kPa，同时撒砂到停车。起动列车时，自阀手把置运转位，8 s 开始进级，9.5 s 加上牵引力，16 s 时最大电流 1 000 A，全列车起动，后钩起动牵引力 52 t（510 kN），起动最高速度 2 km/h，最低速度 1 km/h（见图 3-12），守车在起动前向后溜动 0.2 m，起动时守车的加速度 1.04g。

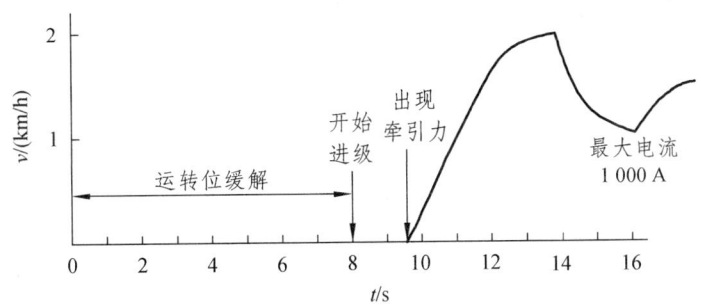

图 3-12　试验列车限制坡道压钩起动过程示意图

列车起动过程中机车发生空转，都会使列车运动出现非稳态，产生大的冲动。发生空转，列车中车钩缓冲装置所受纵向力的大小与牵引力的变化规律有密切关系。如在机车最小牵引力送出的弹性波返回之前加大机车牵引力，则车钩缓冲装置的纵向作用力显著增加，甚至可达机车牵引力的 1.5～2 倍，存在着断钩的危险。为此，列车起动或加速时应避免空转和拉锯式的操纵方法。

（二）运行途中功率调节的操作

所谓功率调节，是指运行中牵引和动力制动功率的利用程度的变化。

重载货物列车比普通货物列车编组辆数多，车钩间隙的总量增加，列车覆盖的线路断面也远比普通列车复杂，列车纵向波动剧烈，这就是"车钩间隙效应"。所谓"车钩间隙效应"，是指由于车钩间隙的存在，车辆在外力的作用下增加一段无阻抗的加速行程，使车辆间相对速度增大，冲撞作用加剧。在不同的车钩间隙下，列车的冲动相差较大，有时可达一倍以上。因此，机车牵引力的较大波动或列车加速和制动操纵的迅速交替，都会在列车中形成大的纵向力，重载列车运行中的功率调节，总的要求是尽可能地减少车钩间隙的变化，特别是拉、压之间的急剧变化。应注意以下几点：

（1）要稳定地施加和撤销牵引力或动力制动力，防止手把位置快速变化，在撤销牵引力或动力制动力时应在最小级位（恒流准恒速控制的机车在最小电流）停留 3～5 s；以免列车产生快速而突然的冲动。

（2）要避免不必要的惰行后又重新加力，因为惰行时列车产生压缩，一旦再加力，间隙被拉开，如果这种情况发生得太快，就会产生冲动。

（3）在坡度相差很大的起伏坡道地段，列车越过变坡点时，应适当调节机车功率，以缓和因坡度变化引起车钩力的较大变化。

(三）运行途中调速操纵

途中调速，特别是空气制动和缓解，是车钩力变化最为活跃，也是最容易拉断车钩的工况。为防止拉断车钩，途中调速操作应遵循以下原则：

（1）充分发挥动力制动的作用，在使用动力制动能够达到调速目的的地方，调速时优先使用动力制动。这是减小因空气制动及缓解时，特别是低速缓解时列车纵向力的有效措施。

（2）在单用动力制动不能达到调速目的时，提倡动力制动与空气制动联合使用。这样可以相应地减少空气制动的减压量，以减小车钩拉力。为了减少制动初期的冲动，要先加动力制动，使车钩间隙有一个初步的压缩，再施以小减压量的空气制动，同时将小闸缓解。空气制动排风完了后，根据列车减速情况调节动力制动功率。如果感到制动力过强，可逐步退掉动力制动；若动力制动用满仍感到制动力不足时，可再适当追加减压。在缓解空气制动时，要先上动力制动（或上小闸制动），再缓解大闸。这样可以有效地抑制列车的拉伸作用。

（四）压缩制动和压缩缓解的操纵方法

压缩制动是指实施列车制动之前，先使用单阀或动力制动，使列车车钩进入自然压缩状态，稳定后进行常用制动的操纵方法。制动作用稳定后，视列车减速情况再决定机车制动力是加大还是解除。单阀制动时制动缸压力不要一次上到 50 kPa，要分 3~4 次，每次间隔 1~2 s。动力制动，用最小制动力。

压缩缓解是指在缓解空气制动时，先上动力制动（小闸制动），再缓解大闸，在列车制动作用的缓解过程中，逐步加大机车制动力（单阀或动力制动，单阀制动的制动缸压力不低于 250 kPa），待列车制动全部缓解后（缓解时间 20~22 s）逐步减小机车制动力（见图 3-13），始终使车钩处于压缩状态。

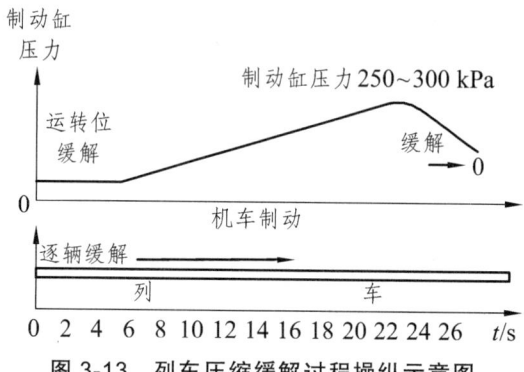

图 3-13　列车压缩缓解过程操纵示意图

（五）起伏坡道的操纵

列车在起伏坡道区段运行时，应坚持"多闯少爬"和"闯爬结合"的原则，利用平道或小下坡道提速，储备动能，上坡道保速。切莫等速度降低后，在上坡道硬爬，这样，对运行时分和节能都不利。列车在大上坡转向平道或下坡道的线路断面运行时，要谨防列车脱钩分离。一般情况下，机车越过坡顶后，逐渐减小牵引力，全列车越过坡顶再断负荷；需要调速时，最好用动力制动，尽量避免使用紧急制动。因为，这样的断面两车辆间车钩发生错位，加上紧急制动造成车辆箱体的倾斜，很易诱发列车脱钩分离，如图3-14所示。

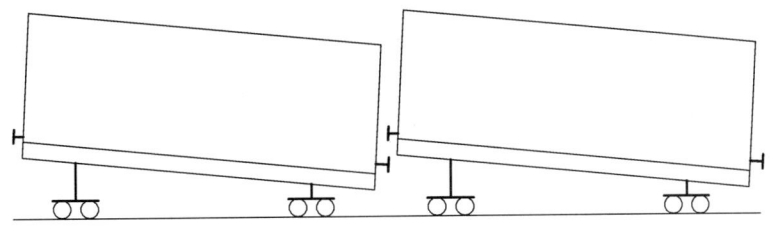

图3-14　两车辆间车钩发生错位示意图

（六）长大下坡道需要停车充风的操纵

在长大下坡道运行，遇有通过较长慢行地段而限速又低或在自动闭塞区段遇红灯停车，动力制动失效或使用动力制动难以控制速度需要停车充风时，停车后全列车车钩应在轻微压缩状态，依靠机车制动力顶住车列的下滑力，实现停车充风的操纵。操纵方法是：选好停车地点，尽量停在坡度较小或有曲线的地方，初次减压量50~70 kPa，速度降至15~20 km/h时，加大机车制动力至250~300 kPa同时撒砂到停车。然后紧急制动，使机车制动缸压力上到450 kPa，然后向车列充风。如果列车车钩在拉伸状态，向车列充风时，后部车辆缓解，前冲移动，机车受到强大冲击力就会移动，闸瓦与车轮间由静摩擦变成动摩擦，摩擦系数骤减，仅靠机车制动力就顶不住车列了。

停车后使全列车车钩处在轻微压缩状态的另一个操纵方法是：初减制动后，待速度降至20~15 km/h时追加减压，使列车管排风未完停车，利用制动过程的第一、第二阶段的压缩特性，实现列车车钩处于轻微压缩状态。

（七）特殊情况下带闸看信号的操纵

在机车信号正常显示的情况下，不需要带闸看信号，特殊情况下，比如机车信号故障或地面信号检修停用等情况，需要带闸看信号时，要严格控制速度，标准是：看到信号稍加追加即能停车的速度。

【拓展资源】

机车乘务员岗位之施工区段和坡道操纵

慢行限速早联控　　提前减压速度控
不低限速不缓解　　稳流手柄往回拉
上坡区段先造速　　速度过低须冷静
及时撒砂防空转　　自然降速保平稳
下坡区段少带流　　纵向冲动自然消
停车带流早减压　　缓解控速很重要
二次制动要靠标　　停车保压防后倒

任务四　不同情况下重载列车的操纵

【教学目标】

1．知识目标

（1）掌握天气不良时列车的操纵方法；

（2）掌握寒冷天气时列车的操纵方法；

（3）掌握列车发生火灾、爆炸时的应急处理；

（4）掌握过分相绝缘时的操纵；

（5）了解汛期暴风雨行车的应急处理。

2．能力目标

（1）能说出天气不良时列车的操纵方法；

（2）能说出寒冷天气时列车的操纵方法；

（3）能说出列车发生火灾、爆炸时的应急处理；

（4）能说出过分相绝缘时的操纵。

【相关配套知识】

一、天气不良时的列车操纵

（1）大风天气，易发生列车运缓。发车前要充分做好各项准备，起车时要加速抢点，牵引运行级位应比平时稍高一些，途中加强瞭望，确保行车安全。

（2）大雾天气瞭望有困难，除加强瞭望外，机车三项设备（机车信号、列车运行监控记录装置和列车无线调度通信设备）必须作用良好，并处于开通状态。运行中多鸣笛，出站后快抢点，为进站瞭望信号留出时间。原则上以地面信号显示为主，机车信号显示为辅，当列车接近预告标处，还看不清地面信号显示时，除利用列车无线调度通信设备同车站加强联系外，还应立即采取减速措施，做好站外停车的准备。严禁臆测运行。

（3）雨、雪、霜、露天气易发生空转，发车前应主要检查撒砂机能，并确保砂管畅通。起车时和运行途中，随时注意司机控制器调速手柄的操纵，灵活调节运行级位，防止空转。电阻或空气制动时，要随时调节励磁电流以及利用空气制动阀调整机车制动缸压力的大小，防止滑行而擦伤动轮，站内停车时应适当撒砂，并根据站内线路纵断面的情况，在保证后部守车完全进入警冲标内方时，尽量朝前或靠后停，停车时使车钩处于压缩状态，为再次起车做好充分准备。

（4）机车在雨天或轨面潮湿情况下起动运行时，由于黏着力大幅度降低，电流到不了最大值，空载可能较频繁，应及时撒砂，以改善轮轨间的黏着。若进行坡停起动操纵，用人工补砂的办法来提高黏着，机车操纵方式与干燥轨面的操纵方法相同。要提高黏着利用率，必须让轮对自由地寻找黏着最大值。手柄必须放置高位，当系统进行校正减载时，不得退回手柄，否则无法发挥机车牵引力。

二、寒冷天气的列车操纵

（1）挂车、起车、调速时，要特别注意平稳，防止断钩。进级时，不可过猛，防止牵引电动机电流变化负载过大，牵引力突增，造成机车前冲而断钩。退级时，严禁在高级位时将司机控制器调速手柄直接拉回"0"位，应逐级退回"0"位。运行中，要经常将大闸移至过充位数秒，再回运转位，贯通后部车辆制动机，防止三通阀凝滞动作不良而引起冲动。缓解列车制动时，列车未缓解前机车一定要保持一定的制动力，以防列车冲动或断钩。停车时，应注意及时排出油水分离器及总风缸等处的凝结水，以防冻结。停车后再起动，应根据列车在站停留时间的长短，适当掌握压缩车钩的辆数。

（2）寒冷季节遇雪雾天气行车，接触网结冰受流困难时，应升双弓运行（过分相绝缘必须单弓运行）。寒冷地区，机车在站长时间停留时，应隔一段时间交替升前、后受电弓，防止存积冰雪及冻结。

三、列车发生火灾、爆炸时的应急处理

（1）列车发生火灾、爆炸时，须立即停车（停车地点应尽量避开特大桥梁、长大隧道等）。在电气化区段，还应立即通知供电部门停电。

（2）列车需要分隔甩车时，应根据风向及货物性质等情况而定。一般为先甩下列车后部的未着火车辆，再甩下着火车辆，然后将未着火车辆拉至安全地段。

对甩下的车辆，由车站值班员（在区间由司机、运转车长、车辆乘务员）负责采取防溜措施。

四、汛期暴风雨行车的应急处理

（1）列车通过防洪危险区段时，司机、运转车长要加强瞭望，并随时采取必要的安全措施。

（2）当洪水漫道路肩时，列车应按有关规定限速运行；遇有落石、倒树等障碍物危及行车安全时，司机应立即停车，排除障碍并确认安全无误后，方准继续运行。

（3）列车遇到线路塌方、道床冲空等危及行车安全的突发情况时，司机、运转车长应立即采取应急性安全措施，并立即通知追踪列车、邻线列车及临近车站。

五、过分相绝缘的操纵

（1）机车乘务员应熟知担当区段分相绝缘的详细位置，并在断电标前调速手轮回零，总风缸保持最高风压，关闭辅助开关、劈相机，断开主断路器开关。

（2）过分相绝缘时，应早断、晚合，禁止双弓通过。按规定呼唤应答，学习司机监督司机操纵。

（3）上坡道过分相绝缘时，应提前抢速，为顺利过分相绝缘打好基础。遇有停车信号时，在保证安全的前提下，尽可能过分相绝缘后再停车；如预判过不了分相绝缘就停车，要考虑强迫加速距离，避免将机车停在分相绝缘区内。

（4）下坡道过分相绝缘时，动力制动停车，应及时用空气制动调速，以防超速；过分相绝缘后，劈相机、压缩机未启动，不得缓解空气制动，防止失去总风源，盲目缓解造成列车停车。速度允许时，最好给上动力制动再缓解，实现平稳操纵。

（5）使用电阻制动时，应充分考虑电阻冷却时间，如分相绝缘前冷却时间不足时，过分相绝缘后即使不用电阻制动，也应开制动风机冷却制动电阻。

（6）主断路器断不开时，应降弓过分相绝缘。调速手轮回零，关闭各辅机（包括劈相机），再降弓，确认降弓到位。

（7）两台重联过分相绝缘时，接近禁止双弓标前，本务机鸣示降弓信号，通知第二台司机做好过分相绝缘准备。

（8）SS_4改机车重联时，由本务机操纵，重联的两台机车完全合闸到位，方准进行正常操纵。

（9）HXD_3通过分相绝缘区的操作。

机车可以采用3种方式通过分相绝缘区：全自动方式、半自动方式和手动方式。微机显示屏对全自动方式和半自动方式进行信息显示。

① 全自动方式。机车安装自动过分相装置。该装置检测地面埋设的信号来判断分相区的位置，并将处理后的信号传送给机车控制系统TCMS，由TCMS自动完成过分相区时的减载、断主断和合主断动作，并自动恢复到过分相区前的运行工况。

② 半自动方式。当机车接近分相区时，将司控器手柄回零，按下过分相按钮SB67（SB68），机车控制系统自动断主断，待机车通过过分相区后，机车控制系统重新检测到网压后，自动合主断，司机操纵司控器加载，继续维持机车运行。

③ 手动方式。当机车接近分相区时，司机手动执行卸载、断主断操作。待机车通过分相区后，手动执行合主断、加载等操作。

（10）使用引导信号接车时，如进站信号机外方，进站方向为上坡或平道，允许列车以40 km/h以下的速度通过分相绝缘。但机车过分相绝缘，接通电源后，须降至《铁路技术管理规程》规定的速度进站。

（11）电力机车与其他机车加挂运行时，司机要注意分相绝缘的位置，及时断电，防止不断电闯分相，烧损辅机。

【拓展资源】

恶劣天气行车

恶劣天气须牢记　加强瞭望勤联系
听从指挥不蛮干　速度控制是关键
安全设备细检查　状态不良禁出库
瞭望不足二百米　执行《技规》272

天气异常急汇报　严禁臆测盲目行
途中发现晃车时　减速列调报告清
暴雨难辨信号时　站停待发雨后行
区间运行看线路　尽早发现隐患除
遇水漫过路肩时　随时停车慢速行
遇到水漫钢轨时　立即停车报两站
大风天气要注意　前盯线路上看网
大雪天气网结冰　停车降弓指示听
不能运行早停车　做好防溜等救援
恶劣天气隐患多　小心谨慎密配合

列车发生火灾、爆炸时的应急处理

立即停车避分相　隧道建筑和桥梁
相关部门速汇报　请求救援报车站
起火车辆要隔离　防溜放风责任大
救火选择有利地　就地制动并隔离

任务五　机车的空转与撒砂

【教学目标】

1．知识目标
（1）掌握机车发生空转的原因；
（2）了解机车发生空转的危害；
（3）掌握防止机车空转的方法；
（4）掌握机车撒砂的方法。
2．能力目标
（1）能分析机车产生空转的原因；
（2）能说出机车发生空转的危害；
（3）会采取防止机车空转的措施；
（4）能说出机车撒砂的方法。

【相关配套知识】

当机车牵引力大于轮轨间黏着力时，机车轮对就发生空转。空转的发生大大降低了机车的牵引力，同时也影响列车的运行速度，为此，在运行中要防止空转。

一、发生空转的原因

（1）司机操作不当。机车起动时，机车轮轴牵引力受黏着牵引力限制，根据电力机车恒流调节的原理，当司机控制器调速手轮在"升区"位置过高时（指有级调速机车），将使机车牵引力骤然增大，当超过黏着牵引力时，机车便产生空转。

（2）机车状态不良。机车轴重不均，弹簧复原装置不良，牵引电动机电流分配不均，机车轮缘喷油器喷嘴安装位置不当，而将油喷到踏面上。

（3）线路状态不良。路基松软，枕木腐朽处，以及轨面有油垢等都能引起空转。

（4）天气不良。由于雨、雪天气使轨面上潮湿或有霜冻时，致使机车牵引力大于黏着力。另外，列车运行在上坡道区段以及通过曲线、道岔等处，均有发生空转的可能。

二、空转的危害

机车发生空转后，容易造成机车破损和坡停事故。

（1）空转时轮对踏面与轨面发生剧烈摩擦，造成轮箍松弛或轮箍踏面擦伤。

（2）某轮发生空转时，会使该轮对牵引电动机的转速急剧增加，整流子表面线速度增加，使碳刷和整流子表面产生火花，严重时将烧损整流子表面，甚至引起飞弧接地。如果较长时间的高速转动，还会造成甩开电枢绕组绑线的事故。同时，因轮对转动不规则，机车产生强烈的振动，会造成一些机件的损坏。

（4）发生空转时的轮对，使该轮对上的牵引电动机几乎丧失牵引力距，其他电机的负载就会增加，甚至发生多轴空转，从而降低了运行速度，起车时不能加速，在坡道上还容易造成坡停事故。

三、防止空转的方法

（1）出段前应认真检查砂质状态，砂量应充足，撒砂装置机能良好。出库前必须对机车砂管撒砂量进行检查。（和谐电力机车采用的是压力撒砂，砂箱盖拧不紧会不出砂，因此要注意砂箱盖是否拧好。）

（2）挂车前适当撒砂，起车前压缩车钩。

（3）当列车运行到困难区段，由于黏着条件变坏，不应再盲目乱加速；否则，不但不能提高列车运行速度，反而容易引起空转。

（4）运行中，在不超速的情况下尽可能保持高速，在易发生空转的地点做预防性撒砂，必要时，可适当退级减少牵引力，防止发生空转。

四、撒　砂

撒砂的目的就是为了增加轮轨间的黏着系数，从而提高黏着力，防止空转发生。因此，司机在日常操作时，应不断摸索和掌握发生空转的规律，做到心中有数。如在上坡道提高级位，进入曲线半径较小的弯道等易发生空转的地段时，均应提前适当撒砂，以防止空转的发生。

撒砂的方法有"点式"和"线式"两种。"点式"撒砂法是一种根据牵引电动机电流的大小，机车速度的变化，判断有空转的预兆时，向轨面断断续续地撒砂。该方法主要适用于列车低速运行在上坡道区段加速时以及通过曲线地段时。"线式"撒砂法是较长时间地向轨面连续进行少量撒砂。该方法主要适用于起车加速阶段或因雨、雪、露、霜天气及轨面附有油垢等而造成的轨面潮湿或变滑时。

无论采用哪一种方式，都应注意当空转发生后严禁撒砂，以防轮轨间突然增加摩擦阻力而使机械走行部受到损坏和加速钢轨及踏面磨耗。发生严重空转时，应先将调速手轮退回适当级位，以降低牵引力，待空转停止后，再及时撒砂，然后再提高级位运行。

和谐电力机车以线式撒砂方式为主，雨天闯坡时机车输出功率达到35%~40%时机车容易出现空转，应该将机车功率控制在30%~35%，将IDU画面调至"牵引数据"页面，以便观察机车各牵引电机的工作情况，发现机车有空转预兆时及时减低机车牵引力，并密切注意监听轮对是否有空转前兆的声音，将空转杜绝在整车发生之前。

任务六　制动机操纵的基本知识

【教学目标】

1. 知识目标
（1）掌握制动机操纵的基本原则；
（2）掌握制动充风时间和排风时间的标准。
2. 能力目标
（1）能分析制动机操纵的基本原则；
（2）能说出制动充风时间和排风时间的标准。

【相关配套知识】

制动机操纵是列车操纵的重要组成部分，要使运行中的列车安全、平稳地减速和准确地停车，必须掌握客观规律，根据列车编组、制动机性能、线路状态、信号及标志位置以及列车运行速度等情况，正确判断制动距离，准确掌握制动时机和控制列车管减压量。

一、制动机操纵原则

操纵制动机时，应遵守以下原则：
（1）在列车运行途中尽量避免不必要的制动。
（2）需要制动时，尽量减少制动次数。
（3）制动时保持均衡减压，避免或减少列车冲动。
（4）非必要时，不使用紧急制动。

二、正确掌握与制动距离有关的因素

列车施行制动时，对制动距离应有正确的估计，只有掌握了影响制动距离的各种因素，才能正确地决定制动时机。影响制动距离的因素很多，主要有空走时间、空走距离、制动机性能、列车运行速度、线路纵断面状态、牵引吨数和气候条件等。

1．空走时间及空走距离

空走时间是指从司机采取制动措施时起，到闸瓦压向车轮产生制动作用为止这一时间所用的时间。空走距离是指列车在空走时间内所走行的距离。制动时，对空走距离判断不准确，容易发生超速或停车位置不准等现象，甚至发生"冒进"、"冒出"等事故。

影响空走距离的因素主要有列车牵引辆数、列车运行速度和列车减压量等。货物列车常用制动空走距离如表 3-5 所示。

表 3-5　货物列车常用制动空走距离

牵引辆数　　速度/(km/h)　空走距离/m　　　　　减压量/kPa	50				60				70			
	40	50	60	70	40	50	60	70	40	50	60	70
70	144	180	216	253	167	208	250	292	200	250	300	350
100	189	236	284	331	222	278	334	389	255	324	383	448

2．制动机性能

掌握列车制动机的性能，是实施准确制动的必要条件，在始发站挂车后，应了解列车每百吨质量的换算闸瓦压力及编组状态，并在列车出发后的第一次制动时，对列车整体的制动能力进行摸底，作为以后操作时判断制动时机和控制减压量的参考。

3．列车运行速度

对列车施行制动时，制动初始速度的高低对制动距离也会产生较大影响，制动速度越高，闸瓦与车轮间的摩擦系数越小，制动力越弱，制动距离就越长；反之，制动速度越低，制动力越强，制动距离越短。特别是在低速时施行制动，闸瓦与轮轨间的摩擦系数不仅数值大，而且会使速度的降低快速增大，从而使闸瓦摩擦力快速增大，若掌握不好，易使闸瓦抱死车轮，产生增大滑行，同时还易引起强烈的冲动。因此，司机应根据这一特点控制好减压量，较高速度制动时，减压量可大一些，而低速制动时，减压量不可过大。

4．线路纵断面状态

线路纵断面状态的不同对制动距离也会产生很大影响。实践资料表明，当列车在下坡道上运行时，坡道坡度为 1‰ 时，将抵消 10 N/t 的制动力，而在 1‰ 的上坡道上运行时，相当于增加 10 N/t 的制动力，因此司机要熟知自己所担当区段的线路纵断面的变化情况，以便在施行制动时，准确掌握制动时机和控制减压量。

三、掌握制动排风时间和缓解充风时间

1．制动排风时间

制动排风时间是指司机将大闸由运转位移至制动位时起，到列车管排风终了时止这一过程所经过的时间。排风时间的长短与列车发生制动作用的早晚有直接关系。同时，排风时间也是判断列车管贯通状态的重要依据。

在实施制动时，不同的减压量和牵引辆数，其制动排风时间不同（也和使用的制动机及车辆制动机的强、弱有很大的关系）。

在遇有下列情况时，应检查排风时间：

（1）机车挂车后，进行制动机试验时。

（2）中间站摘下机车或进行调车后，再挂车开车前。

（3）长时间停留后再开车前，或在运行中制动减压时。

在检查排风时间时，如发现排风时间过长或过短，排风声响不正常，必须查明原因，进行必要的处理。待排除故障后，才能发车，以防列车管冻结或折角塞门关闭而造成事故。

此外，对于具有列车管贯通状态检查的机车，还可利用"充气"和"消除"按钮检查列车管的贯通情况，在列车运行中禁止使用。

2．缓解充风时间

缓解充风时间是指从司机采取充风措施时起，到全列车管和副风缸压力达到规定压力为止这一过程所用的时间。操纵时，保证足够的缓解充风时间，一方面，能使列车得到充风可靠地缓解；另一方面，确保列车再次制动时得到正常制动的效果。如果充风时间不足，列车管和副风缸充风达不到规定压力，再次制动时，容易因制动力不足而酿成事故。

此外，DK-1型电空制动机的紧急阀灵敏度较高，当列车管压力没有达到定压就进行制动，容易促使紧急阀形成紧急制动状态，导致列车分离保护功能起作用，使列车制动系统迅速形成紧急制动状态，使列车紧急停车。

所以，在对列车进行缓解时，司机应认真确认充风时间，确保列车管压力达到规定压力，禁止充风不足发车，或在运行中列车调速后再充风时，列车管压力未达到定压就进行制动。

实验资料表明，缓解充风时间与牵引辆数、制动时列车管的减压量、缓解时大闸手柄位置、中继阀的性能以及车辆制动机的类型有关。

任务七　重载列车制动机的操纵

【教学目标】

1．知识目标

（1）掌握货物列车一段和两段制动的操纵方法及注意事项；

（2）掌握牵引不同编组列车时的操纵方法；

（3）掌握低速缓解的概念及禁止低速缓解的情况。
2．能力目标
（1）能根据制动机类型画出一段和两段制动操作示意图；
（2）能分别说出一段制动和两段制动时的注意事项；
（3）能说出低速缓解的概念及禁止低速缓解的情况。

【相关配套知识】

由于货物列车的变化因素较多，如列车牵引吨数、列车编组、空重车数量及编挂位置、列车制动能力等，司机在每次担当牵引任务时，都可能存在较大的差异，而每一个因素的变化，都会对制动机的操纵产生直接影响，掌握不好，容易引起列车冲动、超速或停车不准的现象，严重的甚至引发事故。因此，我们应不断地分析研究重载货物列车制动机操纵的客观规律，针对各种不同情况，科学、合理地操纵制动机，以达到安全、平稳、准确调速和停车的目的。

一、进站停车时的操纵

1．一段制动法

货物列车进入车站正线停车，且站内为平道或上坡道，站线长度足以容纳列车并具有一定的安全距离，一般采用一段制动法进入站内停车。其操作如图3-15、图3-16所示。

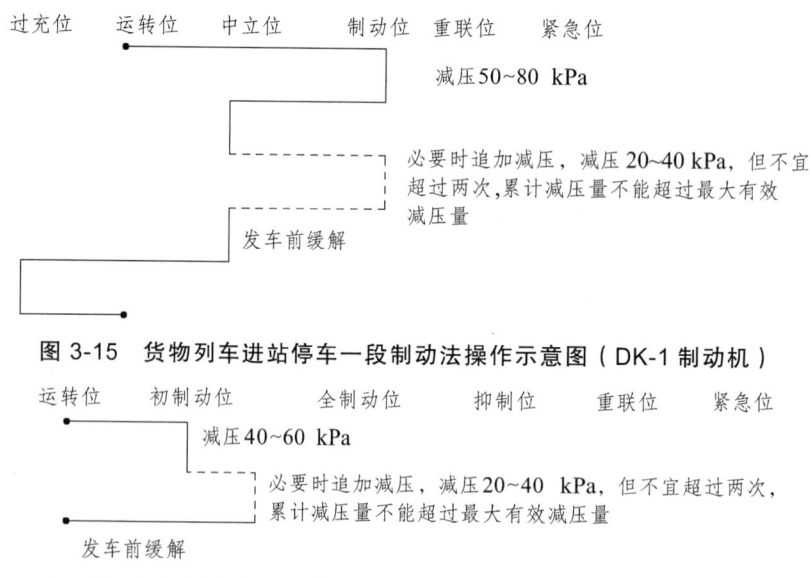

图3-15　货物列车进站停车一段制动法操作示意图（DK-1制动机）

图3-16　货物列车进站停车一段制动法操作示意图（CCBⅡ制动机）

采用一段制动法进站停车时应做到：

（1）根据当时的列车速度、线路纵断面、站线有效长度、列车制动能力等情况，找准初次减压地点施行制动，初次减压量控制在50~80 kPa内。在制动过程中，是否需要降低机车制动力，应根据列车编组状态及列车制动能力强弱的具体情况掌握，但机车制动缸压力需保持在100 kPa以上。

（2）初次减压制动后，再根据列车降速情况和停车目标要求，适当追加减压，但不宜超过两次，累计减压量不得超过最大有效减压量。每次追加减压量应以 20 kPa 左右为宜。第一次追加减压，应在初次减压排风终止后 15 s 左右进行；第二次追加减压须在第一次追加减压排风终止后，间隔 6 s 以上进行。间隔时间过短，相当于一次追加较大减压量，容易使列车产生强烈冲动，有时，还可能导致车辆制动机产生紧急制动作用。

（3）施行初次减压和追加减压时，如果需要机车保持较大的制动力，在初次减压和追加减压过程中不对机车进行单独缓解，机车制动缸压力即可按列车管减压比例上升。若需要机车降低制动力以减少列车冲动时，应在操纵电空制动控制器的同时，下压空气制动阀手柄，适当缓解机车制动力。施行单独缓解时，机车制动缸压力每次降压不得超过 30 kPa，即使小减压量停车时，机车制动缸压力最低也应保持在 50 kPa 以上。当站线为"鱼背型"时，不仅不能施行单独缓解，必要时还应用空气制动阀适当增加机车制动力。

（4）货物列车制动保压停车后，若列车管减压量不足 100 kPa，应追加减压达最大有效减压量，以确保发车前进行缓解操纵时，所有车辆制动机均能得到充分可靠的缓解。

2．两段制动法

货物列车进站停车时，列车进入车站侧线停车，或者列车进入车站正线停车，但列车编组较长而站线长度较短，且站线呈下坡状态，一般采用两段制动法。其操作如图 3-17、图 3-18 所示。

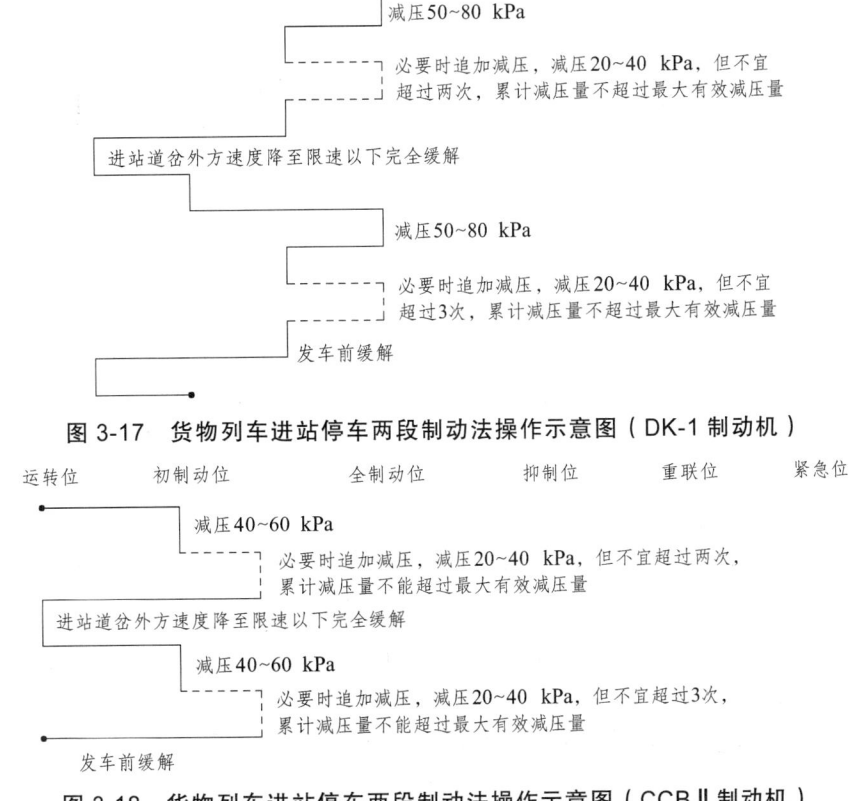

图 3-17 货物列车进站停车两段制动法操作示意图（DK-1 制动机）

图 3-18 货物列车进站停车两段制动法操作示意图（CCBⅡ制动机）

列车进入车站前先施行一次调速制动,对于侧线停车,目的是防止列车通过侧线道岔时超速;而对于正线停车,目的在于降低列车进站速度,为列车进站后平稳、准确停车创造有利条件。

二、牵引不同编组列车时的操纵

1．全部为空车

由于车列全部为空车时起车加速容易,所以应抓紧时间在较短距离内使列车达到需要的速度,保持均衡速度运行。空车惰力小,制动率大,施行制动时,要早减压,少减压,防止冲动和断钩。

2．全部为重车

由于重车惰力大,制动率小,运行中应注意控制速度,制动时减压量要大一些,以免因制动能力小,速度不能迅速降低造成事故。

3．空车在前,重车在后

当空车车辆较多时,起车前,可少压缩或不压缩车钩,起动后待车钩伸张后再加速。在起伏坡道上运行时,应尽量保持牵引状态运行。需惰力运行时,需待全部重车越过坡顶后再切除牵引力。施行制动时,前部空车制动率大、降速快,后部重车制动率小、降速慢,易使列车产生挤压冲动。因此,应适当提前制动时机,且减压量不易过大。制动时,为减小列车挤压冲动,在用动力制动的同时,用空气制动阀适当降低机车制动缸压力,但机车制动缸压力应保持在 100 kPa 以上。

4．重车在前,空车在后

列车前部重车制动能力弱,后部空车制动能力强,易引起列车伸张冲动,尤其是在低速时制动,极易造成伸钩事故。因此,也应提早进行减压,且减压量不易过大。必要时,在用电空制动控制器减压的同时,用空气制动阀适当增加机车制动力。需要缓解时,应将电空制动控制器手柄移至过充位,使车辆缓解,机车保持制动状态,直至所有车辆基本缓解后,再将电空制动控制器手柄移至运转位使机车缓解。

5．长大下坡道操作时的注意事项

列车在长大下坡道上运行时,司机应根据情况,选择合理的制动方法。可以选择某一种方法,也可几种方法相互结合,交替使用。总之无论采用哪种制动方法,均可以确保行车安全,减少制动损失为原则,并做到:

(1)列车运行中,经常注意各风表压力的显示及空气压缩机的运转情况。

(2)制动过程中,累计减压量超过最大有效减压量时,必须停车充风,待列车管充满风后再运行,禁止在施行最大有效减压量后,使用非常制动。

（3）缓解充风时，必须采用过充位充风。

（4）动力制动作用良好时，应尽量将动力制动和空气制动结合起来操纵，以提高列车运行的安全性。

三、低速缓解

低速缓解是指制动后，当列车速度降至 15 km/h 以下时的缓解。在缓解过程中，前后车辆制动机的缓解动作不同步，前部车辆缓解早，缓解后，因惯性将保持有速度向前运行，而后部车辆缓解晚，且在未缓解前，因速度低，闸瓦摩擦系数大，制动力强，速度急速下降。这将使列车强烈的拉伸冲动，可能导致伸钩事故。所以，在实际操纵中，应尽量避免低速缓解。如果当时情况确实需要缓解时，可用单阀增加机车制动力，再用自阀缓解车辆制动。但遇下列情况，严禁低速缓解：

（1）制动力过大，致使列车速度降低过快时。

（2）线路纵断面为"鱼背形"时。

（3）牵引空重混编列车，特别是重车在前，空车在后时。

（4）列车车辆分配阀形式不同时。

（5）站内为下坡道，缓解后可能充风不足，且用空气制动阀无法控制停车时。

（6）寒冷地区在寒冷季节时。

【项目小结】

本项目主要介绍了重载列车平稳操纵和制动机使用的相关知识。列车在运行过程中常会遇到各种情况，在这些情况下，如何正确地操纵列车和正确地使用制动机是机车乘务员要掌握的基本技能。在列车操纵方面，主要从作用在列车上的各种力、列车的特性、影响列车制动距离的因素等进行介绍，此外，也对重载货物列车制动机操纵进行了介绍，为不同情况下列车的平稳操纵打下基础。

【复习思考题】

1. 重载列车操纵原则体现在哪些方面？
2. 机车牵引力是如何产生的？
3. 何谓机车黏着力？
4. 某货物列车编组 70 辆，车辆全部采用 MT-3 型缓冲器，车钩自由间隙 20 mm，求列车从最大拉伸状态到最大压缩状态，列车长度缩短了多少？
5. 简述列车冲动和断钩的机理。
6. 防止重载货物列车断钩的措施是什么？
7. 何谓"车钩间隙效应"？

8. 简述压缩制动和压缩缓解的操纵方法。
9. 机车发生空转的原因有哪些?
10. 防止空转的方法有哪些?
11. 机车撒砂的目的和方法是什么?
12. 制动机操纵的基本原则是什么?
13. 简述货物列车一段制动法和两段制动法,并画出相应的操纵示意图。
14. 何谓低速缓解?低速缓解有何危害?遇到什么情况禁止低速缓解?

项目四　机车乘务员非正常行车处理程序

【项目描述】

本项目主要介绍机车乘务员非正常行车时的处理程序。非正常行车关乎列车运行的安全及人身的安全。通过本项目的学习,增强行车人员的责任意识和心理素质,提高其故障行车时应急处理能力,从而确保安全。

【教学目标】

1. 知识目标

(1) 掌握信号机故障时的行车处理程序;

(2) 掌握其他几种非正常时的行车处理。

2. 能力目标

(1) 会进行常见的信号机故障时的行车处理;

(2) 会进行信号机故障之外的其他几种非正常行车的处理。

【相关知识】

铁路运输生产中,在非正常情况下如何确保安全行车,一直是机务系统安全攻关的课题。回顾历史,构成机务部门行车各类较大事故的案例,多数是在非正常情况下行车发生的。随着铁路运输生产任务的大幅度增加,跨越式发展进程的加速,生产力布局的调整和机务内部的整合,给机务系统安全管理带来了新的变化,特别是给如何确保非正常情况下安全行车带来了新的课题。为提高机车乘务员在非正常情况下安全行车能力,根据现行的规章制度及机务现场作业的特点,编写了本项目内容。

针对非正常行车情况,力求按步骤、顺序,详细列出遇到非正常情况时,机车乘务员应执行的规章制度及应遵循的作业程序,融规章制度和现场作业的实际情况为一体,以机车乘务员必须熟练掌握的规章制度为标准,以必须熟练把握的各个关键环节为重点,从注意事项、机车操纵、监控装置操作等方面较为全面地阐述了非正常情况下的作业过程,以帮助、指导机车乘务员现场作业。

任务一　信号机故障

【教学目标】

1．知识目标

（1）掌握进站（接车进路）信号机临时故障时行车的作业程序；

（2）掌握出站信号机临时故障时行车的作业程序；

（3）掌握发车进路信号机故障时行车的作业程序；

（4）掌握自动闭塞区段通过信号机显示停车信号（包括显示不明或灯光熄灭）时行车的作业程序；

（5）掌握线路所通过信号机故障时行车的作业程序。

2．能力目标

（1）能完成进站（接车进路）信号机临时故障时的行车；

（2）能完成出站信号机临时故障时的行车；

（3）能完成发车进路信号机故障时的行车；

（4）能完成自动闭塞区段通过信号机显示停车信号（包括显示不明或灯光熄灭）时的行车；

（5）能完成线路所通过信号机故障时的行车。

【相关配套知识】

铁路信号是保证行车安全，提高运输效益及准确组织列车运行和调车工作的技术装备。为确保安全，信号机故障时的行车处理就显得尤为重要。

一、进站（接车进路）信号机临时故障时行车的作业程序

1．确认命令

（1）进站（接车进路）信号机临时故障，司机可使用列车无线调度通信设备接受车站值班员向司机转达（发布）的调度命令。

（2）乘务员二人应认真确认并复诵，并将命令号、内容记录在司机手册内。

2．确认信号

（1）当信号机引导信号能使用时，机班二人共同确认信号机开放的引导信号并进行呼唤。根据信号机开放的引导信号越过进站（接车进路）信号机，若引导信号机没开放必须机外停车。

（2）由引导员接车时，机班二人共同确认引导员在进站信号机外方显示的引导手信号正确并进行呼唤。根据引导员的引导手信号越过进站（接车进路）信号机，若没有引导员的引导手信号必须机外停车。

3．严守速度

（1）引导进站时其进站速度不得超过 20 km/h，确认进路并随时做好停车准备。

（2）电力机车牵引使用引导信号接车时，司机应掌握好速度，防止停在分相区内。

二、出站信号机临时故障时行车的作业程序

1．临时故障站内停车

出站信号机临时故障时，司机应操纵列车在站内停车，接收书面行车凭证。

2．确认凭证

接到车站交付的行车凭证后，机班二人要认真确认并复诵凭证内容填写正确。

（1）自动闭塞区段，应发给司机绿色许可证（不发调度命令）。绿色许可证确认的内容有：编号、车次、发车股道、站名印、车站值班员签名及填发的年、月、日，不用的字句抹消，但不能涂改。

（2）半自动闭塞区段，应发给司机路票及调度命令。路票确认的内容有：电话记录号码、车次、站间、列车运行方向及站名印等（反方向行车时应加盖"反方向行车章"）。

3．车机联控

发车前，按规定进行车机联控。

4．发　车

机班二人确认好车站值班员（运转车长）的发车信号（或使用列车无线调度通信设备发车）后开车。

5．运　行

机班二人确认进路开通状态，严守各项限制速度。自动闭塞区间使用绿色许可证行车时，绿色许可证只是一个闭塞区间的占用许可，当列车越过出站信号机后，司机要根据通过信号机的显示运行；半自动闭塞区间使用路票行车时，路票只是占用站间区间的凭证，不能作为进站的许可，当列车越过出站信号机后，下一站进站时必须确认进站信号机（或引导信号）开放后方可越过。在自动闭塞区间使用路票行车时，区间通过信号机均无效（就是显示红灯也不得停车）。按照下一站进站信号机的显示运行。

三、发车进路信号机故障时行车的作业程序

1．确认凭证

（1）自动闭塞区间，机班二人确认并复诵绿色许可证（不发调度命令），如连续多架发车进路信号机故障或发车进路、出站信号机连续故障时，可填发一张绿色许可证，并在调度命

令用纸上注明架数、名称，车站值班员签字，交给司机。

（2）半自动闭塞区段，应停止基本闭塞法，改用电话闭塞法行车，车站值班员与司机核对路票及调度命令正确无误后交与司机，机班二人确认路票内容。

2．车机联控

发车前，按规定进行车机联控。

3．发　车

机班二人确认好车站值班员（运转车长）的发车信号（或使用列车无线调度通信设备发车）后开车。

4．运　行

机班二人确认进路开通状态，严守各项限制速度。列车运行至次一信号机前，按该信号机的显示要求运行。

四、自动闭塞区段通过信号机显示停车信号（包括显示不明或灯光熄灭）时行车的作业程序

1．信号前停车

自动闭塞区段遇通过信号机显示停车信号（包括显示不明或灯光熄灭）时，无论司机是否接到预告、有无防护人员，均必须操纵列车在该信号机前停车。

2．联系确认是否空闲

（1）停车后司机应使用列车无线调度通信设备通知运转车长，通知不到时，鸣笛一长声。同时通知两端车站值班员、列车调度员、前行列车司机，联系确认前方闭塞分区是否有车占用。联系用语如下：

① 续行列车与前行列车司机的联系用语。

续行列车司机："前行××（次），我是××（次），现在××（公里）加××（米）停车，××（号）通过信号机显示红灯（显示不明或灯光熄灭），请回答你的位置"。

前行列车司机："××（次），××（次）已通过××（号）信号机，现运行（停车）××（公里）加××（米）处"。

续行列车司机："续行列车司机明白"。

② 司机与车站值班员的联系用语。

本务司机："××站，我是××（次），现在××（公里）加××（米）停车，××（号）通过信号机显示红灯（显示不明或灯光熄灭），请确认前方闭塞分区（占用情况）"。

车站值班员："××（次），前方闭塞分区××（次）占用（前方闭塞分区空闲）"。

本务司机："××（次），前方闭塞分区××（次）占用（前方闭塞分区空闲），司机明白"。

③ 司机与列车调度员的联系用语。

本务司机："××台调度员，我是××（次），现在××（公里）加××（米）停车，××（号）通过信号机显示红灯（显示不明或灯光熄灭），请确认前方闭塞分区（占用情况）"。
列车调度员："××（次），前方闭塞分区××（次）占用（前方闭塞分区空闲）"。
本务司机："××（次），前方闭塞分区××（次）占用（前方闭塞分区空闲），司机明白"。
（2）当使用列车无线调度通信设备联系不上时，由机车乘务员目视确认。

3．停车等候

确认前方闭塞分区空闲或通过各种方式无法确认前方闭塞分区是否空闲时，均必须停车等候 2 min。

4．注意运行

（1）当得到车站值班员或列车调度员通知前方闭塞分区空闲，或通过列车无线调度通信设备及目视等方法无法确认前方闭塞分区是否空闲时，应遵守"停车等候 2 min 后，该信号机仍未显示进行的信号时，即以遇到阻碍能随时停车的速度继续运行（有防护员防护时，司机注意防护员的限速提示），最高不超过 20 km/h，运行到次一通过信号机，按其显示的要求运行"的规定。如确认前方闭塞分区内有车时，不得动车。

（2）装有容许信号的通过信号机显示停车信号时，准许货物、军运、路用列车在该信号机前不停车，按上述速度通过。当容许信号灯光熄灭或容许信号和通过信号机灯光都熄灭时，司机确认信号机装有容许信号时，仍按上述速度通过。

（3）司机在运行中要加强瞭望，遇有危及行车安全时应立即采取减速或停车措施。

5．报告车站

司机应将故障信号机的号码通知前方站。

6．退勤报告

司机退勤时，必须将列车无线通信设备联系不到的情况写出报告，即填写安监报-1。

五、线路所通过信号机故障时行车的作业程序

1．确认凭证

（1）自动闭塞区段，须停车接收书面行车凭证，机班二人共同确认绿色许可证内容并复诵。
（2）半自动闭塞区段，须发布调度命令，停车接收路票，机班二人共同确认路票内容并复诵。
（3）如有信号机计划停用时，可按规定使用列车无线调度通信设备接收行车凭证。
（4）如有信号机临时故障时，须停车接收行车凭证（调度命令）。

2．正确操纵监控装置

按规定操作监控装置，机班二人确认。使用绿色许可证或路票行车时，当列车越过线路所通过信号机后 50 m 内，操作监控装置进入"绿色许可证"或"路票"模式。

3. 运 行

机班二人确认好线路所值班员在信号机处的手信号显示，进行呼唤应答，按规定速度运行。自动闭塞区段使用绿色许可证行车时，越过该线路所通过信号机后，按地面信号机显示要求行车。

【拓展资源】

发生列车起非常处理

迅速呼叫两端站　通知追踪和车长
关闭本务折角塞　机车制动先试验
机车正常报车站　车辆故障起非常
区间非常要试风　维持站内减速行
车站处理全跟踪　巧用手机来取证

发生列车分离处理

列车分离保原状　现场取证莫心慌
站内车站需到场　区间服从听指挥
查看车辆钩锁链　车种号码和距离
判明原因快汇报　详细记录很重要
连挂贯通记排风　整列起动不放松

发生车辆抱闸处理

接到通知迅速停　明确位置和原因
停车呼叫两端站　通知追踪和辆检
检查行走安全侧　车辆故障判断明
现场取证记车号　汇报车站指示听
关门处理需谨记　截断关闭排副风

发生机车信号故障处理

手机拍照留证据　确认转换开关机
未能恢复报车站　请求命令转运记
二十模式等两分　严守速度莫着急
维持运行前方站　附挂运行勤联系

任务二　其他几种非正常时的行车处理

【教学目标】

1．知识目标

（1）掌握列车无线调度通信设备故障时的作业程序；

(2)掌握列车运行监控记录装置故障时的作业程序；
(3)掌握请求救援的作业程序；
(4)掌握双线区间反方向行车时的作业程序；
(5)掌握单机在自动闭塞区段使用非常制动停车后处理时的作业程序；
(6)掌握发生相撞（路外）事故时处理的作业程序；
(7)掌握电力机车在运行中发现机车受电弓故障时的作业程序；
(8)掌握发现接触网异状时的作业程序。

2．能力目标

(1)能完成列车无线调度通信设备故障时的作业；
(2)能完成列车运行监控记录装置故障时的作业；
(3)会进行双线区间反方向行车时的作业；
(4)能完成单机在自动闭塞区段使用非常制动停车后的作业；
(5)能完成发生相撞（路外）事故时的处理作业；
(6)能完成电力机车在运行中发现机车受电弓故障时的作业；
(7)会进行请求救援作业；
(8)能完成发现接触网异状时的处理作业。

【相关配套知识】

一、列车无线调度通信设备故障时的作业程序

运行中遇列车无线调度通信设备发生故障时，司机应在前方站停车报告，请求调度命令，得到调度命令后方可继续运行。

便携式电台作用良好时，可不要令，利用便携式电台维持联控作业。

二、列车运行监控记录装置故障时的作业程序

1．及时报告

司机立即使用列车无线调度通信设备报告车站值班员、列车调度员。

2．维持运行

(1)根据实际情况，掌握列车运行速度（自动闭塞区间以不超过 20 km/h 的速度），运行至前方站停车，更换机车。

(2)前方站到发线不具备更换机车条件时，可根据列车调度员的调度命令，以不超过 20 km/h 的速度，按地面信号显示运行至下一站。

三、请求救援的作业程序

1. 择地停车

遇机车故障，在区间停车时要尽量避免将旅客列车停于隧道内、桥梁上，货运列车还应尽量避免停在长大坡道上。

2. 请求救援

（1）因机车故障、坡停、分离等原因，不能继续运行时，10 min 内司机必须使用列车无线调度通信设备向车站请求救援。

（2）司机立即使用列车无线调度通信设备向车站请求救援，并详细汇报原因及列车车次、机车型号、牵引辆数、吨数、计长、关系人姓名和列车前、后部的准确停留位置（该位置应以地面线路标志为准）并通报运转车长及后续列车。

（3）电力机车被迫停在接触网分相时，司机要立即降弓，查明列车前方接触网分相长度，判断电力机车能否从前部救援，并及时报告车站值班员和列车调度员。

3. 防　护

请求救援后，不得再行移动，应及时了解救援机车的开来方向，并立即前往来车方向不小于 300 m 处放置响墩，并在规定的地点显示手信号进行防护，如图 4-1 所示。

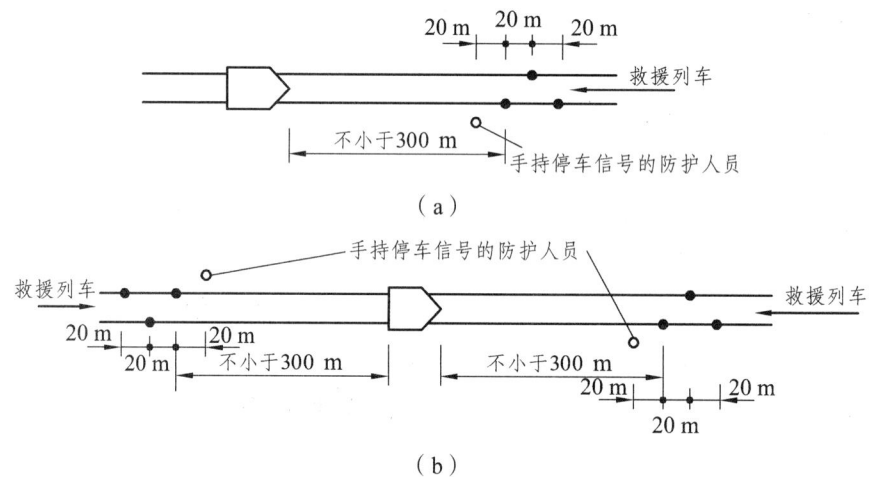

图 4-1　已请求救援列车的防护

4. 联　系

救援机车开来时，司机应与救援机车联系，并按调度员的命令和现场指挥人员的要求配合进行救援。

5. 取消救援

如机车故障或其他原因消除，列车能继续运行时，司机使用列车无线调度通信设备报告车站，按其指令办理（未得到许可严禁动车）。

四、双线区间反方向行车时的作业程序

1．双线区间设有反方向闭塞设备，反方向行车时

（1）确认命令。机班二人确认反方向行车的调度命令，使用列车无线调度通信设备接受调度命令时，应复诵并将内容记入司机手册。

（2）确认出站。机班二人确认出站信号机显示的进行信号及反方向进路表示器的白色灯光并进行呼唤（未装设反方向进路表示器时，须得到车站发车人员的通知）。图 4-2 为反方向进路表示器。

（3）正确操作监控装置。按规定操作监控装置，机班二人认真确认。机车乘务员需操作监控装置进入"临时电话闭塞行车"模式（反方向运行按自动闭塞方式办理时除外），统一输入"电话记录号码"为"99"。

（4）确认发车。发车时按规定进行车机联控，机班二人确认好车站值班员（运转车长）的发车信号或列车无线调度通信设备发车通知后开车。

图 4-2　反方向进路表示器

2．双线区间未设有反方向闭塞设备或反方向闭塞设备故障，反方向行车时

（1）确认路票和调度命令。应停车接收调度命令和路票。机班二人确认停止基本闭塞法，改按电话闭塞法行车的调度命令及路票（路票上加盖"反方向行车章"）填写正确无误。

（2）正确操作监控装置。按规定操作监控装置，机班二人认真确认。机车乘务员需操作监控装置进入"临时电话闭塞行车"模式，统一输入"调度命令号"和"电话记录号码"。

（3）确认发车。司机按规定进行车机联控，二人确认好车站值班员（运转车长）的发车信号或列车无线调度通信设备发车通知后开车。

3．列车运行

动车后，二人应加强瞭望，盯住信号、道岔及线路（如道岔开通方向不符，必须立即停车，确保停于信号内方），严守各项限制速度，认真执行呼唤应答及车机联控。

4．确认进站

运行到前方站时，设有反方向进站信号机的车站，列车凭反方向进站信号机的显示运行；未设反方向进站信号机的车站，凭引导员在引导地点标或站界标外方显示的引导手信号进站。机班二人认真确认信号，呼唤应答，严守各项限制速度。

五、单机在自动闭塞区段使用非常制动停车后处理时的作业程序

1．报告车站

停车后司机应立即使用列车无线调度通信设备向就近车站值班员报告停车位置及停车原因等情况。

2．机车前移

机班二人确认机车前方无运行障碍又无关闭的通过信号机或信号调谐区（四显示区段）时，应先将机车前移不少于 15 m 停车。

3．防　护

前方有障碍或有关闭的通过信号机，或机车停在信号调谐区内（四显示区段）机车不能前移时，或电力机车停在无电区内不能前移时，司机应立即在机车运行后方调谐区外短路轨道电路进行防护，并向车站值班员联系，向列车调度员汇报。如机车不能继续运行应立即请求救援并按规定进行防护。

4．报告开车

待停车原因消除后，撤除短路铜线，按信号显示要求开车并使用列车无线调度通信设备向就近车站值班员报告。图 4-3 为单机在自动闭塞区段停车后的操纵示意图。

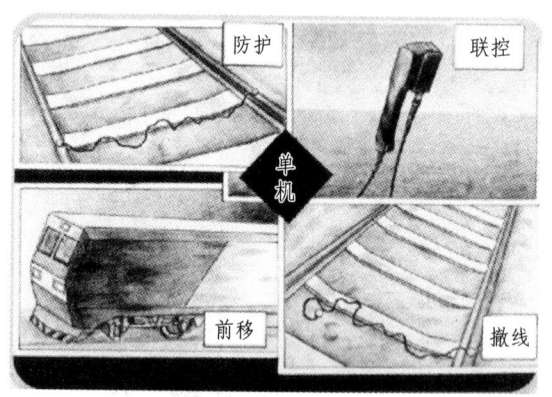

图 4-3　单机在自动闭塞区段停车后的操纵示意图

六、发生相撞（路外）事故时处理的作业程序

1．果断停车

遇车辆、人员侵入限界，危及行车及人身安全时，司机立即停车，并做好自身安全防护。停车后保持列车制动。

2．通报车站及防护邻线

司机应立即用列车无线调度通信设备通知车站（包括停车地点及简单情况），并亲自或指派人员前往现场检查；可能妨碍邻线时，司机按规定做好邻线的防护；在自动闭塞区段，应在邻线来车方向短路轨道电路，按规定派人进行防护。如发现邻线有列车开来时，立即鸣示紧急停车信号。

3．检查处理

（1）迅速赶往现场（不得侵入邻线注意自身人身安全），到达现场后检查人员伤亡及线路、车辆破损情况，并记录在司机手册上（如与其他机动车辆相撞时应记下其车辆牌证和当事人有关证件及所属单位做成记录）。将死者移出线路，将伤者移至安全地点，报告车站按其指示办理。

（2）撞机动车辆后，应认真检查机车、车辆和线路等情况，确认是否能继续运行，如不能运行时按规定请求救援，并做好列车的防护工作。

4．通　报

现场处理完毕后，使用列车无线调度通信设备通知邻近车站值班员，将详细情况进行汇报，内容包括：事故地点、事故概况、损失程度、人员伤亡情况、机车是否能继续运行、是否影响邻线、是否请求救援，同时将情况通报所属车间派班室。

5．试风开车

司机进行自动制动机简略试验，确认列车完整、具备开车条件后及时开车，并将开车时间报告车站。

七、电力机车在运行中发现机车受电弓故障时的作业程序

1．停车报告

在运行中发现机车受电弓及车顶绝缘损坏危及行车安全时，必须立即断开主断路器，降下受电弓并停车，将情况及时报告车站。

2．申请停电

如需要登上机车顶部处理故障时，申请停电命令。

3．确认停电命令

接到停电命令，二人进行确认，核对停电时间和范围及车次。使用无线列调接受命令时，应将命令号、调度员及内容等记录在司机手册。

4．安全作业

（1）升弓验电，确认网压表指针在零位。
（2）按规定穿戴好防护用品。
（3）将接地线接在规定处所，然后将接地杆挂好。
（4）在机车顶部作业，佩戴好安全带（绳），要站稳抓牢，做好安全防护。
（5）作业完毕后撤除接地线时，应先摘下接地杆，后拆下接地线。
（6）及时向车站值班员、列车调度员汇报，司机应将汇报时间记入司机手册。

八、发现接触网异状时的作业程序

1．降弓能运行时

（1）司机接到接触网故障或异常需要降弓运行的列车无线调度电话通知（降弓手信号）时，应做好记录，如为书面通知时，二人要确认复诵。运行中要加强瞭望，在降弓地点机车降弓滑行 400 m，如见不到升弓信号并已滑过通知的地段，可自行升弓继续运行。

（2）双机牵引时，司机鸣示降弓信号或用电台通知补机司机降弓。

（3）司机在运行中发现接触网异常或有异物时，应立即降弓，确认能继续运行时，滑行通过至安全地段后，确认正常再升弓继续运行，同时将情况报告车站值班员、列车调度员。

2．不能继续运行时

（1）立即降弓停车。

发现（或接到列车无线调度电话通知）接触网故障或异常需要停车时，应立即降弓停车，做好记录。双机牵引时，司机鸣示降弓信号或用电台通知补机司机降弓。

（2）报告。

将接触网异常、停车地点等情况报告车站值班员、列车调度员，按其指示办理。

（3）保持制动。

保持列车制动。如长时间停留，不能保持列车制动力时，按规定做好列车防溜。

（4）注意人身安全。

① 当通知接触网绝缘损坏时，严禁与其部件接触。

② 如接触网断线，在接触网检修组到达之前，将该处加以防护，使人员距已断导线不少于 10 m。

③ 对吊挂在接触网上的外来飘落物（线头、绳索等），均视为带电，并保持 2 m 以上的安全距离。

3．发现邻线接触网故障

（1）司机使用无线调度通信设备报告车站接触网故障地点及状态。二人注意观察本线接触网有无受到影响。

（2）司机使用无线调度通信设备呼叫邻线运行列车，通报故障情况。如需停车时，鸣示紧急停车信号。

【拓展资源】

单机在自闭区间非常停车处理

自闭区间非常停　　调谐区外做防护
迅速呼叫两端站　　通知追踪后续车
立即前移十五米　　信号开放撤防护
退勤录音需转储　　关系报告写清楚

监控装置故障处理

监控故障一出现　　拍照取证是关键
瞬间开关做试验　　排除机车故障源
关机超过三十秒　　运记降级要确认
未能恢复就地停　　听从指示要命令

发生路外伤亡处理

鸣笛警示急停车　　汇报位置和原因
及时查看伤者情　　移动位置不侵限
通知车站速抢救　　现场取证不遗漏
开车提前贯通好　　提醒前站看尾标

防止机车停分相

分相位置记心间　　早断晚合需规范
提前打风风缸满　　速度控制是关键
分相前停留距离　　分相后停防溜逸
异常情况头脑清　　及时停车要果断

发生刮弓处理

迅速降弓急停车　　捋清现场再汇报
受损情况细观察　　防溜防护落实到
地点原因和状态　　散落配件收集好
申请停电详记录　　号码内容不能少
命令下达良弓验　　网压为零再汇报
地线一端紧轴头　　一端挂网很重要
打开天窗上车顶　　坏弓捆扎要绑牢
拆除相连软扁线　　确定无遗撤地线
请求送电不着急　　整车检查仔细看

【项目小结】

　　本项目是针对各种非正常情况下，机务现场作业的实际情况，以"处理程序"的形式进行了讲解。列出了遇到信号机故障及几种非正常情况时的行车处理，机车乘务员应执行的规章制度及应遵循的作业程序，融规章制度和现场作业的实际情况为一体，以机车乘务员必须熟练掌握的规章制度为标准，以必须熟练把握的各个关键环节为重点，从注意事项、机车操纵、监控装置操作等方面较全面地阐述了非正常情况下的作业过程，以帮助、指导机车乘务员现场作业。

【复习参考题】

1. 简述进站（接车进路）信号机临时故障时行车的作业程序。
2. 出站信号机临时故障时行车凭证是什么？列车在区间运行时注意事项有哪些？

3. 发车近路信号机故障时，如何确认行车凭证？
4. 自动闭塞区段通过信号机显示停车信号（包括显示不明或灯光熄灭）时如何行车？
5. 简述线路所通过信号机故障时行车凭证的确认及监控装置的操纵。
6. 简述列车无线调度通信设备故障时的作业程序。
7. 简述列车运行监控记录装置故障时的作业程序。
8. 请求救援的作业如何进行？
9. 简述双线区间反方向行车时的作业程序。
10. 简述单机在自动闭塞区段使用非常制动停车后处理时的作业程序。
11. 电力机车在运行中发现机车受电弓故障时如何作业？
12. 简述发现接触网异状时的作业程序。

项目五　安全生产

【项目描述】

本项目主要学习电力机车乘务员在安全生产中应注意的事项，铁路行车事故类别及各类事故的构成条件，行车事故的通报规定，铁路行车事故救援的基本任务、原则、程序及其处理方法，起复救援的一些基本知识及部分救援设备的使用方法等。

【教学目标】

1. 知识目标

（1）掌握电力机车乘务员相关的安全生产知识；
（2）掌握铁路交通事故的分类；
（3）掌握常用复归器的用法；
（4）了解事故救援的程序和方法。

2. 能力目标

（1）能按照相应的安全生产制度，安全生产；
（2）会使用常用的复归器。

【相关知识】

铁路是国民经济的大动脉，安全是铁路运输企业的生命线，铁路行车安全的好坏是衡量铁路运输管理水平和各部门工作质量的主要标准之一。认真贯彻"安全第一、预防为主、综合治理"的方针，是保证国民经济长期稳定发展的需要，也是广大铁路职工的神圣职责。

安全生产是党和国家的一贯方针，而在铁路运输工作中，安全生产更有其重要意义。列车运行安全，即行车安全，是铁路运输安全中最重要、最核心的部分，是铁路运输一切工作的基础。铁路旅客和货物运输安全在很大程度上取决于行车安全。为了保证行车安全，机车乘务员除要不断提高操纵技术外，还要加强安全生产知识的学习，在乘务工作中严格执行《铁路技术管理规程》和《铁路机车操作规程》等有关的规章制度。

保证铁路行车安全是铁路部门应尽的职责。当发生行车事故时，可能产生极其严重的后果。一方面是随之而来的运输中断，影响企业正常的生产和经营活动以及人们的正常生活，甚至造成重大的经济损失。例如，一些特大恶性事故造成的直接经济损失少则几百万，多则上亿元，社会间接经济损失更大。另一方面是可能危机人民的生命和财产安全，直接影响社会安定，甚至损害国家声誉，影响国际交往和对外开放。因此，铁路行车安全对整个社会的生产和生活都具有重大的现实意义。

任务一　电力机车乘务员安全生产

【教学目标】

1. 知识目标
（1）掌握电力机车乘务员的基本安全要求；
（2）掌握电力机车乘务员在电力机车上工作时的一般安全规定。
2. 能力目标
（1）能按照电力机车乘务员的基本安全要求，安全行车；
（2）能严格遵守电力机车乘务员在电力机车上工作时的一般安全规定。

【相关配套知识】

一、电力机车乘务员的基本安全要求

（1）机车乘务员必须经过专业培训，并经考试合格后，方准担任乘务作业。

（2）机车乘务员出退勤时，一班人要同行，应走固定的走行线路，严禁以车代步或走线路中心和枕木头。

（3）机车乘务员在机车工作时，应穿戴规定的防护服装和防护帽，携带必要的防护用品；不得穿拖鞋或带钉易滑的鞋子。上下机车时，必须面向机车，站稳抓牢，稳上稳下，防止滑跌。

（4）机车部件内部有压力时，严禁进行修理，更不得使用敲打、紧固、捻、钻等方式进行检修，需要处理故障时，应先切断电源，排除余压后再进行工作。

（5）机车在段、站内和途中运行时，不得向外探身过远，防止信号机、桥梁、隧道或邻线列车刮伤、碰伤。机车在出入检修库或运行途中，机车外走板、梯子、车顶、排障器处均不得有人。

（6）机车移动前，应加强联系，确认机车下部无作业人员、无止轮器并鸣笛后方准动车。

（7）动力室门、电气室门应随开随关，注意防止挤伤手指。运行中机车两侧门应关闭或加锁。

（8）进入机械间检查巡视时，必须呼唤，经司机同意后方可进入。检查时，禁止接触各运动的部件。

（9）禁止接触带电高压导线和各种有电设备的导电部分。禁止敲击、紧固有压力或带电的机车部件。检修前，必须排尽压力或切断电源。禁止带电作业。

（10）在车下作业时，不得侵入邻线，并要随时注意邻线机车车辆运行状态。

（11）机车动车前和运行中，必须坚持不间断瞭望和呼唤应答制度，必须按规定鸣示音响信号，如图 5-1 所示。

（12）机车"四项设备"保证作用良好，如图 5-2 所示。机车信号、列车无线调度通信设备、列车运行监控记录装置、警惕装置不良严禁出库牵引列车。

图 5-1　不准不瞭望就穿越线路

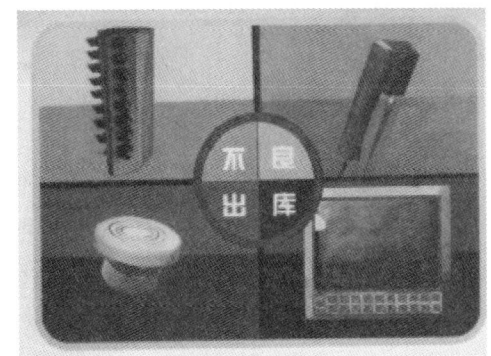
图 5-2　四项设备

（13）在机车底部作业时，必须执行呼唤应答制度，禁止身体各部位跨、靠制动系统和其他部件。更换机车闸瓦时，必须关闭制动缸塞门，协同配合，防止伤害。

（14）机车上应按规定配好、配齐消防器材，配备 1211 或二氧化碳类型的灭火器为宜，并由专人负责管理，定期检查，保证性能良好。

（15）禁止使用明火照明检查机车，机械间严禁烟火。

（16）机车电器设备及导线应保证性能良好，一旦出现电器故障或导线断裂、破损，应及时检修或采取绝缘措施，防止因电气、电线短路引起火灾。

（17）凡运行途经电气化区段的机车，必须严格执行电气化区段作业制度。严禁到车顶作业，禁止用水冲洗机车上部。

（18）凡进入电气化区段的机车，在所有可能登上车顶部的部分，应装有醒目的"电网有电，严禁攀登"的警告牌或加装自动报警装置。登上车顶作业，必须采取安全措施和佩戴安全帽。

（19）检查机车电气部分时，禁止手触各电器触头部；不得带电荷检查处理故障或接触高压带电部件；在不得已需要人为闭合或断开电器时，必须使用绝缘物。

二、电力机车乘务员在电力机车上工作时的一般安全规定

（1）电力机车乘务员应熟知高压导线通过的地点和在高压下工作的用电设备、测量仪表和其他机械。

（2）凡是电力机车停在接触网下，在未与供电调度取得联系和挂好接地线前，不论任何原因，绝对禁止登上电力机车车顶。

（3）当机车受电弓升起时，禁止进入高压室、变压器室和开启防护高压用的护板、外罩及电机整流子盖，以及检查与修理电力机车车体下面的电器设备、机械装置、通风装置。

（4）机车停于整备线后，断开主断路器，降下受电弓，取下控制电源钥匙；办理隔离开关使用手续时，应严格执行登记、监护、呼唤应答等各项制度；隔离开关打开后，进行升弓验电，确认无电，并挂好接地线后，方可上车顶作业。同时进入该线的其他机车，禁止超过规定地点停车，如图 5-3 所示。

（5）乘务员在检修机车部件以后，应进行清扫检查，不得留放杂物。

（6）发现机车上安全设备有缺陷或故障时，应报告值班员并记入检修簿上及时处理。

（7）有风压时，禁止拧下管堵、塞门、阀、风动器具和卸下其他风动装置。

（8）在清扫制动软管时，应用手握住软管端头，以防甩动打人。

（9）在机车下更换闸瓦时，应关闭制动缸塞门。

（10）需要进入高压室或变压器室处理故障时，必须确认受电弓已降下，主断路器已断开后，方可进入，应急处理接触器等故障时，严禁人工带电闭合。

（11）在运行中禁止飞上飞下，如图5-4所示。

图5-3 办理停电手续

图5-4 不准飞上飞下、扒车代步

（12）电力机车在段内进行整备作业，需要操作隔离开关时，要严格执行登记、监护、呼唤应答等各项制度，办理必需的手续，不得简化作业。

（13）电力机车在段内进行整备作业时，司机必须亲自检查，确认高压室、地沟内或机车下无作业人员，并于学习司机呼唤应答，鸣笛后方可升弓。

（14）升弓前，要确认机车所有装置良好，司机亲自确认高压室、变压器室、地沟内、机车下部无作业人员，与学习（随乘）司机呼唤应答，并鸣笛；司机确认本班人员处于安全地点后，再做高压试验。

（15）接受机车时，受电弓必须降下，接触网电压表必须处于零位，同时应确认电器仪表和器具外罩、机车轴承接地状态良好，确认绝缘防护用品及安全用具亦状态良好，并放置在固定地点。

（16）在运行中，操纵端的司机室门应关闭，但不得加锁。非操纵端的司机室门应锁闭，并禁止在司机室、走廊放置无关物品。

（17）救援列车在电气化区段作业时，必须在接触网停电，并在接地情况下方准进行。

（18）禁止在带电的情况下，接触绝缘的导线及各种导电部分。

三、机车在本段与折返段内工作时的安全规定

（1）电力机车进出机务段或折返段时，必须在规定地点一度停车，鸣笛要道。待扳道员显示信号后方可动车，在段内动车时，需值班员同意，由调车员引导调车。

（2）机车进入段内动车时，应降下受电弓、断开主断路器，将位置转换开关置于制动位。

（3）机车入库使用引入库机组拖动机车入库，禁止降弓滑行。

（4）机车入库检修当中，辅助回路接入高压电源时，禁止在高压系统内工作。

（5）机车检修完毕，司机应全面检查机车并确认所有装置良好，鸣示升弓信号后，方可升弓进行高压试验。

（6）电力机车整备线及检查线上的接触网应设有分段隔离开关。当电力机车进行整备作业或检查时，司机应在隔离开关操作登记本上登记后，由值班员监督操作隔离开关并加锁，钥匙交值班员保管，在司机挂好接地线后，方可登车顶进行检查或检修，并禁止再次向改线路放入机车。

（7）机车车顶整备完毕，应确认车顶状态良好，并取得同时进行另一台工作的司机同意后，方可撤除接地线，在值班员的监督下闭合隔离开关，并加锁。

（8）在机车下部整修牵引电机整流子时，应遵守以下各项：

① 被整修机车在另一机车拖动时，走行速度应在 3 km/h 以下。

② 使用带有绝缘手柄的打磨工具。

③ 把整修电机的隔离开关拉开，并垫上反向器各触头。

（9）在机车下面更换闸瓦时，应关闭机车制动缸塞门。

四、机车在本段、折返段外工作时的安全规定

（1）当机车于本段外停留在接触网下，需对牵引电机、电器进行检查或检修时，必须做好下列各项：

① 断开主断路器，降下受电弓。

② 取下司机台电源钥匙、反向手柄，并交给进行检查或检修的人员。

③ 进入高压室工作时，高压室门不得关闭。

（2）机车升弓前，司机应告知学习司机及登乘机车有关人员，并确认各机械上孔盖已盖好，高压室、变压器室无人和其他物品，对检修过的设备复检并确认状态良好，人员都处于安全地点之后，并鸣示音响信号一长声，方可升弓。

（3）为确认行车安全，只有经考试合格并取得司机驾驶证的司机才能独立驾驶机车，操纵学习司机必须在司机监督下才能练习操纵。

（4）机车运行中乘务组应做到：

① 认真贯彻执行"十六字"呼唤应答制度的规定：彻底瞭望、确认信号、高声呼唤、手比眼看。

② 认真贯彻执行防止人身伤亡"三十字令"：人命重泰山、时刻把住关、瞭望不间断、鸣笛勤呼唤、摆闸不犹豫、停车要果断。

③ 防止列车颠覆、冲突、险性事故的发生。

五、电力机车防火与救火措施

1．电力机车防火措施

（1）凡临时断开的电器设备导线，其端头应包上绝缘并捆好挂起，以防与其他电器设备或接地部分接触。

（2）当机车上敷设临时电线时，应使用符合规格的电线并捆扎好，不得与车体相摩擦。

（3）严禁在机车电路内使用不合格的熔断器或代用品。

（4）严禁在司机室电炉上或空气压缩机上烘烤棉丝或乱扔棉丝等易燃材料及未熄灭的烟头。

（5）应熟知灭火器的有关知识和使用方法。

（6）灭火器应放在固定位置，并保证其性能良好。

（7）机车润滑油脂、各种备用品、擦拭材料应妥善保管。

（8）检查蓄电池时，禁止使用外露火焰的光源。

2．电力机车发生火灾时机车乘务员应做的工作

（1）断开主断路器，降下受电弓。

（2）将司机控制器的手柄放在零位。

（3）尽可能将列车停在便于救火和旅客便于下车的地点，但不得停在与外界物体容易引起蔓延的地方。

（4）鸣示火灾报警信号。

（5）当列车停放在坡道上时，应使列车制动和拧紧手制动机并打好止轮器。

（6）机车电器设备着火时，应使用二氧化碳、四氯化碳灭火器或干砂灭火，若木质器械着火，确认与电器无关时，用水或泡沫灭火器灭火。

（7）如果火灾威胁蓄电池组时，必须断开蓄电池开关，取下熔断器，并将蓄电池各连线拆除，然后将蓄电池盖好。

（8）火灾扑灭后，应仔细检查机车设备损坏程度，如果能继续维持运行，将损坏的处所处理好维持运行，否则请求救援。

3．灭火器的使用方法及注意事项

（1）二氧化碳灭火器。

二氧化碳灭火器是将压缩的二氧化碳气体储藏于灭火器的筒内，当使用时利用二氧化碳气体喷射时吸收热量产生雪花状固体二氧化碳，使燃烧物温度降低，同时由于二氧化碳气体具有不助燃的特点，喷射在燃烧物上，使燃烧区域助燃的氧气成分大大降低，从而起到灭火作用。二氧化碳不导电但当空气湿度过大时，也会引起导电，故仅适用于 600 V 以下的各种电器火灾。

当发生火灾时，应立即揪断灭火器的铅封，一手扶助胶皮喷嘴，另一手按指示方向转动顶部手轮。

喷射时，应先由火焰边缘开始，再推进至中心位置。在使用中还应注意风向，避免逆风使用；不应对准其他救火人员使用。灭火后应注意通风，以防人员窒息。

（2）四氯化碳灭火器。

四氯化碳灭火器是将一定数量的药液以 80 kPa 的压力储存于灭火器内，四氯化碳绝缘性能高达 12 kV，故特别适用于扑灭高压电器火灾。

当发生火灾时，一手持灭火器筒，把喷射口对准燃烧的地方，另一手旋动开关，药液即可喷出。

这种灭火器药液的蒸汽有毒，要防止进入眼睛，故应在 3 m 外的地方，不可逆风使用。在火灾扑灭后应及时通风。

六、用电及防止触电

1．各种电源在使用前应注意的事项

（1）对所有电源的性能必须了解清楚，并确认其电压及容许负荷，电源开关应良好，保证装置应齐全，否则会发生故障或使电器设备不能正常工作。

（2）对所有的电源开关必须确认无他人使用或不影响他人和其他电器设备的正常使用方可接通。

（3）如使用的电源开关有其他设备的电线时，必须先切断电源，然后拆掉其他设备的电线，再接上所使用的电器设备的电线。

2．防止触电的主要措施

（1）为防止偶然触及或过分接近带电体，通常采用屏护遮拦和保证安全距离的措施。对于高压设备还应采用连锁装置，当出现危险时，连锁装置可自动切断电源。

（2）对于可能出现漏电的设备迅速脱离电源，降低故障设备的对地电压，可采用保护接零；也可把漏电设备对地电压限制在安全范围内，并采用保护接地措施。

（3）为降低加在人身上的接触电压和跨步电压，可采用等化对地电压分布的方法，也可采用自动化元件及时切除漏电设备的自动断电措施。另外，为保证人身触电安全还可采用 36 V 或 12 V 的低电压电源。

（4）正确使用各种安全工具，悬挂各种警示牌，装设必要的信号装置等。

3．人身触电后的急救方法和注意事项

当发生触电事故后，应立即设法切断电源并将触电者放置适当的地点开始抢救。

如触电者已处于昏迷状态，则应解开衣领给氨水嗅之，用凉毛巾擦全身使之清醒。对于烧伤处应特别注意伤口不被污染，且不能用手触及伤口，伤口处应涂软膏（凡士林或其他药剂油膏），对于摔伤、骨折、出血等应及时处理，如用绷带止血，固定骨折部位等，然后将触电者送往医院。

如触电者已无脉搏，呼吸停止，在请医生的同时，应立即实行人工呼吸进行抢救。

施行人工呼吸前，应解开触电者衣服，并将其口张开，然后将舌头拉出，若嘴闭的过严，应用筷子或金属片等撬开。

人工呼吸可采用使触电者仰卧或俯卧的方式进行。

当触电者仰卧时，施行人工呼吸者跨跪在触电者身上，两手握触电者手腕稍上的地方，心中默数 1、2、3，把手伸直向上引向脖子后部，使触电者吸气，然后再把两臂曲向前胸的两侧，心中默数 4、5、6，使触电者呼气。

当触电者俯卧时，使触电者一只手弯曲垫在头下，脸侧向一方枕在弯臂上，另一只手沿着头旁伸直。施行者跨跪在触电者身上，将两手平放在触电者后背肋骨下部，手指放在它的腰间，施行者默数 1、2、3 并逐步使身子倾斜，使体重通过双手压迫触电者下肋部，使之呼吸。

应当指出，无论用哪种方式进行人工呼吸都必须耐心地坚持到最后一分钟。因为有资料

表明，有人触电假死时间达几小时之久。在施行人工呼吸中还要注意快慢，节奏要均匀，一般以每分钟 14~16 次为宜。

在施行人工呼吸时应特别注意触电者面部表情的变化，如嘴唇、眼皮是否活动，喉部是否发出声响。当触电者已能自行呼吸时，则应停止人工呼吸。

当急救完毕后，仍应使触电者安静地平卧休息。

在急救过程中，严禁注射"强心剂"和其他刺激性药物。

【拓展资源】

防止相撞事故

三十字令要牢记　　站场地形需熟记
鸣笛瞭望是法宝　　发现异常撂闸早
弯道涵洞要预想　　道口车站把住关
二人互控做到位　　退清回家笑颜开

任务二　铁路交通事故

【教学目标】

1. 知识目标
（1）掌握铁路交通事故的划分；
（2）了解铁路交通事故的构成条件。
2. 能力目标
发生铁路交通事故，能根据具体情况对事故进行划分。

【相关配套知识】

本节主要学习《铁路交通事故应急救援和调查处理条例》(简称《条例》)。

铁路机车车辆在运行过程中与行人、机动车、非机动车、牲畜及其他障碍物相撞，或者铁路机车发生冲突、脱轨、火灾、爆炸等影响铁路正常行车的交通事故（简称事故）的应急救援和调查处理，使用本条例。

发生铁路交通事故，应采取积极措施，迅速抢救，尽量减少损失。

事故调查处理要以事实为依据，以有关法律、法规、规章为准绳，认真调查分析，查明原因，认定损失，定性定责，追究责任，总结教训，提出整改措施。对事故责任者，应根据事故性质和情节，予以批评教育、经济罚款、行政处分直至追究法律责任。事故性质、情节严重的，要按有关规定逐级追究领导责任。

按照事故造成的人员伤亡、直接经济损失、列车脱轨辆数、中断铁路行车时间等情形，事故等级分为特别重大事故、重大事故、较大事故和一般事故 4 类。

一、特别重大事故的分类及构成条件

有下列情形之一的,为特别重大事故:

(1)造成 30 人以上死亡;或者 100 人以上重伤(包括急性工业中毒,下同);或者 1 亿元以上直接经济损失。

(2)繁忙干线客运列车脱轨 18 辆以上并中断铁路行车 48 h 以上。

(3)繁忙干线货运列车脱轨 60 辆以上并中断铁路行车 48 h 以上。

二、重大事故的分类及构成条件

有下列情形之一的,为重大事故:

(1)造成 10 人以上 30 人以下死亡;或者 50 人以上 100 人以下重伤;或者 5 000 万元以上 1 亿元以下直接经济损失。

(2)客运列车脱轨 18 辆以上。

(3)货运列车脱轨 60 辆以上。

(4)客运列车脱轨 2 辆以上 18 辆以下,并中断繁忙干线铁路行车 24 h 以上或者中断其他铁路行车 48 h 以上。

(5)货运列车脱轨 6 辆以上 60 辆以下,并中断繁忙干线铁路行车 24 h 以上或者中断其他铁路行车 48 h 以上。

三、较大事故的分类及构成条件

有下列情形之一的,为较大事故:

(1)造成 3 人以上 10 人以下死亡;或者 10 人以上 50 人以下重伤;或者 1 000 万元以上 5 000 万元以下的直接经济损失。

(2)客运列车脱轨 2 辆以上 18 辆以下。

(3)货运列车脱轨 6 辆以上 60 辆以下。

(4)中断繁忙干线铁路行车 6 h 以上。

(5)中断其他线路铁路行车 10 h 以上。

四、一般事故

造成 3 人以下死亡;或者 10 人以下重伤;或者 1 000 万元以下直接经济损失的为一般事故。一般事故分为:一般 A 类事故、一般 B 类事故、一般 C 类事故、一般 D 类事故。

(1)有下列情形之一,未构成较大以上事故的,为一般 A 类事故:

A1. 造成 2 人死亡。

A2. 造成 5 人以上 10 人以下重伤。

A3. 造成 5 000 万元以上 1 000 万元以下直接经济损失。

A4. 列车及调车作业发生冲突、脱轨、火灾、爆炸、相撞，造成下列后果之一的：

 A4.1 繁忙干线双线之一线或单线行车中断 3 h 以上 6 h 以下，双线行车中断 2 h 以上或 6 h 以下。

 A4.2 其他线路双线之一线或单线行车中断 6 h 以上 10 h 以下，双线行车中断 3 h 以上或 10 h 以下。

 A4.3 客运列车耽误本列 4 h 以上。

 A4.4 客运列车脱轨 1 辆。

 A4.5 客运列车中途摘车 2 辆以上。

 A4.6 客车报废 1 辆或大破 2 辆以上。

 A4.7 机车大破 1 辆以上。

 A4.8 动车组中破 1 辆以上。

 A4.9 货运列车脱轨 4 辆以上 6 辆以下。

（2）有下列情形之一，未构成一般 A 类以上事故的，为一般 B 类事故：

B1. 造成 1 人死亡。

B2. 造成 5 人以下重伤。

B3. 造成 100 万元以上 500 万元以下直接经济损失。

B4. 列车及调车作业中发生冲突、脱轨、火灾、爆炸、相撞，造成下列后果之一的：

 B4.1 繁忙干线行车中断 1 h 以上。

 B4.2 其他线路行车中断 2 h 以上。

 B4.3 客运列车耽误本列 1 h 以上。

 B4.4 客运列车中途摘车 1 辆。

 B4.5 客车大破 1 辆。

 B4.6 机车中破 1 台。

 B4.7 货运列车脱轨 2 辆以上 4 辆以下。

（3）有下列情形之一，未构成一般 B 类以上事故的，为一般 C 类事故：

C1. 列车冲突。

C2. 货运列车脱轨。

C3. 列车火灾。

C4. 列车爆炸。

C5. 列车相撞。

C6. 向占用区间发出列车。

C7. 向占用线路接入列车。

C8. 未准备好进路接、发列车。

C9. 未办或错办闭塞发出列车。

C10. 列车冒进信号或越过警冲标。

C11. 机车车辆溜入区间或站内。

C12. 列车运行中机车车辆断轴，车轮崩裂，制动梁、下拉杆、交叉杆等部件脱落。

C13. 列车运行中碰撞轻型车辆、小车、施工机械、机具、防护栅栏等设备设施或路料、塔体、落石。

C14. 接触网接触线断线、倒杆或塌网。

C15. 关闭折角塞门发出列车或运行中关闭折角塞门。

C16. 列车运行中刮坏行车设备设施。

C17. 列车运行中设备设施、装载货物、装载加固材料超限或脱落。

C18. 装载超限货物的车辆按装载普通货物的车辆编入列车。

C19. 电力机车、动车组带电进入停电区。

C20. 错误向停电区段的接触网供电。

C21. 电气化区段攀爬车顶耽误列车。

C22. 客货列车分离。

C23. 发生冲突、脱轨的机车车辆未按规定检查鉴定编入列车。

C24. 无调度命令施工，超范围施工，超范围维修作业。

C25. 漏发、错发、漏传、错传调度命令导致列车超速运行。

（4）有下列情形之一，未构成一般C类以上事故的，为一般D类事故：

D1. 调车冲突。

D2. 调车脱轨。

D3. 挤道岔。

D4. 调车相撞。

D5. 错办或未及时办理信号导致列车停车。

D6. 错办行车凭证发车或耽误列车。

D7. 调车作业碰轧脱轨器、防护信号，或未撤防护信号动车。

D8. 货运列车分离。

D9. 施工、检修设备耽误列车。

D10. 作业人员违反劳动纪律、作业纪律耽误列车。

D11. 滥用紧急制动阀耽误列车。

D12. 擅自发车、开车、停车。错办通过或在区间乘降所错误通过。

D13. 列车拉铁鞋开车。

D14. 漏发、错发、漏传、错传调度命令耽误列车。

D15. 错误操作、使用行车设备耽误列车。

D16. 使用轻型车辆、小车及施工机械耽误列车。

D17. 应安装列尾装置而未安装发出列车。

D18. 行包、邮件装卸作业耽误列车。

D19. 电力机车、动车组错误进入无接触网线路。

D20. 列车上工作人员往外抛掷物体造成人员伤害或设备损坏。

D21. 行车设备故障耽误本列客运列车1 h以上，或耽误本列货运列车2 h以上；固定设备故障延时影响正常行车2 h以上（仅指正线）。

铁道部可对影响行车安全的其他情形，列入一般事故。

因事故死亡、重伤人数 7 日内发生变化，导致事故等级变化的，相应改变事故等级。

五、铁路交通事故预防与处理

为了及时处理铁路交通事故，维护铁路运输秩序，贯彻执行"安全第一，预防为主"的方针，使铁路运输更好地为国民经济建设业务，必须做到：

（1）确保行车安全，必须加强领导，坚持把安全工作摆到各级领导的重要议事日程；加强政治思想工作，教育广大职工牢固树立"安全第一、质量第一"的思想；严格遵守劳动纪律，认真执行规章制度；加强科学管理，坚持预防为主的方针，开展群众性的安全生产活动，及时消除隐患；加强职工的技术培训工作，发动广大职工努力钻研技术业务，不断提高技术水平；采用新技术、新设备，搞好设备养护维修，不断提高技术设备质量；对长期坚持安全生产和防止事故有功人员给予表扬和奖励；提高警惕，防止坏人破坏。

（2）凡在行车工作中，因违反劳动纪律、违反规章制度、技术设备不良及其他原因，造成人员伤亡、设备损坏、影响正常行车或危及行车安全的，均构成行车事故，必须按照规定处理。

（3）发生铁路交通事故，应采取积极措施，迅速抢救，尽量减少损失。要依靠群众，调查研究，找出原因，分清原因，吸取教训，制定对策，防止同类事故再次发生。对事故责任者，应根据事故性质和情节，予以批评教育、纪律处分，直至给予经济、法律制裁。事故性质、情节严重的，还要逐级追究领导责任。对已发生的事故，应按规定的时间和要求，及时上报，严肃处理。对事故推延处理，推脱责任，姑息纵容，隐瞒不报或不如实反映情况的，应予以严肃批评教育，直至纪律处分。

【拓展资源】

发生无线电故障处理

无线故障先汇报　请求命令维持行
无令前方站停车　有令按照要求行

任务三　铁路交通事故报告与调查处理

【教学目标】

1. 知识目标
（1）掌握事故报告的主要内容；
（2）了解事故调查处理程序。
2. 能力目标
能撰写初步的事故报告。

【相关配套知识】

发生铁路交通事故，特别是重大、较大铁路交通事故，往往造成列车车辆冲突、脱轨或颠覆，招致设备损坏、线路中断、人员伤亡，不仅影响铁路正常运输，而且也引起社会的严重不安。因此，一旦发生事故，必须及时采取积极措施，迅速组织抢救复旧，尽量减少损失和不良后果。

一、事故报告

事故发生后，事故现场的铁路运输企业工作人员或其他人员应当立即向临近铁路车站、列车调度员、公安机关或相关负责人报告。有关单位和人员接到报告后，应当立即将事故情况向企业负责人和事故发生地安全监管人员报告，安全监管办安全监察值班人员按规定向安全监管办负责人报告。

铁路运输企业列车调度员要认真填写《铁路交通事故（设备故障）概况表》（安监报1），分别向事故发生地安全监察值班人员、中国铁路总公司列车调度员报告。

事故发生地安全监察值班人员接到"安监报1"或现场事故报告后，要立即填写《发生铁路交通事故基本情况表》（安监报3），并向中国铁路总公司安全监察司值班人员报告。报告后要进一步了解事故情况，及时补报"安监报3"。

涉及其他安全监管办辖区的事故，事故发生地安全监察值班人员应及时将"安监报3"传送至安全监管办的安全监察部门。

中国铁路总公司列车调度员接到事故报告后，应及时收取或填写"安监报1"，并立即向值班处长和安全监察司值班人员报告；值班处长、安全监察司值班人员按规定分别向本部门负责人、中国铁路总公司办公厅部长办公室报告，由部门负责人向部领导报告。事故涉及其他部门时，由办公厅部长办公室通知相关部门负责人。

发生特别重大事故以及重大事故，由中国铁路总公司办公厅负责向国务院办公厅报告，并通报安全生产监督管理总局等有关部门。发生特别重大事故、重大事故、较大事故或者有人员伤亡的一般事故，安全监管办应向事故发生地县级以上地方人民政府及其他安全生产监督管理部门报告。

事故报告的主要内容（当事人报告的内容）：

（1）事故发生地的时间、地点、区间（线名、公里、米）、事故相关单位和人员。

（2）发生事故的列车种类、车次、部位、计长、机车型号、牵引辆数、吨数。

（3）承运旅客人数或者货物品名、装载情况。

（4）人员伤亡情况，机车车辆、线路设施、道路车辆的损坏情况，对铁路行车的影响情况。

（5）事故原因的初步判断。

（6）事故发生后采取的措施及事故控制情况。

（7）具体救援情况。

事故报告后出现新情况的，应当及时补报。

二、事故调查处理

特别重大事故由国务院或者国务院授权的部门组织事故调查组进行调查。

重大事故由国务院铁路主管部门组织事故调查组进行调查。

较大事故和一般事故由事故发生地铁路管理部门组织事故调查组进行调查；国务院铁路主管部门认为必要时，可以组织事故调查组对较大事故和一般事故进行调查。

根据事故的具体情况，事故调查组由有关人民政府、公安机关、安全生产监督管理部门、检察机关等单位派人组织，并应当邀请人民检察院派人参加。事故调查组认为必要时，可以聘请有关专家参与调查。

事故调查组应当按照国家有关规定开展事故调查，并在下列调查期限内向事故调查组的机关或者铁路管理机构提交事故调查报告：

（1）特别重大事故的调查期限为60天。

（2）重大事故的调查期限为30天。

（3）较大事故的调查期限为20天。

（4）一般事故的调查期限为10天。

事故调查期限自事故发生之日起计算。

事故调查处理，需要委托有关机构进行技术鉴定或者对铁路设备、设施及其他财产损失状况以及中断铁路行车造成的直接经济损失进行评估的，事故调查组应当委托具有国家规定资质的机构进行技术鉴定或评估。技术鉴定或评估所需时间不计入事故调查期限。

事故调查报告形成后，报经组织事故调查组的机关或者铁路管理机构同意，事故调查组工作即将结束。组织事故调查组的机关或者铁路管理机构应当自事故调查组工作结束之日起15日内，根据事故调查报告，制作事故认定书。

事故认定书是事故赔偿、事故处理以及事故责任追究的依据。

事故责任单位和有关人员应当吸取教训，落实防范和整改措施，防止事故再次发生。

国务院铁路主管部门，铁路管理机构以及其他有关行政机关应当对事故责任单位和有关人员落实防范和整改措施的情况进行监督调查。

事故的处理情况，除依法应当保密外，应当由组织事故调查组的机关或者铁路管理机构向社会公布。

任务四　铁路交通事故救援与起复

【教学目标】

1．知识目标

（1）掌握起复救援的常用方法；

（2）掌握常用复归器的使用方法。

2．能力目标

会使用常用的复归器和逼轨器。

【相关配套知识】

保持铁路运输畅通是铁路运输的关键,一旦发生重要运输中断必须积极处理,迅速恢复通车,把运输中断的时间减少到最低限度,为此,铁路运输组织中设置了事故救援列车,救援列车配备一定的人员、机具、器材,经常保持完好状态,随时准备出动。

一、事故救援列车的基本任务

(1)按照调度命令,争分夺秒抢救事故,开通线路,迅速恢复行车,以及完成调度给予的其他作业任务。

(2)负责管辖区域内救援队(班)、机车乘务员、运转车长以及车站、列检等有关人员的起复救援基本技术的训练,并负责救援队的工具、备品的配备及检修工作。

(3)经常不断地改革救援工具,研究改进救援方法,并做好救援列车设备的维修工作。

二、事故救援的基本原则

(1)坚持争分夺秒,先通后固,双线中断先开通一线的原则,强化开通意识和时间观念,做到听从指挥,遵守纪律,明确分工,各尽其责。

(2)以最短的时间起复机车车辆,修复线路,保证铁路正线、车站咽喉道岔的迅速开通,使铁路运输畅通,减少事故对整个铁路运输的干扰和影响,将事故损失降低到最低限度。

三、事故救援的基本程序和方法

(1)事故发生后,列车司机或运转车长应当立即停车,采取紧急处置措施;对无法处置的,应当立即报告临近车站、列车调度员进行处置。为保障铁路旅客安全或者因特殊运输需要不宜停车的,可以不停车。但是列车司机或运转车长应当立即将事故情况报告临近铁路车站、列车调度员,接到报告的临近车站、列车调度员应当立即处置。

需要出动救援列车时,列车调度员直接向救援列车值班人员发布救援出动命令的同时,应将事故概况尽量逐一介绍,并命令有关单位迅速召集人员出动。

(2)救援列车值班人员接到调度出动命令后,应立即召集救援列车当班和修班的专业人员,保证在 30 min 内出动。所以,应使救援列车职工,相对集中居住于救援列车附近,以保证迅速出动。

(3)事故救援班各所属单位值班人员接到调度出动命令后,救援班长应立即召集本单位救援班人员,迅速赶到救援列车处报到,有迟到或缺席人员时由所属单位负责。

(4)当出动救援列车而又需要救援队时,救援队的出动由列车调度员以命令召集。有关段、站值班员接到出动救援队的命令后,应立即通知救援队长和每个队员所属单位的值班人员,各值班人员迅速召集本单位的队员向队长报到,待命出发。

(5)救援列车出动,应有通信工、电力工和医护人员以及电气化区段的接触网工随行。

（6）救援列车出动时，所属单位领导必须随救援列车赶赴救援现场。铁路局领导是否随救援列车赶赴事故现场，可根据事故情况决定。

（7）救援列车出动时，可不挂守车，在救援列车的最前与最后部车辆上应设侧灯插座，运转车长可在设有紧急制动阀的车辆上值乘。

（8）救援列车离开停留线或赴外地工作时，必须全列车出动。

（9）列车调度员命令救援列车出动后，应促其早发车，并命令事故现场有关站长，于救援列车到达前，尽力将事故列车首、尾良好的车辆由区间或线路内拉出。

（10）救援列车到达事故现场后：

① 首先安装电话，保证事故现场与列车调度员和最近两端车站的通话联系。

② 指派人员协助随行医护人员救护伤员，根据医务人员意见，将负伤人员送往医院。

③ 根据需要接通照明、给水设备；保证蒸汽轨道起重机的补水及人员的饮食用水。

④ 装载危险品的车辆需卸车或移动时，起复前，有关单位应指派有办理危险货物经验的人员检查后，按有关规定办理。

⑤ 电气化区段的接触网工区，要服从救援列车主任的指挥，迅速查明事故现场的设备情况，为救援起复做好各项准备工作。

（11）救援列车主任职责：

① 及时协同工长及有关单位的领导，勘察事故现场地形及机车车辆、线路、设备等损坏程度，迅速确定起复方案。

② 如需要两列以上救援列车或需要增派人员和材料时，提请上级调动。

③ 救援起复方案批准后，及时通知参加事故救援工作的有关人员，使其明确起复方案，并立即开展工作。

④ 在电气化区段需要停电作业时，必须按规定办理停电手续，接到命令，做好防护后，方准作业。

⑤ 执行部、局有关安全作业规定，确保作业和人身安全。

（12）事故现场的起复工作，由救援列车主任进行单一指挥，任何人无权擅自指挥，单位和个人不准以任何借口阻碍救援起复工作，救援列车主任在执行职务时，有权拍发电报和使用调度电话以及铁路任何单位的电话。

（13）两台救援起重机同时进行起复作业时，原则上由负责本区段救援任务的救援列车主任指挥或由现场指挥部指定单人指挥。

（14）事故复旧一处，线路必须立即修复一处，不得等待全路复旧一起修复线路。线路全部修复后，救援列车应立即开往就近车站，以便通车。如线路虽已修复，而仍有破损、颠覆车辆需要起复时，应由工务部门负责修筑临时便线，继续起复工作，此时救援列车的行动，无列车调度员的命令，不得擅自转线。

（15）救援列车工作完毕，所在站应按救援列车原编组进行编组，并于列车调度员联系，迅速回送原驻地。各级机车调度员负责督促。路局调度值班主任，负责督促救援列车驻地车站值班员，对返回驻地车站救援列车，迅速送入停留线恢复整备状态。

（16）救援列车返回驻地后，救援列车主任应组织全体人员，全面总结救援工作。对工作积极、表现突出的职工，报请上级表彰奖励，对玩忽职守扩大事故损失，延误起复救援时间的单位和人员提出处理意见报所属单位，并上报铁路局。救援工作报告应与五日内，经所属单位领导审批后，上报铁路局。

四、救援事故的组织处理

以迅速开通线路为前提,对有条件开通便线行车的,要先期迅速组织拨接便线,改道开通,对少量机车车辆脱轨的,应及时组织机车自救,或组织救援队利用救援起复设备起复,将事故损失和影响减少到最低限度。

(1)列车事故发生以后,车长、列车司机和有关行车人员必须根据《铁路技术管理规程》302~304条(救援列车的开行)规定办理,做好安全防护工作。由车长和司机迅速了解事故现场脱轨情况,做出全面计划安排,确定自立起复或请求救援列车后,立即用调度电话向路局调度及邻站站长汇报事故情况,同时提出要求和处理事故的建议。

(2)凡机车和车辆在站内或区间发生事故后,救援队应紧急集合迅速赶到事故现场,了解事故情况,确定是自立起复或请求救援列车。在救援列车未到达前,做好起复前的准备工作。联系两端车站,将事故车两端未脱轨的车辆拉开送往车站,同时组织劳力把事故车的货物卸空,以利于救援列车到达后用吊车起复。

(3)事故发生后,国务院铁路主管部门、铁路管理机构、事故发生地县级以上人民政府或者铁路运输企业应当根据事故等级启动相应的应急预案;必要时,成立现场应急救援机构。

(4)现场应急救援机构根据事故应急救援工作的实际情况,可以借用有关单位和个人的设施、设备和其他物质。借用单位使用完毕应当及时归还,并支付适当费用;造成损失的,应当赔偿。有关单位和个人应当积极支持,配合救援工作。

(5)事故造成重大人员伤亡或者紧急转移、安置铁路旅客和沿线居民的,事故发生地县级以上人民政府应当及时组织开展救治和转移、安置工作。

(6)国务院铁路主管部门、铁路管理机构或者事故发生地县级以上人民政府根据事故救援的实际需要,可以请求当地驻军、武装警察部队参与事故救援。

(7)有关单位和个人应当妥善保护事故现场以及相关证据,并在事故调查组成立后将相关证据移交事故调查组。因事故救援、尽快恢复铁路正常行车需要改变事故现场的,应当做出标记、绘制现场示意图、制作现场视听资料,并做出书面记录。任何有关单位和个人不得破坏事故现场,不得伪造、隐匿或者毁灭相关证据。

(8)事故中死亡人员的尸体经法定机构鉴定后,应当及时通知死者家属认领;无法查找死者家属的,按照国家有关规定处理。

(9)遇到易燃品、爆炸品的车辆,应按规定做好安全保卫工作,并指定专人负责。

(10)行车事故造成多线堵塞时的处理。

为迅速恢复行车,在双向区段两线均堵塞时,应尽快开通一线。干、支线同时堵塞时,要尽快开通干线;站内多条线路堵塞时,应先开通正线。

五、起复救援基本知识

1. 救援列车的开行

车站值班员接到运转车长、司机或工务、电务部门人员的救援请求后,应立即报告列车调度员。列车调度员应向有关车站发布命令封锁区间,并派出救援列车。

向封锁区间发出救援列车时,不办理行车闭塞手续,以列车调度员的命令,作为进入封锁区间的许可。

当列车调度电话不通时,应由接到救援请求的车站值班员根据救援请求办理,救援列车以车站值班员的命令,作为进入封锁区间的许可。

司机接到救援命令后,机车乘务员必须认真确认。命令不清、停车位置不明确时,不准动车。

救援列车进入封锁区间后,在接近被救援列车或车列 2 km 时,要严格控制速度,同时,使用列车无线调度电话与请求救援的机车司机进行联系,或以在瞭望距离内能够随时停车的速度运行(最高不得超过 20 km/h),在防护人员处或压上响墩后停车,联系确认,并按要求进行作业。

救援列车的出发或返回,均应通知列车调度员及对方站。如事故现场设有临时线路所时,车站值班员应与发车前,征得线路所值班员的同意。

在事故调查委员会人员到达前,站长或车站值班员应随乘发往事故地点的第一列救援列车(分布运行时挂取遗留车辆的机车除外)到事故现场,负责指挥列车有关工作。

2．救援起复工作的安排

事故救援列车到达事故现场后,应由救援列车的主任统一组织指挥事故救援起复工作,及时与列车调度员和最近两端车站保持通话联系,指派人员协助随行医护人员救护伤员,并将负伤人员设法送往附近医院;同时会同现场有关人员彻底了解事故周围地形与机车车辆及线路损坏程度,决定起复方案,时间不超过 15 min,并立即组织起复工作。

救援起复工作,以先开通线路为首要任务,尽量设法减少中断线路行车时间。根据机车车辆脱轨、颠覆事故的具体情况,起复工作一般采用改道、翻车、移车、复轨 4 种方法。

(1)改道:是在发生严重的列车颠覆事故时使用的方法。把阻碍行车部分的线路或道岔截断,用拨道或铺设一段短线与其他临近线路相接,开通线路,恢复通车。

(2)翻车:脱线的机车车辆严重破损,阻碍了行车,这时可以使用千斤顶将破损机车车辆暂时翻出线路外方,或用钢丝绳兜住破损机车车辆的一侧,用拖拉机或人力拉出线路外方以开通线路,恢复行车。

(3)移车:脱线的机车车辆没有破损或轻微破损,妨碍线路恢复时,可用起重机或千斤顶,将脱线的机车车辆移出妨碍线路位置,恢复通车。

(4)复轨:机车车辆发生轻微脱线时,可使用复轨器进行起复。常用的复轨器有海参形和人字形两种,海参形复轨器,体小轻便,适用于脱线车轮距钢轨较近的起复工作;人字形复轨器适合于脱线车轮距钢轨较远的起复工作。

3．起复作业的组织准备工作

(1)先了解事故情况,确定起复计划,提出时间要求,明确分工,由车长、司机、救援队长或具有起复经验的人统一指挥。

(2)起复车辆时,如是重车则需要卸车(空车便于起复)。

(3)根据事故车的脱轨方向和距离基本轨的远近放置复轨器。

（4）起复方法多数是按照原来的脱轨方向放置复轨器，或将脱轨器拉进基本轨附近，再安放复轨器进行复轨。

4．起复时的安全注意事项

（1）起复工作应由一人统一指挥，不得乱指挥和显示信号。

（2）机车和车辆发生脱轨后，大多数车辆都有不同程度上的倾斜度，在工作时应特别注意，在起复前应先察看车轮的倾斜度，看哪边离基本轨近，再确定起复拉车方向。而一般的规律枕木都要压道槽，因此顺道槽往回拉是正常的。

（3）利用钢丝绳拉事故车时，必须慢慢用力，严禁猛拉，以防钢丝绳折断伤人。机车牵引速度应缓慢，防止车轮越过复轨器，不上基本轨。而且工作人员必须离开事故车辆周围，防止钢丝绳折断和车轮压滑物体（如石子）飞出伤人。

（4）无论使用什么类型的复轨器，在拉前应在复轨器上加放油，以便车轮易滑上道。自事故车轮至复轨器之间应铺垫石砟将枕木盖严，以减少阻力，保护枕木，防止车轮前进变向。利用复轨器起复机车车辆，在牵引时，工作人员应离事故车稍远的地方，切勿蹲在复轨器旁，以防由于事故车翻倒和石砟等物被挤压，飞出伤及身体。

（5）利用千斤顶起复脱轨车辆一端时，另一端车轮必须加止轮器，起落横移时必须由一人指挥。

（6）事故车辆起复作业前，在有列检员的车站，应通知列检人员参加起复工作和起复后的车辆检查工作。在无列检人员的车站，事故车辆起复后，必须通知附近列检人员对事故车辆检查后，方准投入运用。事故车辆前后必须设立防护，并指定专人负责看守。

5．起复基本程序

（1）先将未脱轨的车轮用卸木在轨道上呈对角垫好，并在支承端排除横推卡阻物体。

（2）将轮对与车体相互固定。若脱线的是轨道车，应将插销插入连接杆的孔内，或扭转专用螺母，使转向架与车体相互固定；若脱线的是平板车，应使用专用卡具将转向架与车体相互固定。

（3）检查车轴下空间高度，应满足顶举油缸和垫木的高度。如不满足，应先升起四角，将车轮垫高，如支撑位在道心，必要时应先掏去枕间道砟。

（4）将复轨器底座搬入脱轨车轴下方，横推油缸活塞杆指向需横推的方向，下垫木板，调整压实，调节顶举油缸顶冒，使与车轴接触，并顶于车轴中心与齿轮箱之间。如起复的是平板车，顶举油缸应顶在车轴中心。

（5）用高压油管的快速接头分别将手动高压油泵与两油缸连通，并关闭卸荷油开关。

（6）给顶举油缸泵油，顶起车体至车轮缘，高出轨面 15~20 mm 后，再给横推油泵泵油，横推到位并找正。松开顶举手动油泵的卸荷放油开关，塞杆降落，车轮慢慢落下，完成一端的复轨动作。当车体顶起后，要保证复轨器呈水平，倾向角度不得大于 5°。在有荷载时忌将快速接头卸下，以免发生机械损坏事故。

（7）松开横推手动油泵的卸荷开关，横推油缸在弹簧的作用下自动回位。随后抬高油管使液压油回至油箱，关闭两手动油泵的卸荷开关，取下软管，撤出底座、顶举油缸、斜木等用具。液压复轨器的最大横向行程一般为 300 mm，最大顶举高度为 240 mm，因此在复轨作业时，可再做一次，直至完成；若全车脱轨时，应在一端回位后，再复位另一端。

6．电力机车发生脱轨时的起复

（1）电力机车发生轻微的脱轨时，可以发挥电力机车牵引力大的特点，利用本身的拉力起复。

（2）发生一般严重的脱轨时，要采用顶、拉的办法使其复轨，同时要正确使用复轨器。

（3）当电力机车脱轨或颠覆斜倒，而使用起重机吊复正位时，均应使用特制的支持梁和吊具，避免作业中钢丝绳割坏车体扩大损坏。

六、救援设备的配备

为及时处理行车事故，起复机车车辆，消除线路故障，保证迅速恢复行车，应在沿线适当地点指定备有各种救援设备，包括事故救援列车、电线路修复车、接触网检修车等。

（1）事故救援列车是专为处理机车车辆颠覆、脱轨事故而设置的，一般都配备有轨道起重机、千斤顶、复轨器等工具以及钢轨、枕木、鱼尾板、道钉等器材，以便及时起复机车车辆，清除线路上的障碍，并修复开通线路，保证迅速恢复行车。为保证事故救援列车能够迅速出动，其固定停放的线路，必须两端均可开入区间。

（2）电线路修复车是专为修复受自然灾害或其他原因造成损坏的信号、通信线路而设置的。

（3）接触网检修车是专为在电气化铁路上因各种原因发生接触器断线、电杆及铁路塔倒伏、瓷瓶破损等不正常情况下，进行检修而专门设置的。

为保证尽快恢复设备的使用和列车正常运行，上述 3 种救援设备在接到救援命令后，要求在 30 min 以内出动。为此，这些救援设备均应设置在指定地点，并应经常处于整备待发状态。其工具、器材均应保持齐全、整洁，作用良好，除执行任务时使用外，日常不准随意动用，执行任务后短缺的工具和器材应及时补齐。

1．海参形复轨器的使用方法

（1）海参形复轨器分内、外侧两种，其顶部比内侧较高，要注意选择使用。

（2）使用时，外侧复轨器应安装在钢轨外侧与基本轨密贴。内侧复轨器安装在钢轨内侧与基本轨保持 35～40 mm 的间隙，以便轮缘通过。安装复轨器时，要安装在两轨同侧面贴的两根枕木上（要避开鱼尾板，有轨撑时要拆除）。两复轨器要对称安装。如遇水泥枕时，可在水泥枕间串木枕使用。

（3）复轨器安装后，必须装好螺栓卡子，用道钉固定好，以防使用时滑动，复轨器顶部须涂油，脱轨车轮至复轨器之间应用石砟及铁板垫好以减轻阻力和防止轧坏枕木。

（4）使用复轨器时，脱轨车轮距基本轨不得超过 150 mm，如超过，可采用钢丝绳拉轴箱或逼轨的办法，使车轮靠近基本轨后再进行起复。

2．人字形复轨器的安装及使用方法

（1）安装方法。

在脱轨车辆复轨牵引方向的一端，按照车轮距钢轨的距离，选择同一个枕木，将复轨器以大筋在钢轨外侧（或称左人右入）的安装位置，其尾部须与枕木边相齐，使圆销孔在枕木

下，然后插进圆销，再在头部与钢轨顶接触处垫上防滑木片或棉丝、破布等，填好石砟，以防车轮通过时轧翻复轨器。

（2）使用方法。

① 人字形复轨器分为左右侧两个形状，从正面看，它的引导楞是外股长、内股短，形成"左人右入"的形状。使用时将长引导楞安装在钢轨外侧，短引导楞装在钢轨内侧。

② 使用时，必须安装在拉车前进的方向，左、右分开摆齐（要躲开鱼尾板，有轨撑时要拆除），将安装复轨器尾部的石砟挖出，装好穿销，拧紧顶丝固定好，复轨器下部的空处用石砟铁板等垫实，复轨器的前端与钢轨面接触，可垫少量棉丝、砂粒、木片等物，以防使用时滑行。

③ 使用时要注意使脱轨车轮距基本轨不得超过 240 mm，如超过，可采用"拉"和"逼"的方法使车轮靠近基本轨，然后进行起复。

④ 脱轨车轮至复轨器间用石砟、铁板等物垫好，以减少起复时的阻力或损坏枕木。

3．逼轨器的使用方法

机车车辆脱轨后车辆倾斜较大时（距基本轨较远时），需用逼轨器把车轮逼向基本轨后用起复器起复。若在水泥枕和钢轨上使用时，一端用钩丝把逼轮钢轨同基本轨固定在一起，另一端用轨距杆和基本轨连接即可；如在枕木上使用，也可用钉把逼轨钢轨钉在枕木上使用。

逼轨器是一根普通短钢轨，用来迫使车辆靠近钢轨之用。逼轨器安装于线路中心斜向位置。一端伸向车轮内侧，另一端置于复轨器引导楞内侧（复轨器端应距基本轨有 150 mm 的间隙），用道钉钉在枕木上或用卡子与基本轨相连，其长度为 2~3 mm（如遇钢枕、水泥枕无法固定时，就在两枕中间加上枕木，以便使逼轨器固定）。

4．液压破切设备

液压破切设备也是救援列车的基本设备之一。其工作原理是由电动机带动液压泵，产生高压油，驱动液压剪，剪开破损变形的机车车辆钢板或钢梁，救出被困的受伤人员。

在使用时，每季度均要对液压复轨器进行一次起复试验，并做好记录，确保液压复轨器状态良好。

七、几种典型事故的安全防范措施

1．防止机车车辆冲突脱轨事故的安全措施

严格执行行车作业的标准化，认真落实非正常行车安全措施，加强机车车辆检修和机车出库、车辆列检的检查质量，提高线路道岔保养质量，加强货物装载加固措施和商检检查作业标准等。对车辆转向架侧架、摇枕实行寿命管理，凡使用年限超过25年的配件全部报废；车辆入厂、段检修时，转向架除锈后还应进行翻转分解探伤重点检查，以及加强制动梁端轴分解探伤检查等。

加强停留机车车辆的防溜措施。编组站、区段站在到发线、调车线以外线路上停留车辆，应连挂在一起，并须拧紧两端车辆的手制动机，或以铁鞋牢固固定。中间站停留车辆，无论

停留线路是否有坡道，均应连挂在一起，拧紧两端车辆的手制动机，并以铁鞋牢靠固定。车站对停留车辆防溜措施的执行情况每天要实行定期检查。机车在中间站停留时，乘务员不得擅自离开机车，并保持机车制动。

２．防止机车车辆伤害事故的安全措施

提高安全意识和自我保护意识，确保作业人员班前充分休息；班中严格遵章作业，线上施工作业确保 2 人以上，加强安全防护，来车按规定提前下道等。健全道口安全管理制度，认真落实道口员岗位责任者，加强瞭望和防护，提前立岗，完善道口报警和防护安全设施；开展治安联防，加强与地方的安全联控，共同落实道口的安全防范措施。

３．防止电气化铁路接触网触电伤害事故的安全措施

电气化铁路上网作业前必须先停电后作业，并落实接地和作业区段安全防护措施，作业人员防护措施和绝缘工具必须检测，使之可靠良好。车站对作业区段的进路、道岔要落实锁闭，防止电力机车错误进入停电检修作业区。在列车发生火灾、爆炸等事故及车辆顶部和货物发生异状情况时，必须先断电后处理，并及时将肇事车辆调入无电线路，待处理妥当，人员撤离后方可恢复供电。

４．防止营业线施工事故的安全措施

施工实行分级管理，分别由负责部门领导负责对施工计划安排、组织实施、安全防范、现场指挥和质量验收，实行全过程组织实施和监督把关，落实责任，确保安全。严格按施工计划施工，实行施工组织单一指挥，按规定距离设置防护信号，保证施工联系畅通，加强施工中相关工作的联系协调，严格落实施工安全措施，施工后必须严格确认具备放行列车的开通条件，方可按允许运行速度放行列车。原则上施工后放行第一趟列车不安排旅客列车；线路允许速度必须根据运行条件逐步提高，严禁盲目臆测放行列车。施工机具、设备必须统一管理，专人负责检修、保养及使用，保证状态良好。机具、设备下道必须存放稳妥，严禁侵入限界；机具、设备上道使用，必须落实专人防护措施。

【拓展资源】

救援工岗位

命令下达迅速传　　快速出动保畅通
现场勘查方案全　　网下作业把电停
指挥信号标准化　　吊具索具牢拴挂
人员持证劳保戴　　登高系牢安全带
吊复作业防倾翻　　十不吊挂记心间
司机动车把笛鸣　　吊物离地随时停
拉顶吊复交叉干　　两标作业常呼唤
起复开通点记清　　上报总结待令行

【项目小结】

本项目重点学习电力机车乘务员在安全生产中应注意的事项，铁路行车事故类别及各类事故的构成条件，行车事故的通报规定，铁路行车事故救援的基本任务、原则、程序及其处理方法，起复救援的一些基本知识及部分救援设备的使用方法等。重点掌握在电力机车上工作应注意的安全事项，电力机车防火措施与救火应注意事项、用电与防止触电措施及触电后的处理；铁路行车事故的划分；行车事故的通报规定、铁路救援的基本程序，起复救援的基本知识等。

总之，通过行车安全知识的学习，掌握电力机车乘务员安全生产的基本知识，树立"安全第一，预防为主"的观念。以安全促生产、以安全促效率，提高铁路管理水平、生产效率及经营效益，满足社会需要，促进国民经济的发展。

【复习思考题】

1. 简述机务部门在安全生产中的地位和作用。
2. 电力机车乘务员有哪些基本要求？
3. 电力机车乘务员在机车上工作时需要遵守哪些安全规定？
4. 电力机车乘务员在本段和折返段外工作时，有哪些安全规定？
5. 电力机车发生火灾时，机车乘务员需要做哪些措施？
6. 电力机车防火措施有哪些？
7. 防止触电的主要措施是什么？
8. 铁路交通事故分几类？
9. 事故救援的基本程序和方法是什么？
10. 救援起复基本程序是什么？
11. 救援起复主要有哪些方法？
12. 电力机车脱轨时应如何救援？
13. 说明海参形复轨器的使用方法。
14. 说明人字形复轨器的使用方法。

项目六　电力机车检查与保养

【项目描述】

本项目主要学习电力机车乘务员机车检查的基本知识和基本技能。电力机车检查和保养工作是机务工作中非常重要的一部分，直接决定着机车状态的好坏，影响铁路行车安全。

【教学目标】

1. 知识目标

（1）掌握电力机车检查的基本知识；

（2）掌握机车检查的顺序和主要内容；

（3）掌握电力机车自检自修的基本方法；

（4）了解电力机车检查的项目和内容。

2. 能力目标

（1）会对机车进行初步的检查；

（2）会正确使用相关检查工具；

（3）会更换闸瓦和车钩。

【相关知识】

电力机车在运用过程中，受运用时间和各种因素的影响，机车上的电器设备会出现故障，各转动滑动部件和走行部会出现一定程度的磨损，甚至损坏，同时机车运动部件的润滑油也将减少或变质。所有上述异常状态均影响机车的使用寿命，并危及行车安全。因此，对运用机车进行定期检查、给油、整修，做到早期发现不良处所，及时处理，是提高机车质量、保证运输安全的重要工作。

造成机车技术状态下降的原因主要有：机车运用中受到的振动力破坏、机车运用中的自损耗、机车制造修理中造成的缺陷；机车维修、机车操纵和保养方面的缺陷等。

任务一　电力机车检查的基本知识

【教学目标】

1. 知识目标

（1）掌握机车检查的顺序；

（2）掌握机车检查的方法。

2. 能力目标

针对不同部件，会运用相关的工具进行检查。

【相关配套知识】

一、电力机车检查的形式

一般电力机车的检查按时间分为日常检查和定期检查；按检查的形式分为静止检查和动态检查。

（1）日常检查：机车每完成一个交路后入段进行整备作业的检查或在中间站接班、在外段整备作业中由乘务员进行的检查。

（2）定期检查：机车每运用一段时间或完成一定的走行公里后对机车进行的较大范围的检查。

（3）静止检查：机车在无动力、无电源的检查。

（4）动态检查：机车在牵引列车的运行中对机车的巡视或停车后马上对有关发热部件的检测。高、低压试验，对控制电路来说是动态试验；对主电路来讲是动态下的空载试验。

二、电力机车检查的分工

（1）司机负责机车内部、顶部的检查（机车顶部检查下班时进行）、制动机和高、低压试验，对机车发生的故障进行判断，指导学习司机正确、可行地处理好机车故障，维持列车运行。

（2）学习司机负责机车下部的检查和机车的全面给油工作，协作司机做好高、低压试验；并在司机的指导下，及时正确地处理好机车故障，保证行车安全。

三、电力机车检查应遵守的规定

（1）检查顺序熟练不乱，名称、术语、技术参数正确无误，不漏检、不错检。

（2）步阀、锤击、动作、顺序协调一致，做到由上而下，由里往外，由左到右，以检、听、嗅、摸、测、撬、晃等方式进行检查。

（3）一般检查时，左手拿电筒，右手握检查锤。正规检查时，电筒和检查锤不能倒手，不能触地。放置电筒、检查锤要有固定位置，做到光照、目视、锤击一致，动作协调。

（4）检查低矮零件时，做到一腿半屈，一腿稍弓，斜身向着部件检查。

（5）检测内侧部件时，做到两腿叉开，上身前探。

（6）检查部件底部时，对较高的部件直身仰视检查，对较低的部件采用下蹲仰视。

（7）使用仪器测量时（乘务员不用），必须按其使用规定进行。

四、电力机车检查的方法

机车检查的基本方法一般有：目视法、锤检法、手检法、测量法和耳听、鼻嗅法等。

1．目视法

主要检查各种仪表的指针、铅封、漆封是否齐全和完好；各种扳钮、闸刀开关、塞门位置是否良好和正确；各部件有无断裂、变形、泄漏、脱落；各种电器导线的绝缘连接、触点接触状态是否良好。

2．锤检法

（1）锤击：适用于检查各部件的紧固螺丝、螺钉。敲击螺栓和螺钉时，应向紧固方向敲击，以免把紧固的螺栓、螺钉敲松。锤击检查法主要是靠锤击的声音、锤力的传递和另一只手直接接触被敲击处的感觉来判断螺栓、螺母的紧固程度。

（2）锤触：对于一些直径较小的管路和卡子，以及不宜锤击的螺钉或脆弱的部件，可用检查锤轻轻触动，观察其是否泄漏或松动。

（3）锤撬：以锤柄或锤尖撬动部件，用以检查连杆间的横动间隙，齿轮的轴向、径向间隙，及牵引杆和销子的活动量等。

3．手检法

（1）手动检查法：对锤击易损坏的部件，应用手动检查法进行检查。如：较小的螺钉、管接头，用手旋拧观察其是否松动或泄漏；对电器部件的接线及绝缘的螺栓、螺钉等，用手扳动，观察其牢固程度；对排水阀及手把、手轮、开关等应用手扳动，切勿锤击，以免损坏；对各传动轴、齿轮，应用手晃动，观察其横动量及啮合间隙，切勿锤击。

（2）手触检查法：适应于检查发热的各轴箱、轴承等部件，用手背或手指触及发热处，以感觉其温度。手触检查应在停车或停机后马上进行。

4．万用表、兆欧表、试灯检查法

适用于检查有关电器部件的线路短路、接地；各继电器、接触器接触状态及故障处所等。

5．量具检查法

专业人员用量具进行检查的方法。

6．耳听、鼻嗅法

凭听觉或借锤击声判断运转部件有无异音或异常；用鼻嗅感觉判断部件及电器装置有无发热、烧损现象。

7．复印检查法

机车检查无此方法。将复印纸放在触头中间，使其闭合，将其痕迹复写，以检查接触面状态。

8．透光检查法

该方法是在待查触头下放一光源,当触头闭合时,在上方观察光线的穿透情况,以检查触头的接触状态。

9．诊断技术检查法

该方法是一种新型微机智能检查方法,既能检查出故障缺陷程度,又能判断出继续使用的寿命,从而根据检查的状态参数确定修理方法和修理时间。

五、电力机车检查的注意事项

(1) 车顶检查作业必须在安全作业区内,办妥停电手续,挂好接地线后进行。上车顶必须从车顶门登上,严禁于其他部件爬上车顶。在检查中,注意防止跌落和摔伤,确保人身安全。

(2) 当机车受电弓升起时:禁止进入高压室、变压器室,禁止开启防护高压用的护板、外罩及电机整流子盖,禁止检查与修理电力机车车体下面的电器设备。

(3) 机车检查前必须遵守"先联系,后检查"的制度,并通知有关作业人员在操纵手柄处,挂好"禁动"标志。检查带电部件和转动部件时,禁止手触,防止触电和挤伤。

(4) 检查机车时,应做到:顺序不乱、不错不漏、姿势正确、步阀不乱、锤分轻重、目标准确、眼看耳听、仔细周到、耳嗅手触、灵活熟练、消除隐患、保证质量。

(5) 检查带有压力的管子、细小接头螺母、光洁度高或有镀层的零件表面时,禁用锤击。

(6) 用手晃动、拍击、拧动零件时,不要用力过猛,以防损坏部件;尤其是检查接线头与紧固件松紧时,要顺时针推动。

(7) 检查加铅封、漆封的零部件时,严禁随意破坏,若运行中有故障被迫破封处理时,应记载于运行日志中。各种保护装置,不得任意调整其动作值。

(8) 机车检查时,要注意安全,严禁跳跃地沟。

(9) 司机升弓做高压试验前,必须确认各高压室和地沟无人,并例行呼唤应答和鸣笛,以确保安全。

(10) 各部件检查完毕后,必须恢复定位。

【拓展资源】

电力机车车顶检查分闸作业

断电降弓报股道　人员登记不能少
备品用前需检查　无损无漏穿戴齐
确认股道受电弓　手比呼唤应答到
安全互控常提醒　前后禁动防护牢
开关断开不停留　登顶人员箱锁牢
双弓断开不停留　地线挂牢监护到

任务二　电力机车检查

【教学目标】

1. 知识目标

（1）掌握 HXD_3 型电力机车换班站检查项目；

（2）掌握 HXD_3 型电力机车检查顺序；

（3）了解掌握和谐型机车 C1~C6 级计划预防修理制度。

2. 能力目标

针对不同部件，会运用相关的工具进行检查。

【相关配套知识】

一、电力机车的日常检查

1. 交接班检查

（1）机车到达本次交路终点站并入段后，乘务员、机车保养人员要按照分工，抓紧时间详细检查各摩擦、转动部分及各电机的温度，并做好整台机车的检查、修理、试验、给油、清扫工作，然后将发现的问题和处理的情况详细填写交接班记录，为接班乘务员打好基础。

（2）接班检查要简单明了，重点突出，作业时间不宜过长，以免造成机车迟拨。为此，接班与交班检查要明确分工，接班者应特别注意与行车安全有关的设备作重点检查，确认机车的整备状态，并详细了解机车在上一班的运行状况，认真阅读交班记录。

表 6-1 为 HXD_3 型电力机车换班站检查项目。

表 6-1　HXD_3 型电力机车换班站检查项目

职　名	部　位	检查内容
本务司机	上部	受电弓状态；控制电器柜、空气制动柜、各辅助机组、空气压缩机、各保护电器开关位置；行车安全装备等
学习司机（非操纵司机）	下部	轴箱温度、轮缘润滑装置、轴箱弹簧、制动盘可见部分、砂箱、轴箱拉杆、牵引杆吊索、车钩及列车管的连接、折角塞门等

2. 运行途中的检查

（1）学习司机负责机车走廊巡视检查，其检查的时机由各段在操纵示意图中规定。一般要在始发站出站后和每次通过分相绝缘器后，以及机车有异常状态时进行巡视检查。走廊巡视检查时，应在列车出站后开始，于到达前方站前返回，保证二人确认进站信号，去走廊巡视检查时，要先于司机联系，尽量保证各手柄位置稳定。在检查中发现有不良情况时，要立即向司机报告，二人密切配合，尽量维持运行，对能处理的要及时果断处理，防止事故扩大。

（2）中间站停车时，应下车检查走行部，确认轮箍有无弛缓，踏面有无擦伤、剥离，轮缘润滑是否良好；轴箱温度是否正常，有无漏油现象，弹簧装置是否良好，闸瓦及基础制动装置有无不良现象，各管路系统及主变压器外壳是否有漏油，速度表传动装置等是否良好。

二、电力机车检查顺序

电力机车静止检查要遵循自上而下、由内向外、由左向右的检查顺序，这也是乘务员进行电力机车静止检查时所必须掌握的基本内容。实行轮乘制的机务段，机车静止检查工作由地勤检查人员和乘务人员按部分分工进行，具有检查专业化、制度化、规范化、检查质量高、不漏检等优点。但作为机车乘务员，除掌握电力机车静止检查外，还应掌握机车动态情况。它关系到机车运行中的安全。

HXD_3 型机车全面检查路线如图6-1所示。

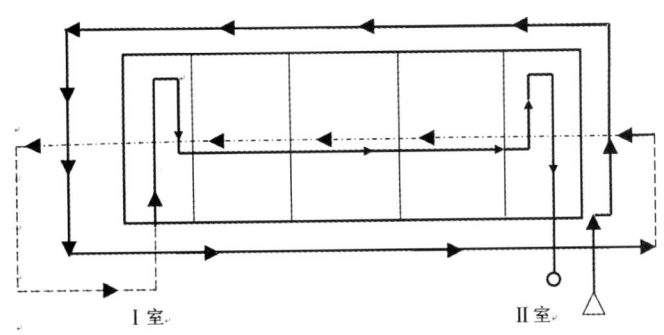

图 6-1 HXD_3 型机车全面检查路线

说明：1. 始点△；终点○；——检查走行线；----空走走行线；-·-·-·地沟走行线；

2. 机车Ⅱ端部△—右侧走行部—机车前部—左侧走行部—车底部—司机室—机械间走廊两侧—司机室—制动机试验—高压低试验。

机车乘务员做机车检查时，最基本的要求是不能漏检。请参考 HXD_3 型电力机车检查项目，如表6-2、6-3、6-4、6-5所示。

表6-2 Ⅰ端司机室内检查项目和内容

部位	序号	部件名称	检查内容及要求	方法
司机室后部	1	多功能饮水设备	设备安装牢固，电源器件无损坏，无放电，开关接触良好	目视手动
	2	空调机控制箱	各旋钮位置正确	目视
	3	灭火器	放置牢靠，外观无损伤，安装带扣环，锁扣良好，铅封良好，喷嘴清洁无堵塞	目视手动
	4	座墩	安装牢固，坐垫、靠背无破损	目视手动
	5	紧急放风阀	阀体管路无裂漏，铅封良好	目视

续表

部位	序号	部件名称	检查内容及要求	方法
司机室后部	6	接线端子柜	安装良好,无破损、松脱	目视手动
	7	左前侧窗	玻璃无破损,安装牢固	目视手动
	8	左壁炉	安装牢固,外罩无变形、裂损、松动,接线良好	目视手动
	9	左前窗遮阳帘	窗帘布无破损,导轨槽牢固、平直,上下拉动时作用良好	目视手动
	10	机车信号灯	灯头玻璃齐全,插座及接线良好	目视手动
	11	制动机显示屏	显示屏无破损、表面清洁,功能键无破损	目视手动
	12	监控显示屏	显示屏无破损、表面清洁,功能键无破损	目视手动
	13	多功能组合模块	各表完整,表针显示正确,表验日期有效,紧急停车按钮在正常位,状态指示灯面板无破损	目视手动
	14	微机显示屏	灯头玻璃齐全,插座及接线良好	目视
	15	无线调度装置	设备完好、清洁,各功能键无破损	目视手动
	16	压力仪表模块	各表完整,表针显示正确,表验日期有效	目视
	17	复位按钮、风笛按钮	按钮作用灵活、无卡滞	目视手动
	18	电控制动控制器	控制器手柄在各档位之间动作灵活,无机械卡滞现象,各管路无漏风现象	目视手动
	19	司机扳键开关	扳键作用灵活,箱内接线良好,开关箱钥匙位置正确	目视手动
	20	司机控制器	外观良好,动作灵活,无机械卡滞现象,凸轮装置,各动静触头及接线均良好,位置正确	目视手动
	21	定速控制、过分相按钮	按钮作用灵活、无卡滞	目视手动
	22	风笛按钮	按钮作用灵活、无卡滞	目视手动
	23	冰箱柜及空气管路	门锁握柄作用正常,门开关灵活,冰箱门关闭严密,塞门位置正确	目视手动
	24	重联电话	设备完好、清洁,电话线无破损	目视手动

续表

部位	序号	部件名称	检查内容及要求	方法
司机室后部	25	电源插座	插座安装牢固，接线无松脱，无放电、烧损痕迹	目视手动
	26	壁炉	安装牢固，外罩无变形、裂损、松动，接线良好	目视手动
	27	脚踏沙阀、速度控制阀、风笛	脚踏安装牢固、动作灵活、无卡滞	目视手动
	28	万能转换开关	开关安装牢固、动作灵活、位置正确	目视手动
司机室前部	29	接线端子柜	安装良好，无破损、松脱	目视手动
	30	右前侧窗	玻璃无破损，安装牢固	目视手动
	31	司机座椅	安装牢固，坐垫、靠背无破损，升降、转动作用灵活	目视手动
司机室顶部	32	前照灯	室内护罩密封良好，检查门严密	目视手动
	33	空调、风扇	安装牢固，扇叶无变形，外罩无损伤，接线良好	目视手动
	34	顶板照明灯	灯罩无破损，安装牢固，照明良好，无脱落	目视

表 6-3 机械部检查项目和内容

部位	序号	部件名称	检查内容及要求	方法
机械间	1	机械室门	门开关灵活，关闭严密	目视手动
	2	第一牵引风机	安装螺丝无松动，无烧损放电痕迹，接线良好	目视手动
	3	防滑电磁铁	电源线无烧损放电痕迹，接线良好，空气管路无泄漏	目视手动
	4	顶部照明灯	安装牢固，灯罩无变形，灯玻璃无破损，电线连接良好	目视手动
	5	衣柜	门开关灵活，关闭良好	目视手动
	6	卫生间	门开关灵活，内部清洁、干燥	目视手动
	7	通讯设备及工具柜	设备安装牢固，铅封良好，工具摆放整齐，清洁、通风干燥	目视手动

续表

部位	序号	部件名称	检查内容及要求	方法
机械间	8	蓄电池箱及滤波柜	接线无破损,无放电痕迹,蓄电池无漏液现象,安装螺丝无松动	目视手动
	9	第二牵引风机	安装螺丝无松动,无烧损放电痕迹,接线良好	目视手动
	10	防滑电磁铁	电源线无烧损放电痕迹,接线良好,空气管路无泄漏	目视手动
	11	第三牵引风机	安装螺丝无松动,无烧损放电痕迹,接线良好	目视手动
	12	防滑电磁铁	电源线无烧损放电痕迹,接线良好,空气管路无泄漏	目视手动
	13	TAMS柜及ATP装置	设备安装牢固,铅封良好、清洁、通风干燥	目视手动
	14	电器控制箱	各自动开关、隔离开关在正常位,无卡滞,仪表玻璃无破损,表针显示正确,表验日期有效	目视手动
	15	左侧受电弓、主断功能模块	各塞门位置正确,标牌清晰,管路无漏风现象,电磁阀接线无松脱	目视手动
	16	自动过分相装置	钮子开关位置正确,接线无松脱	目视手动
	17	TAMS柜及ATP装置背后接线	接线卡子无松动、安装螺丝牢固	目视手动
	18	右侧复合冷却器通风机组	风机安装螺丝牢固,电机接线无烧损,接线无松脱,冷却管路安装螺丝牢固,无漏液现象	目视手动
	19	高压电流互感器	二次引线连接件无松动及表面无氧化接触不良现象,紧固夹件及安装接线盒牢固	目视手动
	20	行灯插座	安装牢固,无烧损现象	目视
	21	防滑电磁铁	电源线无烧损放电痕迹,接线良好,空气管路无泄漏	目视手动
	22	左侧变流器柜	接线端子安装牢固,电线无变色,卡子无松动,管路法兰部无漏液,柜表面无变色变形	目视手动
	23	右侧变流器柜	接线端子安装牢固,电线无变色,卡子无松动,管路法兰部无漏液,柜表面无变色变形	目视手动
	24	左侧复合冷却器通风机组	风机安装螺丝牢固,电机接线无烧损,接线无松脱,冷却管路安装螺丝牢固,无漏液现象	目视手动

续表

部位	序号	部件名称	检查内容及要求	方法
机械间	25	右侧受电弓、主断功能模块	各塞门位置正确,标牌清晰、管路无漏风现象,电磁阀接线无松脱	目视 手动
	26	复轨器、止轮器	安装牢固,螺丝紧固	目视 手动
	27	第一压缩机	外观完好,无破损,安装座螺栓孔无裂纹,安装螺丝紧固,油位符合标准,各风管接头无裂漏,安全阀状态良好,电机接线盒接线无松脱,无破损,无烧损,放电痕迹	目视 手动
	28	控制风缸及弹停风缸	风管无泄漏,塞门位置正确	目视 手动
	29	第四牵引风机	安装螺丝无松动,无烧损放电痕迹,接线良好	目视 手动
	30	防滑电磁铁	电源线无烧损放电痕迹,接线良好,空气管路无泄漏	目视 手动
	31	第五牵引风机	安装螺丝无松动,无烧损放电痕迹,接线良好	目视 手动
	32	防滑电磁铁	电源线无烧损放电痕迹,接线良好,空气管路无泄漏	目视 手动
	33	空气干燥系统	空气干燥系统无泄漏,电线路无烧损,各塞门位置正确,高压安全阀动作是否灵活	目视 手动
	34	总风缸	管路接头无漏风,排水阀位置正确	目视
	35	复轨器、止轮器	安装牢固,螺丝紧固	目视 手动
	36	防滑电磁铁	电源线无烧损放电痕迹,接线良好,空气管路无泄漏	目视 手动
	37	空气制动管路柜	管路柜各模块塞门位置正确,风表仪表玻璃无破损,表针显示正确,表验日期有效,电源接线无断线、烧损现象,管路接头无漏风,辅助压缩机油位正常	目视 手动
	38	第六牵引风机	安装螺丝无松动,无烧损放电痕迹,接线良好	目视 手动
	39	机械室门	门开关灵活,关闭严密	目视 手动

表 6-4 车下和转向架检查项目和内容

部位	序号	部件名称	检查内容及要求	方法
Ⅱ端司机室外侧正面	1	上部	大灯、前窗玻璃、雨刷、路徽无破损、开焊、丢失、变形	目视
	2	中部	副灯、标志灯、玻璃完整、灯泡良好、扶手无开焊	目视
	3	重联插座	外观完好，插座及盖作用良好，插座清洁、牢固	手动目视
	4	制动管软管、总风联管软管、制动平均管软管	各折角塞门手柄动作灵活，接头无泄漏，安装座U形卡子良好，螺丝紧固。 软管无硬化、老化、破裂和凸凹现象，水压试验不过期，软管安装卡子完好，螺丝紧固，软管连接器无开焊、裂纹，软管皮圈无断裂，软管角度正确，放风试验，风管畅通 软管试压为3个月，软管安装角度为45°	目视测量手动
	5	车钩	提杆座牢固，无开焊，钩提杆无弯曲、变形，在防跳槽内不得旷动，钩尾扁销及钩身托板螺栓齐全紧固。均衡梁与吊杆无裂纹。钩头、钩舌锁铁、钩舌、钩耳、钩舌销孔、钩耳销孔不得有裂纹，应符合要求。 钩舌销无断裂、弯曲，车钩"三态"作用良好，开锁闭锁作用灵活，符合限度。 钩头与冲击座间隙为80 mm，车钩中心水平线与轨面高度为815～890 mm；车钩开度：开钩220～250 mm、合钩110～130 mm	目视测量手动
	6	车体外观	车体侧面平整，无变形、损伤，车体吊装孔盖齐全，安装良好	目视
车体右侧	7	排障器内侧	机车自动信号装置及自动过分相装置，安装架螺丝紧固，接线无松脱；排石器安装良好，符合标准，胶皮无破损；排石器距轨面高70～80 mm，扫石胶皮距轨面10～15 mm	目视测量
	8	司机室门、窗	门、窗完整无变形；扶手、脚梯安装牢固，无变形、开焊	目视手动
	9	右四砂箱	砂箱安装牢固，箱体无变形、开焊；砂箱盖完整无损，扣锁良好，关闭严密；箱内砂子干燥，无异物，颗粒均匀下砂，砂箱加热装置外观良好，电线无断线，管路外观良好，无堵塞，不偏斜，距轨面高度，符合标准；撒砂胶皮管距轨面高，不得低于25 mm	目视手动

续表

部位	序号	部件名称	检查内容及要求	方法
车体右侧	10	右六动轮	轮盘式制动单元安装牢固，螺丝无松动，单元制动缸无泄漏，缓解良好，活塞杆复位时，不得有卡滞现象，单元制动缸间隙调整器良好，制动盘不得有明显的台阶沟槽、拉伤。 停放制动单元安装牢固，动作灵活，空气管路无泄漏。 踏面清扫制动装置，安装螺丝牢固，制动器外观良好，闸瓦无裂纹、偏磨、不到限，闸瓦穿销有开闭销良好。 制动盘的摩擦面的摩擦限度为每侧5 mm。（注：检查时不得敲打制动盘的任何部位） 右六动轮踏面无剥离、擦伤，轮箍无裂纹、弛缓，轮辐、轮辋无裂纹。 轴箱状态良好，内外螺丝牢固，无漏油，裂纹。 轴箱拉杆连体状态良好，橡胶关节无老化、裂纹和挤出，前后弹簧装置无裂纹；轴箱接地线无断股、松脱；轴箱油压减振器无漏油，安装螺丝牢固。 轮缘滑条支架安装牢固，滑条压力均匀，无卡滞	目视锤击耳听
	11	垂直油压减振器	套筒及座无裂纹，无漏油，安装螺丝齐全紧固	目视手动
	12	高圆弹簧及垫片	无裂纹、移动、脱落	目视锤击耳听
	13	右二侧向限制器	安装螺丝无松动，座无开焊	目视
	14	右五动轮	轮盘式制动单元安装牢固，螺丝无松动，单元制动缸无泄漏，缓解良好；活塞杆复位时，不得有卡滞现象，单元制动缸间隙调整器良好，制动盘不得有明显的台阶沟槽、拉伤。 停放制动单元安装牢固，动作灵活，空气管路无泄漏。 踏面清扫制动装置，安装螺丝牢固，制动器外观良好，闸瓦无裂纹、偏磨、不到限，闸瓦穿销有开闭销良好。 制动盘的摩擦面的摩擦限度为每侧5 mm。（注：检查时不得敲打制动盘的任何部位） 右六动轮踏面无剥离、擦伤，轮箍无裂纹、弛缓，轮辐、轮辋无裂纹。 轴箱状态良好，内外螺丝牢固，无漏油，无裂纹。 轴箱拉杆连体状态良好，橡胶关节无老化、裂纹和挤出，前后弹簧装置无裂纹；轴箱接地线无断股、松脱；轴箱油压减振器无漏油，安装螺丝牢固。 轮缘滑条支架安装牢固，滑条压力均匀，无卡滞	目视锤击耳听
	15	第二转向架右侧侧梁上接线及管路、接地线	构架上接线无破损，松，断，接头无松动，管路无漏泄，卡子紧固；接地线无断股、松脱现象	目视手动

续表

部位	序号	部件名称	检查内容及要求	方法
车体右侧	16	右四动轮	轮盘式制动单元安装牢固，螺丝无松动，单元制动缸无泄漏，缓解良好，活塞杆复位时，不得有卡滞现象，单元制动缸间隙调整器良好，制动盘不得有明显的台阶沟槽、拉伤。 停放制动单元安装牢固，动作灵活，空气管路无泄漏。 踏面清扫制动装置，安装螺丝牢固，制动器外观良好，闸瓦无裂纹、偏磨、不到限，闸瓦穿销有开闭销良好。 制动盘的摩擦面的摩擦限度为每侧 5 mm。（注：检查时不得敲打制动盘的任何部位） 右六动轮踏面无剥离、擦伤，轮箍无裂纹、弛缓，轮辐、轮辋无裂纹。 轴箱状态良好，内外螺丝牢固，无漏油、裂纹。 轴箱拉杆连体状态良好，橡胶关节无老化、裂纹和挤出，前后弹簧装置无裂纹；轴箱接地线无断股、松脱；轴箱油压减振器无漏油，安装螺丝牢固。 轮缘滑条支架安装牢固，滑条压力均匀，无卡滞	目视锤击耳听
	17	右三砂箱	砂箱安装牢固，箱体无变形、开焊；砂箱盖完整无损，扣锁良好，关闭严密；箱内砂子干燥，无异物，颗粒均匀下砂，砂箱加热装置外观良好，电线无断线，管路外观良好，无堵塞，不偏斜，距轨面高度，符合标准；撒砂胶皮管距轨面高，不得低于 25 mm	目视手动
	18	主电路、控制电路插座	安装座无开焊，螺丝紧固，压盖严密，座芯洁净，无烧损，接线无破损、松脱	目视手动
	19	变压器储油箱	箱体无开焊，无变形、漏泄。管路安装螺丝紧固。 油箱外部状态良好管路、管接头无漏油，放油阀手轮铁丝无断开，油流继电器指针位置正确，盖无丢失	目视锤击
	20	右二砂箱	砂箱安装牢固，箱体无变形、开焊；砂箱盖完整无损，扣锁良好，关闭严密；箱内砂子干燥，无异物，颗粒均匀下砂，砂箱加热装置外观良好，电线无断线，管路外观良好，无堵塞，不偏斜，距轨面高度，符合标准；撒沙胶皮管距轨面高，不得低于 25 mm	目视手动

续表

部位	序号	部件名称	检查内容及要求	方法
车体右侧	21	右三动轮	轮盘式制动单元安装牢固，螺丝无松动，单元制动缸无泄漏，缓解良好，活塞杆复位时，不得有卡滞现象，单元制动缸间隙调整器良好，制动盘不得有明显的台阶沟槽、拉伤。 停放制动单元安装牢固，动作灵活，空气管路无泄漏。 踏面清扫制动装置，安装螺丝牢固，制动器外观良好，闸瓦无裂纹、偏磨、不到限，闸瓦穿销有开闭销良好。 制动盘的摩擦面的摩擦限度为每侧 5 mm。（注：检查时不得敲打制动盘的任何部位） 右六动轮踏面无剥离、擦伤，轮箍无裂纹、弛缓，轮辐、轮辋无裂纹。 轴箱状态良好，内外螺丝牢固，无漏油，无裂纹。 轴箱拉杆连体状态良好，橡胶关节无老化、裂纹和挤出，前后弹簧装置无裂纹；轴箱接地线无断股、松脱现象；轴箱油压减震器无漏油，安装螺丝牢固。 轮缘滑条支架安装牢固，滑条压力均匀，无卡滞	目视 锤击 耳听
	22	第二转向架右侧侧梁上接线及管路	构架上接线无破损、松、断，接头无松动，管路无漏泄，卡子紧固	目视 手动
	23	右二动轮	轮盘式制动单元安装牢固，螺丝无松动，单元制动缸无泄漏，缓解良好，活塞杆复位时，不得有卡滞现象，单元制动缸间隙调整器良好，制动盘不得有明显的台阶沟槽、拉伤。 停放制动单元安装牢固，动作灵活，空气管路无泄漏。 踏面清扫制动装置，安装螺丝牢固，制动器外观良好，闸瓦无裂纹、偏磨、不到限，闸瓦穿销有开闭销良好。 制动盘的摩擦面的摩擦限度为每侧 5 mm。（注：检查时不得敲打制动盘的任何部位） 右六动轮踏面无剥离、擦伤，轮箍无裂纹、弛缓，轮辐、轮辋无裂纹。 轴箱状态良好，内外螺丝牢固，无漏油，无裂纹。 轴箱拉杆连体状态良好，橡胶关节无老化、裂纹和挤出，前后弹簧装置无裂纹；轴箱接地线无断股、松脱现象；轴箱油压减震器无漏油，安装螺丝牢固。 轮缘滑条支架安装牢固，滑条压力均匀，无卡滞	目视 锤击 耳听
	24	垂直油压减振器	套筒及座无裂纹，无漏油，安装螺丝齐全紧固	目视
	25	右一侧向限制器	安装螺丝无松动，座无开焊	目视
	26	高圆弹簧及垫片	无裂纹、移动、脱落	目视 锤击 耳听

续表

部位	序号	部件名称	检查内容及要求	方法
车体右侧	27	右一动轮	轮盘式制动单元安装牢固，螺丝无松动，单元制动缸无泄漏，缓解良好，活塞杆复位时，不得有卡滞现象，单元制动缸间隙调整器良好，制动盘不得有明显的台阶沟槽、拉伤。 停放制动单元安装牢固，动作灵活，空气管路无泄漏。 踏面清扫制动装置，安装螺丝牢固，制动器外观良好，闸瓦无裂纹、偏磨、不到限，闸瓦穿销有开闭销良好。 制动盘的摩擦面的摩擦限度为每侧 5 mm。（注：检查时不得敲打制动盘的任何部位） 右六动轮踏面无剥离、擦伤，轮箍无裂纹、弛缓，轮辐、轮辋无裂纹。 轴箱状态良好，内外螺丝牢固，无漏油，无裂纹。 轴箱拉杆连体状态良好，橡胶关节无老化、裂纹和挤出，前后弹簧装置无裂纹；轴箱接地线无断股、松脱；轴箱油压减震器无漏油，安装螺丝牢固。 轮缘滑条支架安装牢固，滑条压力均匀，无卡滞	目视锤击耳听
	28	行灯插座	安装座无开焊，螺丝紧固，压盖严密，座芯洁净，无烧损。接线无破损、松脱	目视手动
	29	右一砂箱	砂箱安装牢固，箱体无变形、开焊；砂箱盖完整无损，扣锁良好，关闭严密；箱内砂子干燥，无异物，颗粒均匀下砂，砂箱加热装置外观良好，电线无断线，管路外观良好，无堵塞，不偏斜，距轨面高度，符合标准；撒沙胶皮管距轨面高，不得低于 25 mm	目视锤击耳听
I端司机室外侧正面	30	上部	大灯、前窗玻璃、雨刷、路徽无破损、开焊、丢失、变形	目视
	31	中部	副灯、标志灯、玻璃完整、灯泡良好、扶手无开焊	目视
	32	重联插座	外观完好，插座及盖作用良好，插座清洁、牢固	目视手动
	33	制动管软管、总风联管软管、制动平均管软管	各折角塞门手柄动作灵活，接头无泄漏，安装座 U 形卡子良好，螺丝紧固。 软管无硬化、老化、破裂和凸凹现象，水压试验不过期，软管安装卡子完好，螺丝紧固，软管连接器无开焊、裂纹，软管皮圈无断裂，软管角度正确，放风试验，风管畅通 软管试压为 3 个月，软管安装角度为 45°	目视测量手动
	34	车钩	提杆座牢固，无开焊，钩提杆无弯曲、变形，在防跳槽内不得旷动，钩尾扁销及钩身托板螺栓齐全紧固。均衡梁与吊杆无裂纹。钩头、钩舌锁铁、钩舌、钩耳、钩舌销孔、钩耳销孔不得有裂纹，应符合要求。 钩舌销无断裂、弯曲，车钩"三态"作用良好，开锁闭锁作用灵活，符合限度。 钩头与冲击座间隙为 80 mm，车钩中心水平线与轨面高度为 815～890 mm；车钩开度：开钩 220～250 mm、合钩 110～130 mm	目视测量手动

续表

部位	序号	部件名称	检查内容及要求	方法
车体左侧	35	车体外观	车体侧面平整，无变形、损伤，车体吊装孔盖齐全，安装良好	目视
	36	排障器内侧	机车自动信号装置及自动过分相装置，安装架螺丝紧固，接线无松脱；排石器安装良好，符合标准，胶皮无破损；排石器距轨面高 70~80 mm，扫石胶皮距轨面 10~15 mm	目视 测量
	37	司机室门、窗	门、窗完整无变形；扶手、脚梯安装牢固，无变形、开焊	目视 手动
	38	左一砂箱	砂箱安装牢固，箱体无变形、开焊；砂箱盖完整无损，扣锁良好，关闭严密；箱内砂子干燥，无异物，颗粒均匀下砂，砂箱加热装置外观良好，电线无断线，管路外观良好，无堵塞，不偏斜，距轨面高度，符合标准；撒沙胶皮管距轨面高，不得低于 25 mm	目视 手动
	39	左一动轮	轮盘式制动单元安装牢固，螺丝无松动，单元制动缸无泄漏，缓解良好，活塞杆复位时，不得有卡滞现象，单元制动缸间隙调整器良好，制动盘不得有明显的台阶沟槽、拉伤。 停放制动单元安装牢固，动作灵活，空气管路无泄漏。 踏面清扫制动装置，安装螺丝牢固，制动器外观良好，闸瓦无裂纹、偏磨、不到限，闸瓦穿销有开闭销良好。 制动盘的摩擦面的摩擦限度为每侧 5 mm。（注：检查时不得敲打制动盘的任何部位） 右六动轮踏面无剥离、擦伤，轮箍无裂纹、弛缓，轮辐、轮辋无裂纹。 轴箱状态良好，内外螺丝牢固，无漏油，无裂纹。 轴箱拉杆连体状态良好，橡胶关节无老化、裂纹和挤出，前后弹簧装置无裂纹；轴箱接地线无断股、松脱；轴箱油压减震器无漏油，安装螺丝牢固。 轮缘滑条支架安装牢固，滑条压力均匀，无卡滞	目视 锤击 耳听
	40	垂直油压减振器	套筒及座无裂纹，无漏油，安装螺丝齐全紧固	目视 手动
	41	高圆弹簧及垫片	无裂纹、移动、脱落	目视 锤击 耳听
	42	左一侧向限制器	安装螺丝无松动，座无开焊	目视

续表

部位	序号	部件名称	检查内容及要求	方法
车体左侧	43	左二动轮	轮盘式制动单元安装牢固，螺丝无松动，单元制动缸无泄漏，缓解良好，活塞杆复位时，不得有卡滞现象，单元制动缸间隙调整器良好，制动盘不得有明显的台阶沟槽、拉伤。 停放制动单元安装牢固，动作灵活，空气管路无泄漏。 踏面清扫制动装置，安装螺丝牢固，制动器外观良好，闸瓦无裂纹、偏磨、不到限，闸瓦穿销有开闭销良好。 制动盘的摩擦面的摩擦限度为每侧5 mm。（注：检查时不得敲打制动盘的任何部位） 右六动轮踏面无剥离、擦伤，轮箍无裂纹、弛缓，轮辐、轮辋无裂纹。 轴箱状态良好，内外螺丝牢固，无漏油，无裂纹。 轴箱拉杆连体状态良好，橡胶关节无老化、裂纹和挤出，前后弹簧装置无裂纹；轴箱接地线无断股、松脱；轴箱油压减震器无漏油，安装螺丝牢固。 轮缘滑条支架安装牢固，滑条压力均匀，无卡滞	目视 锤击 耳听
	44	第一转向架右侧上部侧梁上接线及管路	构架上接线无破损、松、断，接头无松动，管路无漏泄，卡子紧固	目视 手动
	45	车体与转向架接地线	接地线无断股、松脱现象。	目视
	46	左三动轮	轮盘式制动单元安装牢固，螺丝无松动，单元制动缸无泄漏，缓解良好，活塞杆复位时，不得有卡滞现象，单元制动缸间隙调整器良好，制动盘不得有明显的台阶沟槽、拉伤。 停放制动单元安装牢固，动作灵活，空气管路无泄漏。 踏面清扫制动装置，安装螺丝牢固，制动器外观良好，闸瓦无裂纹、偏磨、不到限，闸瓦穿销有开闭销良好。 制动盘的摩擦面的摩擦限度为每侧5 mm。（注：检查时不得敲打制动盘的任何部位） 右六动轮踏面无剥离、擦伤，轮箍无裂纹、弛缓，轮辐、轮辋无裂纹。 轴箱状态良好，内外螺丝牢固，无漏油，无裂纹。 轴箱拉杆连体状态良好，橡胶关节无老化、裂纹和挤出，前后弹簧装置无裂纹；轴箱接地线无断股、松脱；轴箱油压减震器无漏油，安装螺丝牢固。 轮缘滑条支架安装牢固，滑条压力均匀，无卡滞	目视 锤击 耳听
	47	左二砂箱	砂箱安装牢固，箱体无变形、开焊；砂箱盖完整无损，扣锁良好，关闭严密；箱内砂子干燥，无异物，颗粒均匀下砂，砂箱加热装置外观良好，电线无断线，管路外观良好，无堵塞，不偏斜，距轨面高度，符合标准；撒砂胶皮管距轨面高，不得低于25 mm	目视 手动

续表

部位	序号	部件名称	检查内容及要求	方法
车体左侧	48	主、辅助电路库用插座	整体无损伤,安装座无开焊,螺丝紧固,压盖严密,座芯洁净,接线完整	目视手动
	50	左三砂箱	砂箱安装牢固,箱体无变形、开焊;砂箱盖完整无损,扣锁良好,关闭严密;箱内砂子干燥,无异物,颗粒均匀下砂,砂箱加热装置外观良好,电线无断线,管路外观良好,无堵塞,不偏斜,距轨面高度,符合标准;撒砂胶皮管距轨面高,不得低于25 mm	目视手动
	51	左四动轮	轮盘式制动单元安装牢固,螺丝无松动,单元制动缸无泄漏,缓解良好,活塞杆复位时,不得有卡滞现象,单元制动缸间隙调整器良好,制动盘不得有明显的台阶沟槽、拉伤。 停放制动单元安装牢固,动作灵活,空气管路无泄漏。 踏面清扫制动装置,安装螺丝牢固,制动器外观良好,闸瓦无裂纹、偏磨、不到限,闸瓦穿销有开闭销良好。 制动盘的摩擦面的摩擦限度为每侧5 mm。(注:检查时不得敲打制动盘的任何部位) 右六动轮踏面无剥离、擦伤,轮箍无裂纹、弛缓,轮辐、轮辋无裂纹。 轴箱状态良好,内外螺丝牢固,无漏油,无裂纹。 轴箱拉杆连体状态良好,橡胶关节无老化、裂纹和挤出,前后弹簧装置无裂纹;轴箱接地线无断股、松脱;轴箱油压减震器无漏油,安装螺丝牢固。 轮缘滑条支架安装牢固,滑条压力均匀,无卡滞	目视锤击耳听
	52	第二转向架左侧上部侧梁上接线及管路	构架上接线无破损、松、断,接头无松动,管路无漏泄,卡子紧固	目视手动
	53	左五动轮	轮盘式制动单元安装牢固,螺丝无松动,单元制动缸无泄漏,缓解良好,活塞杆复位时,不得有卡滞现象,单元制动缸间隙调整器良好,制动盘不得有明显的台阶沟槽、拉伤。 停放制动单元安装牢固,动作灵活,空气管路无泄漏。 踏面清扫制动装置,安装螺丝牢固,制动器外观良好,闸瓦无裂纹、偏磨、不到限,闸瓦穿销有开闭销良好。 制动盘的摩擦面的摩擦限度为每侧5 mm。(注:检查时不得敲打制动盘的任何部位) 右六动轮踏面无剥离、擦伤,轮箍无裂纹、弛缓,轮辐、轮辋无裂纹。 轴箱状态良好,内外螺丝牢固,无漏油,无裂纹。 轴箱拉杆连体状态良好,橡胶关节无老化、裂纹和挤出,前后弹簧装置无裂纹;轴箱接地线无断股、松脱;轴箱油压减震器无漏油,安装螺丝牢固。 轮缘滑条支架安装牢固,滑条压力均匀,无卡滞	目视锤击耳听

续表

部位	序号	部件名称	检查内容及要求	方法
车体左侧	54	高圆弹簧及垫片	无裂纹、移动、脱落	目视 锤击 耳听
	55	垂直油压减振器	套筒及座无裂纹，无漏油，安装螺丝齐全紧固	目视 手动
	56	左二侧向限制器	安装螺丝无松动，座无开焊	目视
	57	行灯插座	安装座无开焊，螺丝紧固，压盖严密，座芯洁净，无烧损。接线无破损、松脱	目视 手动
	58	左六动轮	轮盘式制动单元安装牢固，螺丝无松动，单元制动缸无泄漏，缓解良好，活塞杆复位时，不得有卡滞现象，单元制动缸间隙调整器良好，制动盘不得有明显的台阶沟槽、拉伤。停放制动单元安装牢固，动作灵活，空气管路无泄漏。踏面清扫制动装置，安装螺丝牢固，制动器外观良好，闸瓦无裂纹、偏磨、不到限，闸瓦穿销有开闭销良好。制动盘的摩擦面的摩擦限度为每侧5 mm。(注：检查时不得敲打制动盘的任何部位)右六动轮踏面无剥离、擦伤，轮箍无裂纹、弛缓、轮辐、轮辋无裂纹。轴箱状态良好，内外螺丝牢固，无漏油，无裂纹。轴箱拉杆连体状态良好，橡胶关节无老化、无裂纹和挤出，前后弹簧装置无裂纹；轴箱接地线无断股、松脱现象；轴箱油压减震器无漏油，安装螺丝牢固。轮缘滑条支架安装牢固，滑条压力均匀，无卡滞	目视 锤击 耳听
	59	左四砂箱	砂箱安装牢固，箱体无变形、开焊；砂箱盖完整无损，扣锁良好，关闭严密；箱内砂子干燥，无异物，颗粒均匀下砂，砂箱加热装置外观良好，电线无断线，管路外观良好，无堵塞，不偏斜，距轨面高度，符合标准；撒砂胶皮管距轨面高，不得低于25 mm	目视 手动
	60	司机室门、窗	门、窗完整，无变形，扶手、脚梯安装牢固，无变形、开焊、缺损	目视 手动
	61	主、控制电路插座	安装座无开焊，螺丝紧固，压盖严密，座芯洁净，无烧损。接线无破损、松脱	目视 手动
	62	排障器内侧	机车自动信号装置及自动过分相装置，安装架螺丝紧固，接线无松脱；排石器安装良好，符合标准，胶皮无破损；排石器距轨面高70～80 mm，扫石胶皮距轨面10～15 mm	目视 测量

表 6-5 机车车底检查项目和内容

部位	序号	部件名称	检查内容及要求	方法
车底	1	Ⅱ端车钩下部及缓冲装置	钩体托板及缓冲器托板螺栓是否紧固,弹簧箱冲击座、钩尾框有无裂纹,从板摩擦部分是否缺油和非正常磨损	目视锤触
	2	排障器	安装螺丝牢固,无开焊、裂纹,排障器距轨面的高度为 110 mm	锤击
	3	车底照明灯	安装牢固,玻璃罩完好,灯泡良好	目视
	4	车钩前部管路	总风管、列车管、平均管各管路接头无漏风,塞门位置正确,橡胶无老化、裂纹痕迹,安装牢固	目视锤触
	5	横向油压减震器	套筒及座无裂纹,无漏油,安装螺丝齐全紧固。油压减振器坐焊缝无开焊	目视
	6	牵引梁前部	检查各紧固件螺栓无松动,防缓线无位移。牵引销、橡胶关节及托板状态良好,O 形圈没有磨损、不超限	目视锤触
	7	自动信号接收线圈及自动过分相装置	各安装螺丝紧固,各部无破损,插座、接线良好	目视手动
	8	排石器	安装牢固,排石器支架无开焊,螺丝紧固,胶皮完整,扫石胶皮距轨面高 10~15 mm	目视锤触测量
	9	左右第四砂箱背部	箱体完整,无开焊,安装座牢固,螺丝不松动,撒砂阀良好,砂管支架安装牢固,砂管角度不偏斜	目视锤触
	10	第六动轮轮盘制动单元及弹停设置背部	制动器外部状态良好,安装螺丝紧固,来风管及接头无漏泄、裂纹。 轮盘式制动单元安装牢固,螺丝无松动,单元制动缸无泄漏,缓解良好,活塞杆复位时,不得有卡滞现象,制动盘不得有明显的台阶沟槽、拉伤,闸瓦吊杆、支架无开焊、裂纹,弹停拉钩灵活。 制动盘的摩擦面的摩擦限度为每侧 5 mm。(注:检查时不得敲打制动盘的任何部位)	目视锤触
	11	二转向架后部	构架无裂纹、变形、开焊,各风管及卡子无松动、破损漏风	目视锤触
	12	第六动轮轮对	轮箍无裂纹,轮缘符合标准,无碾堆,轮箍、轮心结合良好,无移位。 牵引电机大线无磨耗,定位紧固。 轮缘厚度 23~33 mm	目视测量
	13	第六动轮齿轮箱	箱体无开焊、裂纹、漏油、变形,安装螺丝无松动,油封无漏油、油位符合标准,油堵不漏油,安装紧固	目视手动锤触

续表

部位	序号	部件名称	检查内容及要求	方法
车底	14	第六轮对踏面清扫装置	踏面清扫制动装置，安装螺丝牢固，制动器外观良好，闸瓦无裂纹、偏磨、不到限，闸瓦穿销开闭销良好	目视锤触
	15	第六牵引电机	电机风道干净、无油泥，电机内部转子杆无松动，短路环、保持环及定子、绝缘外皮无损伤，各紧固螺栓无松动，电机油堵无松动丢失	目视锤触
	16	第六牵引电机悬挂装置	悬挂座无裂纹、开焊，连接杆、吊杆无裂纹，橡皮垫无裂纹，下部螺母开口销安紧固、齐全，防落板无断裂、变形	目视锤触
	17	第二转向架牵引销座	检查各紧固件螺栓无松动，防缓线无位移，牵引销、橡胶关节及托板状态良好，O 形圈无磨损、不超限	目视锤触
	18	第五动轮轮盘制动单元背部	制动器外部状态良好，安装螺丝紧固，来风管及接头无漏泄、裂纹。 轮盘式制动单元安装牢固，螺丝无松动，单元制动缸无泄漏，缓解良好，活塞杆复位时，不得有卡滞现象，制动盘不得有明显的台阶沟槽、拉伤，闸瓦吊杆、支架无开焊、裂纹，弹停拉钩灵活。 制动盘的摩擦面的摩擦限度为每侧 5 mm。（注：检查时不得敲打制动盘的任何部位）	目视锤触
	19	第五动轮轮对	轮箍无裂纹，轮缘符合标准，无碾堆，轮箍、轮心结合良好，无移位。 牵引电机大线无磨耗，定位紧固。 轮缘厚度 2～33 mm	目视测量
	20	第五动轮齿轮箱	箱体无开焊、裂纹、漏油、变形，安装螺丝无松动，油封无漏油，油位符合标准，油堵不漏油，安装紧固	目视手动锤触
	21	第五轮对踏面清扫装置	踏面清扫制动装置，安装螺丝牢固，制动器外观良好，闸瓦无裂纹、偏磨、不到限，闸瓦穿销开闭销良好	目视手动
	22	第五牵引电机	电机风道干净、无油泥，电机内部转子杆无松动，短路环、保持环及定子、绝缘外皮有无损伤，各紧固螺栓无松动，电机油堵无松动、丢失	目视手动
	23	第五牵引电机悬挂装置	悬挂座无裂纹、开焊，连接杆、吊杆无裂纹，橡皮垫无裂纹，下部螺母开口销安紧固、齐全，防落板无断裂、变形	目视锤触

续表

部位	序号	部件名称	检查内容及要求	方法
车底	24	第四动轮轮盘制动单元背部	制动器外部状态良好，安装螺丝紧固，来风管及接头无漏泄、裂纹。 轮盘式制动单元安装牢固，螺丝无松动，单元制动缸无泄漏，缓解良好，活塞杆复位时，不得有卡滞现象，制动盘不得有明显的台阶沟槽、拉伤，闸瓦吊杆、支架无开焊、裂纹，弹停拉钩灵活。 制动盘的摩擦面的摩擦限度为每侧5 mm。（注：检查时不得敲打制动盘的任何部位）	目视 锤触
	25	第四动轮轮对	轮箍无裂纹，轮缘符合标准，无碾堆，轮箍、轮心结合良好，无移位。 牵引电机大线无磨耗，定位紧固。 轮缘厚度 2～33 mm	目视 测量
	26	第四动轮齿轮箱	箱体无开焊、裂纹、漏油、变形，安装螺丝无松动，油封无漏油，油位符合标准，油堵不漏油，安装紧固	目视 手动 锤触
	27	第四牵引电机	电机风道干净、无油泥，电机内部转子杆无松动，短路环、保持环及定子、绝缘、外皮无损伤，各紧固螺栓无松动，电机油堵无松动、丢失	目视 手动
	28	第四牵引电机悬挂装置	悬挂座无裂纹、开焊，连接杆、吊杆无裂纹，橡皮垫无裂纹，下部螺母开口销安紧固、齐全，防落板无断裂、变形	目视 锤触
	29	二转向架前部	构架无裂纹、变形、开焊，各风管及卡子无松动、破损、漏风	目视 手动
	30	横向油压减震器	套筒及座无裂纹、漏油，安装螺丝齐全紧固，油压减振器坐焊缝无开焊	目视
	31	车底照明灯	安装牢固，玻璃罩完好，灯泡良好	目视
	32	第四轮对踏面清扫装置	踏面清扫制动装置，安装螺丝牢固，制动器外观良好，闸瓦无裂纹、偏磨、不到限，闸瓦穿销开闭销良好	目视 手动
	33	左右第三砂箱背部	箱体完整，无开焊，安装座牢固，螺丝不松动，撒砂阀良好，砂管支架安装牢固，砂管角度不偏斜	目视 锤触
	34	监控装置支架	安装牢固，无开焊	目视
	35	各风管、接头及电线路	各风管及接头无裂漏，卡子紧固，电线路无松脱、断、破损，安装牢固	目视 手动
	36	变压器油箱底部	箱体无开焊、变形、漏泄，管路安装螺丝紧固。 油箱外部状态良好，管路、管接头无漏油，放油阀手轮铁丝无断开	目视 锤触

续表

部位	序号	部件名称	检查内容及要求	方法
车底	37	横向油压减振器	套筒及座无裂纹、漏油,安装螺丝齐全紧固,油压减振器坐焊缝无开焊	目视
	38	车底照明灯	安装牢固,玻璃罩完好,灯泡良好	目视
	39	左右第二砂箱	箱体完整,无开焊,安装座牢固,螺丝不松动,撒砂阀良好,砂管支架安装牢固,砂管角度不偏斜	目视锤触
	40	左右第三轮对踏面清扫装置	踏面清扫制动装置,安装螺丝牢固,制动器外观良好,闸瓦无裂纹、偏磨、不到限,闸瓦穿销开闭销良好	目视手动
	41	第一转向架后部	构架无裂纹、变形、开焊,各风管及卡子无松动、破损、漏风	目视手动
	42	第三牵引电机悬挂装置	悬挂座无裂纹、开焊,连接杆、吊杆无裂纹,橡皮垫无裂纹,下部螺母开口销安紧固、齐全,防落板无断裂、变形	目视锤触
	43	第三牵引电机	电机风道干净、无油泥,电机内部转子杆无松动,短路环、保持环及定子、绝缘外皮有无损伤,各紧固螺栓有无松动,电机油堵无松动、丢失	目视手动
	44	第三动轮轮对	轮箍无裂纹,轮缘符合标准,无碾堆,轮箍、轮心结合良好、无移位。 牵引电机大线无磨耗,定位紧固。 轮缘厚度 2~33 mm	目视测量
	45	第三动轮齿轮箱	箱体无开焊、裂纹、漏油、变形,安装螺丝无松动,油封无漏油,油位符合标准,油堵不漏油,安装紧固	目视手动锤触
	46	第三动轮轮盘制动单元背部	制动器外部状态良好,安装螺丝紧固,来风管及接头无漏泄、裂纹。 轮盘式制动单元安装牢固,螺丝无松动,单元制动缸无泄漏,缓解良好,活塞杆复位时,不得有卡滞现象,制动盘不得有明显的台阶沟槽、拉伤,闸瓦吊杆、支架无开焊、裂纹,弹停拉钩灵活。 制动盘的摩擦面的摩擦限度为每侧 5 mm。(注:检查时不得敲打制动盘的任何部位)	目视锤触
	47	左右第二轮对踏面清扫装置	踏面清扫制动装置,安装螺丝牢固,制动器外观良好,闸瓦无裂纹、偏磨、不到限,闸瓦穿销开闭销良好	目视手动
	48	第二牵引电机悬装置	悬挂座无裂纹、开焊,连接杆、吊杆无裂纹,橡皮垫无裂纹,下部螺母开口销安紧固、齐全,防落板无断裂、变形	目视锤触

续表

部位	序号	部件名称	检查内容及要求	方法
车底	49	第二牵引电机	电机风道干净、无油泥，电机内部转子杆无松动，短路环、保持环及定子、绝缘外皮无损伤，各紧固螺栓有无松动，电机油堵无松动丢失	目视手动
	50	第二动轮轮对	轮箍无裂纹，轮缘符合标准，无碾堆，轮箍、轮心结合良好、无移位。 牵引电机大线无磨耗，定位紧固。 轮缘厚度 2～33 mm	目视测量
	51	第二动轮齿轮箱	箱体无开焊、裂纹、漏油、变形，安装螺丝无松动，油封无漏油，油位符合标准，油堵不漏油，安装紧固	目视手动锤触
	52	第二动轮轮盘制动单元背部	制动器外部状态良好，安装螺丝紧固，来风管及接头无漏泄、裂纹。 轮盘式制动单元安装牢固，螺丝无松动，单元制动缸无泄漏，缓解良好，活塞杆复位时，不得有卡滞现象，制动盘不得有明显的台阶沟槽、拉伤，闸瓦吊杆、支架无开焊、裂纹，弹停拉钩灵活。 制动盘的摩擦面的摩擦限度为每侧 5 mm。（注：检查时不得敲打制动盘的任何部位）	目视锤触
	53	左右第一轮对踏面清扫装置	踏面清扫制动装置，安装螺丝牢固，制动器外观良好，闸瓦无裂纹、偏磨、不到限，闸瓦穿销开闭销良好	目视锤触
	54	第一转向架牵引销座	检查各紧固件螺栓无松动，防缓线无位移，牵引销、橡胶关节及托板状态良好，O 形圈无磨损、不超限	目视锤触
	55	第一牵引电机悬挂装置	悬挂座无裂纹、开焊，连接杆、吊杆无裂纹，橡皮垫无裂纹，下部螺母开口销安紧固、齐全；防落板无断裂、变形	目视锤触
	56	第一牵引电机	电机风道干净、无油泥，电机内部转子杆无松动，短路环、保持环及定子、绝缘外皮有无损伤，各紧固螺栓有无松动，电机油堵无松动丢失	目视锤触
	57	第一动轮轮对	轮箍无裂纹，轮缘符合标准，无碾堆，轮箍、轮心结合良好、无移位。 牵引电机大线无磨耗，定位紧固。 轮缘厚度 23～33 mm	目视测量
	58	第一动轮齿轮箱	箱体无开焊、裂纹、漏油、变形，安装螺丝无松动，油封无漏油，油位符合标准，油堵不漏油，安装紧固	目视手动锤触

续表

部位	序号	部件名称	检查内容及要求	方法
车底	59	第一转向架前部	构架无裂纹、变形、开焊,各风管及卡子无松动、破损、漏风	目视锤触
	60	第一动轮轮盘制动单元背部	制动器外部状态良好,安装螺丝紧固,来风管及接头无漏泄、裂纹。轮盘式制动单元安装牢固,螺丝无松动,单元制动缸无泄漏,缓解良好,活塞杆复位时,不得有卡滞现象,制动盘不得有明显的台阶沟槽、拉伤,闸瓦吊杆、支架无开焊、裂纹。弹停拉钩灵活。制动盘的摩擦面的摩擦限度为每侧 5 mm。(注:检查时不得敲打制动盘的任何部位)	目视锤触
	61	左右第一砂箱	箱体完整,无开焊,安装座牢固,螺丝不松动,撒砂阀良好,砂管支架安装牢固,砂管角度不偏斜	目视锤触
	62	排石器	安装牢固,排石器支架无开焊,螺丝紧固,胶皮完整,扫石胶皮距轨面高 10~15 mm	目视锤触测量
	63	横向油压减震器	套筒及座无裂纹、漏油,安装螺丝齐全紧固,油压减震器坐焊缝无开焊	目视
	64	车底照明灯	安装牢固,玻璃罩完好,灯泡良好	目视
	65	排障器	安装螺丝牢固,无开焊裂纹,排障器距轨面高 110 mm	锤击
	66	自动信号接收线圈及自动过分相	各安装螺丝紧固,各部无破损,插座、接线良好	目视手动
	67	Ⅱ端车钩下部及缓冲装置	钩体托板及缓冲器托板螺栓是否紧固,弹簧箱冲击座、钩尾框有无裂纹,从板摩擦部分是否缺油和非正常磨损	目视锤触
	68	车钩前部管路	总风管、列车管、平均管各管路接头无漏风,塞门位置正确,橡胶无老化,裂纹,安装牢固	目视锤触
	69	自动信号接收线圈及自动过分相装置	各安装螺丝紧固,各部无破损,插座、接线良好	目视手动
	70	Ⅰ车钩下部及缓冲装置	钩体托板及缓冲器托板螺栓是否紧固,弹簧箱冲击座、钩尾框有无裂纹,从板摩擦部分是否缺油和非正常磨损	目视锤触

三、和谐型大功率机车修程修制

为降低机车全寿命周期费用，提高机车运用效率，在坚持"以可靠性为中心的维修"理论、总结分析机车运用检修数据、调研对比国外机车修程修制的基础上，结合我国当前装备制造工业水平和机车运用检修实际情况，中国铁路总公司决定，自2015年4月1日起，对和谐型交流传动机车修程修制进行改革。

和谐型交流传动机车在修程上设置C1、C2、C3、C4、C5、C6修6个等级，其中C1~C4修为段级修程，C5、C6修为高等级修程。

各修程周期为：

C6修：电力机车 $200×(1±10\%)$ 万km，不超过12年。
内燃机车 $180×(1±10\%)$ 万km，不超过10年。

C5修：电力机车 $100×(1±10\%)$ 万km，不超过6年。
内燃机车 $90×(1±10\%)$ 万km，不超过5年。

C4修：电力机车 $50×(1±10\%)$ 万km，不超过3年。
内燃机车 $45×(1±10\%)$ 万km，不超过3年。

C3修：电力机车 $25×(1±10\%)$ 万km，不超过1年。
内燃机车 $23×(1±10\%)$ 万km，不超过1年。

C2修：电力机车 $13×(1±10\%)$ 万km，不超过6个月。
内燃机车 $12×(1±10\%)$ 万km，不超过6个月。

C1修：电力机车 $7×(1±10\%)$ 万km，不超过3个月。
内燃机车 $6×(1±10\%)$ 万km，不超过3个月。

以上修程要求如下：

C6修：机车全面分解检修，全面性能参数测试，恢复基本三能，可同时进行机车或主要部件的技术提升。

C5修：机车主要部件分解检修，性能参数测试，恢复机车可靠质量状态。

C4修：机车主要部件检查，性能参数测试，修复不良状态部件，恢复机车可靠质量状态。

C3修、C2修：机车关键部件重点检查维修，有针对性地恢复机车运行可靠性。

C1修：机车例行检查和保养，利用机车自检系统进行故障诊断，按状态修理。

【拓展资源】

电力机车车顶检查车顶检查

车顶检查要全面　执行标准零缺陷
滑板厚度卡尺量　弓头压力标准到
瓷瓶清洁不能少　污闪雾闪隐患消
轻敲细看活件找　关键部位不能卯
迈步注意脚下拌　稳上稳下带挂牢
细查车顶无遗留　登记撤线杆锁好

电力机车车顶检查合闸作业

再看股道受电弓　　逐人开锁互卡控
防护齐全开关合　　锁箱钥匙备品交

任务三　机车给油

【教学目标】

1. 知识目标

（1）掌握机车给油的要求；

（2）掌握机车给油的方法和油脂类型。

2. 能力目标

会对机车进行正确给油。

【相关配套知识】

一、机车给油要求及分类

（1）机车给油要及时，做到部位准确、油量适当，既能满足润滑要求又能节约油量。平时要保持给油器具、给油处所及油料的清洁，机车上应备有一定数量的润滑油脂，不同的润滑油脂不得混用。

（2）机车给油分日常、定期两种。日常给油在交接班时进行，定期给油在状态修时进行，根据轮乘制和包乘制的不同特点，以及不同机型和运用条件不同等情况，由机务段制订机车各部位给油周期和补油量，明确机车乘务员和机车保养人员的分工，加强责任制。

（3）乘务员应经常对机车各给油装置进行检查，保证不低于规定的油位，补油时应与规定的油脂相同，严禁随意代用。

二、机车给油处所及要求

表 6-6 为 SS_4 改机车给油处所及要求：

表 6-6　SS₄改机车给油处所及要求

序号	给油处所	给油方法	油脂种类	周期	备注
1	主压缩机	注　入	压缩机油	不定期	保持规定油位
2	抱轴承	注　入	轴　油	不定期	保持规定油位
3	齿轮箱	注　入	轴　油	不定期	保持规定油位
4	钩舌销	点　式	轴　油	每　次	润滑状态良好
5	钩舌、钩体、锁铁各摩擦面	刷　式	轴　油	每　次	润滑状态良好
6	从板座	线　式	轴　油	每　次	润滑状态良好
7	导框与托板间	线　式	轴　油	每　次	润滑状态良好
8	牵引销	点　式	轴　油	每　次	润滑状态良好
9	钩体杆及销座	点　式	轴　油	每　次	润滑状态良好
10	钩颈摩擦板	线　式	轴　油	每　次	润滑状态良好
11	旁承摩擦板	点　式	轴　油	每　次	润滑状态良好
12	旁承U形架穿销	点　式	轴　油	每　次	摩擦板油沟槽可不给油
13	制动器肘销	点　式	轴　油	每　次	润滑状态良好
14	制动器外露销套	点　式	轴　油	每　次	润滑状态良好
15	轮缘喷油器	注　入	双曲线齿轮油	每　次	润滑状态良好
16	主断路器隔离开关触头	涂　抹	工业用凡士林	不定期	上下均匀涂抹
17	位置转换开关	涂　抹	工业用凡士林	不定期	涂抹前将旧凡士林擦干净

注：机车给油，包乘机车由乘务员负责；轮乘机车由地勤人员负责；途中或外地的补油，不论包乘或轮乘，全部由乘务员负责。

任务四　电力机车自检自修

【教学目标】

1. 知识目标
（1）掌握撒砂器的检查、清扫及撒砂器的调整方法；
（2）掌握车钩钩头的解体和安装方法。
2. 能力目标
（1）撒砂器出现故障，会进行排除；
（2）会正确更换车钩钩头。

【相关配套知识】

一、撒砂器的检查及其故障排除

（1）将机车制动。

（2）脚踩砂阀检查砂管有无来砂或来风，如果无风有砂则为砂路故障，应进行检查砂管通路，无风或风量过小则为风路故障，应进行风路检查。

① 如果砂路故障可采取：用手锤轻轻锤击砂管或撒砂器，将异物清除；清扫撒砂器；调整下砂量。

② 如果是风路故障可采取开放截断塞门；紧固各接头或更换破裂软管；调整进风量。

二、调节闸瓦间隙（更换新闸瓦时）

日常运用工作中，闸瓦间隙自动调整。

当自动调节器故障时，缓解机车闸缸压力，将自动调节器止销按下或拔出（按下或拔出后，手轮才能反时针旋转），将自动调节器的手轮反时针旋转到最大位置。每次停车按此方法进行，防止闸瓦与动轮踏面抱死，造成动轮弛缓。

三、检查轮缘喷油器及调整喷油量（机车乘务员负责检查，不负责喷油量调整）

（1）将机车停放在平坦的线路上（地沟），然后制动。

（2）对分配泵（轮缘喷油器喷油罐）外观进行检查，各结合处应无漏油处所。若有漏油，主要是油管破裂或油管接头泄漏，若油管破裂应及时更换，油管接头泄漏应及时紧固。

（3）喷油泵油量的调整：如果喷油量小于规定值时，用螺丝刀将分配器油泵调整螺钉逆时针进行调整，如果喷油量大于规定值时，用螺丝刀将分配器油泵调整螺钉顺时针进行调整，直到达到规定值为止。

（4）调整轮缘喷油器喷头方向：可用内卡钳和钢板尺测量喷嘴与轮缘厚度，测量点位30 mm，而与踏面的距离为20 mm，如不符合这个标准，即造成喷油方向不正确，需调动调节板，使喷油横向或纵向以达到要求的标准。

（5）清点工具，将使用的工具擦干净放回原处。

四、更换闸瓦方法

（1）将机车停放在平坦的线路上，拧上手闸，打上止轮器。

（2）将大、小闸放在运转位。

（3）待机车缓解后，关闭更换闸瓦端制动缸塞门，再将小闸制动。

（4）将自动调节器止销按下或拔出（按下或拔出后，手轮才能反时针旋转），将自动调节器的手轮反时针旋转到最大位置。

（5）去掉安全销、穿销、换上新闸瓦，将自动调节器的手轮顺时针旋转，使闸瓦抱紧动轮踏面之后再反时针旋转一周即可。

五、车钩钩头的解体、检查及安装

1．工作程序

（1）机车制动。

（2）提钩后（车钩在开锁位），用手锤和小撬棍将钩舌销的开口销取出。

（3）取出钩舌销，卸下钩舌，检查钩舌销有无弯曲或裂纹，钩舌有无磨耗。

（4）取出钩舌锁铁及钩锁铁，检查其有无磨损及裂纹。

（5）清扫钩头内部，检查防跳装置是否良好，必要时对各部件进行探伤。

2．主要技术数据

（1）车钩的三态状态（在最小处测量）：闭锁位，其开度为 110～130 mm；全开位，其开度为 220～250 mm。

（2）车钩中心线距轨面的高度：中修为 845～880 mm，运用机车为 815～890 mm。

（3）两个车钩连挂后，其中心线的高度差不得超过 75 mm。

（4）钩舌销与销孔径径向间隙为 1～4 mm。

【拓展资源】

发生车辆断钩处理

停车呼叫两端站　通知追踪和车长
检查行车安全侧　不能处理请救援
钩舌断裂需带回　前机后辆巧更换
拍照取证记车号　连接试拉贯通好

任务五　电力机车主要部件的保养

【教学目标】

1．知识目标

（1）掌握机车保养的一般方法；

（2）掌握轮对、车轴轴箱及抱轴承的保养；

（3）了解牵引电动机的保养。

2. 能力目标

（1）会对电动机进行保养；

（2）会对轮对、车轴轴箱及抱轴承进行保养。

【相关配套知识】

电力机车的保养与运用是不可分割的统一体，保养是为了更好地使用，使用必须注重保养，这样才能减少或避免机破、临修。同时机车保养的好坏，关系着机车性能的发挥和可靠性，并直接影响铁路运输的安全生产。因此，为了提高机车运用效率和延长机车的使用寿命，除检修人员提高维修工艺水平和检修质量外，机车乘务员应认真落实岗位责任制，本着"修养并重，预防为主"的方针，以极端负责和对技术精益求精的态度，掌握规律，积累运用保养经验，提高机车质量，为铁路运输安全正点、当好先行，提供可靠稳定的牵引动力。

一、机车保养工作的一般要求

（1）认真做好机车交接班和运用中的检查，及时处理并消除机车上的常见故障，防止机车带故障运行。

（2）经常清扫机车，保持良好的清洁状态，要特别注意裸露的导电体及绝缘体的清洁，及时消除隐患。

（3）临时断开的导电接头，要包上良好的绝缘并固定，导线绝缘包皮不能与车体相摩擦。

（4）禁止使用不合格的熔断器。

（5）机车上的灭火器具要配备齐全，定期检查，保证作用良好，并熟练掌握其使用方法。

（6）机车上严禁吸烟。

（7）易燃物品要放在固定安全的地点，禁止在任何一端的取暖电炉上烤棉丝等物，司机室内无人时严禁开启取暖设备。

（8）电器设备着火时，应先断电后灭火，灭火可使用1211型灭火器或干砂灭火，灭火时，要断开电源，打开门窗。

（9）寒冷地区，应根据特点，制订有效的机车防寒措施，加强防寒工作的检查，消灭冬季机车风路的冻结、换向器结霜等冻害。

二、牵引电动机的保养

（1）YJ85A电机是逆变器供电的三相鼠笼式异步牵引电动机，首次生产用于120 km/h货运电力机车的牵引。该电机为滚抱结构，单端输出；采用强迫外通风，冷却风从非传动端进入传动端排出；采用三轴承结构，3个轴承均为绝缘轴承；在两端盖处设有注油口，使用中可补充润滑脂。

（2）轴承的维护和保养。经常检查轴承的温升情况，如发现轴承温升过高时，应及时找出原因予以处理。一般原因有：加油过多或过少，油质不纯、变质，轴承径向游隙太小，轴承窜油，轴承质量不良，油封摩擦以及内部不干净等原因。一般状态下每运行20 000 km补充一次润滑脂，补充量为传动端15～20 g，非传动端20～30 g。

注意：严格保证润滑脂的清洁。

（3）电机转向不对。一般原因是三相引出线与电源的连接错误。电机接线正确时，传动端视为逆时针旋转。

（4）电机转速太低，即转差太大。一般原因是负载过大或电压过低。电机在 2 150 V，46 Hz，正常负载时的转速约为 1 365 r/min。

三、辅助机组的保养

（1）闭合主断路器和启动劈相机时，要注意有无单相启动现象和异音，禁止在辅助机组启动过程中断开电源；禁止同时按下各辅助机组启动板扭，以防造成启动过载，不利于电机保养。

（2）辅助机组启动时，应注意观看辅助电路电压表的波动情况，并注意监听启动运行声音和观察信号灯的显示是否正常，发现异状立即停机检查。

（3）各辅助机组应转动灵活，无异音，运行中注意检查各辅助机组运转时的（允许温升不得超过 55 ℃）温升。

（4）对于直流辅助电机，要注意整流子的良好状态和碳刷有无裂纹、到限，运行中注意观察火花情况。

（5）经常检查压缩机的油压，缺油时要及时补油。

四、主变压器的保养

（1）主变压器运用前的检查要求。

① 检查潜油泵、油配管、压力释放阀、油流继电器、通风机、接线端子等是否完好。

② 观察储油柜油面，油位在规定范围内，温度计指示正常。

③ 检查所有蝶阀都应在开启状态。

④ 高压 25 kV，绕组 1 V，端接地应良好。

⑤ 检查变压器是否漏油，油路系统各部件、接头有无裂损及渗漏现象。

（2）主变压器在运用中，油位要在固定范围内，以保证良好的冷却作用和绝缘性能。

（3）机车运行中，学习司机要加强走廊巡视，注意观察变压器的温度是否正常，观察吸湿器中的干燥剂是否变色。干燥剂由蓝色变成粉红色超过 2/3 时，应更换新干燥剂或进行烘干处理。

（4）经常清扫积灰、油垢，保持各部件和绝缘瓷瓶清洁，各接线不松动。瓷瓶碰伤、灼伤面积超过 3 cm² 以上时，必须更换新瓷瓶；若面积不足 3 cm²，可涂绝缘漆处理。

五、电器的保养

（1）检查和保养电器时要切断电源。机车辅修时，用压力为 300～350 kPa 的压缩空气（风路中为 500 kPa）吹扫电器，用棉布、毛刷等擦拭电器，保持清洁、干燥、无油垢，保证机械部分动作灵活；清扫两位置转换开关主触头、电空接触器联锁触指、各操纵开关及按钮、司机控制器各触头，并按规定涂以工业凡士林。

（2）电器装置各触头、触指、接点的工作表面有氧化层或接触不良时，要及时用棉布蘸酒精或汽油擦洗，或用 0 号砂布打磨，烧损严重的要用细锉刀仔细修整。银质接点禁止用砂布或锉刀打磨。各触头、触指、接点的接触压力、开距、超行程不良时要及时调整。触头焊片开焊、脱落、灭弧罩断裂破损的要及时更换或修理。

（3）电气线路各连接处要牢固无松动，有导电不良、虚接、断路、短路或接地现象时要立即消除。电器试验时动作要正确，有卡滞则要及时处理。

（4）电路中必须使用符合规定的熔断器，严禁以大带小，或用其他金属丝代替。

（5）在机车运用中严禁改变电器的正定值，严禁更改电器的接线或结构。

（6）保证电器上的各风管及接头、电空阀及阀座不漏风，传动风缸不漏风、不窜风。

（7）电器柜、电子控制柜的门和盖在运行中应关牢盖严。

六、蓄电池的保养

（1）经常检查、清扫蓄电池，保持清洁、干燥、无异物，每节电池注液孔盖上的排气塞要作用良好，电池不漏液、不溢液，连接片及导线无松动、绝缘、无破损。发现过热、放电时，要及时切除，维持运行，回段处理。

（2）检查、清扫蓄电池时，要断开蓄电池闸刀及其他输出线路，严禁吸烟、明火及将金属工具和异物放于跨线上造成短路。

（3）机车降弓停留时，禁止长时间使用前大灯和车内照明设备。

七、受电弓的保养

（1）受电弓滑板松动、到限、偏磨、断裂、脱落时，要及时紧固、更换。局部出现深沟或断块时，应用锉刀打成大于 120° 的斜坡口。

（2）要保持框架各杆件活结处油堵齐全，油润良好，升、降弓不阻滞。

（3）滑板、框架有变形、烧损时，要查明原因，及时处理。

（4）车顶各高压瓷瓶要经常保持清洁、牢固，发现有裂纹应及时更换；有闪烙或爬电痕迹时，应及时刷绝缘漆处理。但瓷瓶烧损面积或缺损面积超过 3 cm^2 以上时，必须更换新瓷瓶。

（5）运行中发现接触网晃动、跳动大、拉弧大时，多为炭滑板有缺陷，要及时换弓运行。

八、轮对、车轴轴箱及抱轴承的保养

（1）在运用中，检查轮对状态，踏面无剥离，轮缘无裂纹。

（2）检查车轮踏面磨耗状态，轮缘垂直磨耗高度不超过 18 mm，轮缘厚度在距踏面滚动圆向上 10 mm 处测量不小于 23 mm。踏面擦伤深度不大于 0.7 mm；踏面磨耗深度不大于 7 mm。当磨耗达到限度时，车轮踏面应重新镟轮。加工后，确保车轮内侧距为 $1\,353_{-1}^{+0.5}$ mm，车轮端面对车轴中心线的跳动不大于 0.5 mm，同一轴上两车轮滚动圆直径之差不大于 0.5 mm，同一转向架不大于 4 mm。踏面轮廓应用样板检查，踏面与样板间的间隙，沿滚动圆表面允差 0.5 mm，沿轮缘高度允差 1 mm，沿轮缘厚度允差 0.5 mm，检查时样板应紧贴车轮内侧面。

（3）当车轮滚动圆直径达到 ϕ1 150 mm 时，必须报废。

（4）机车运用中，必须保证轮缘喷油器作用良好，运行中不准随意关机停用，同时应经常清扫轮对踏面油垢，保证踏面清洁、干燥。

（5）换班乘务员应认真检查手制动机的状态，确认其缓解后才能出段，以免造成轮箍发热而弛缓。

（6）段内换班后，应仔细检查轴箱端盖、轴箱拉杆和电机悬挂装置是否良好。可用检查锤顺时针方向敲击各紧固螺丝，听其声音判断紧固状态。

（7）机车运用中，检查乘务员和地勤检查人员应经常检查轴箱盖下方有无漏油现象，发现漏油或其他异状应及时处理。

（8）机车运行中在站停车后，机车乘务员应下车检查轴箱温度。如发现温度过高或局部温度过高时，应打开轴箱端盖检查，并根据情况处理。

（9）运用中，检查轴箱无明显漏油现象；检查轴箱装配各紧固螺栓，不得有松动现象；检查轴箱体、前端盖及后端盖不许有裂纹；检查轴箱弹簧不得有裂纹、伤痕；检查橡胶减振垫无老化、裂纹和钢板脱开现象；检查轴箱拉杆橡胶关节，不允许老化、裂纹和挤出；经常检查轴箱接地装置的碳刷是否磨耗到限（磨损限度为 12 mm），以便及时更换碳刷，保证接地装置的正常工作。

（10）运行中，抱轴承温度不应超过 70 ℃，遇温度太高或冒烟时，禁止用油、水等人工强迫降温，以防轴颈产生裂纹，要使机车在线路上慢慢移动，待温度降到 70 ℃ 以下时再处理，以防车轴弯曲。

（11）齿轮箱油位要符合标准，运用中要经常检查牵引齿轮的润滑情况，避免因缺油或油脂变质而使牵引齿轮加速磨损或拉伤。冬季要注意因低温所引起的油润性能变化。

【拓展资源】

发生车辆热轴处理

接到通知心莫慌　　常用制动避分相
停车呼叫两端站　　通知追踪和辆检
检查行走安全侧　　轴承外观仔细看
外观正常要命令　　牵引二五到前站
外观破损报车站　　一切按照指示办
退行不超一十五　　拍照记录不疏忽

【项目小结】

本项目重点介绍了电力机车乘务员应该掌握的基本知识和基本技能。基本知识方面讲述了电力机车检查的基本知识、静止检查的种类、和谐型大功率机车修程修制设置及各种检查的要求。

基本技能方面主要介绍了机车静止检查的方法、机车给油的方法和电力机车自检自修的操作过程,以及电力机车主要部件的保养和维护。

【复习思考题】

1. 电力机车检查目的是什么?
2. 电力机车检查方法有哪些?
3. 电力机车检查注意事项有哪些?
4. 电力机车静止检查顺序是什么?
5. 电力机车学习司机中间站停车检查的范围及要求是什么?
6. 和谐型交流传动机车修程修制是如何设置的?
7. 机车给油的目的及方法是什么?
8. 撒砂器故障如何判断?
9.. 机车轴箱温度该如何判断?
10. 简述机车车钩的解体及检查方法。
11. 机车车钩的技术参数有哪些?
12. 机车受电弓保养有哪些要求?
13. 机车蓄电池保养有哪些要求?

项目七　各型机车电气动作及高、低压试验

【项目描述】

本项目主要学习我国现有机车的电气动作以及高、低压试验。机车的电气动作及高、低压试验是非常重要的一项工作,对于乘务员来说是必须掌握的内容。

【教学目标】

1. 知识目标

(1) 掌握 HXD_3 型电力机车高、低压试验程序;

(2) 掌握 SS_4 型电力机车高、低压试验程序;

(3) 了解 DF_{8B} 型内燃机车电气全面检查程序;

(4) 了解 HXN_5 型内燃机车智能显示器检测操作程序。

2. 能力目标

(1) 会进行 HXD_3 型电力机车高、低压试验程序;

(2) 会进行 SS_4 型电力机车高、低压试验程序。

【相关知识】

机车高、低压试验是机车全面检查的一个重要部分,它不仅是对机车检修后及运用前的技术安全检查,而且也是保证机车运用质量的必要手段。通过试验,可确认机车电气部件是否正常工作,相互配合是否正确,也就是用动态检查的方法对机车进行全面的质量检验。机车低压试验在机车组装完毕之后进行,其目的是检查机车各电气设备的连接是否正确、各电气设备的执行机构动作是否正常及相互逻辑关系是否正确,用以消除检修中造成的错接、漏接等现象。在接通库内辅助电源时,还可试验各辅助机组的工作状态。

机车高压试验主要是指机车在工频 25 kV 接触网压下进行的升弓试验。高压试验是在完成了低压试验的基础上进行的,其主要目的是检查某些在低压试验中无法检查的线路及电气部件,观察仪表的显示情况,检查牵引电机和各辅助机组转向是否正确、工作是否正常,并进行牵引和制动试验。高压试验做完以后才能进行试运行或投入运用。

任务一 DF$_{8B}$型内燃机车电气全面检查程序

【教学目标】

1. 知识目标

了解 DF$_{8B}$ 型内燃机车的电气全面检查程序。

2. 能力目标

能说出 DF$_{8B}$ 型内燃机车的电气检查程序。

【相关配套知识】

一、准备工作

（1）低压风缸压力在 400 kPa 以上时，将故障开关 1 GK～6 GK 置于运转位；低压风缸压力 400 kPa 以下时，将 1 GK～6 GK 置于故障位（运用电磁接触器机车除外）。

（2）闭合蓄电池闸刀 XK，蓄电池电压不低于 96 V，操纵台显示屏无载（非逻辑控制单元机车"励磁二"）灯亮，照明开关 ZMK 置于"蓄电池"位。

（3）电器柜、操纵台柜各自动脱扣开关置于闭合位（Ⅰ、Ⅱ燃料泵自动脱扣开关 2DZ、3DZ 只闭合一个，电热玻璃、暖风机、电加热圈自动脱扣开关置于断开位），励磁控制开关行程开关 WZK 置于"励磁Ⅰ"位。

（4）微机控制开关 WJK 置于"Ⅰ"位，逻辑控制单元转换开关置 A 组或 B 组。

（5）接地转换开关 DK 置于"运转位"。

（6）微机柜上的油压、空转切除开关置于正常位，辅机板开关置于"A"位或"B"位。

（7）确认低压柜内接地正负试灯亮度一致。

二、电气动作试验

（一）非逻辑控制单元机车

1. 主手柄"0"位进行下列试验

（1）闭合总控开关 1K，闭合启动机油泵开关 3K，启动机油泵接触器 QBC 吸合，启动机油泵电机 QBD 运转。

（2）闭合燃油泵开关 4K，燃油泵接触器 RBC 吸合，燃油泵电机 RBD 运转；启动机油泵接触器 QBC 失电，启动机油泵电机 QBD 停转；断开燃油泵开关 4K，燃油泵接触器 RBC 断开，燃油泵电机 RBD 停转；启动机油泵接触器 QBC 吸合，启动机油泵电机 QBD 运转；断开启动机油泵开关 3K，启动机油泵电机 QBD 停转。

（3）闭合燃油泵开关 4K，交替闭合自动脱扣开关 2DZ、3DZ，显示屏显示燃油压力不低于 150 kPa（柴油机转速控制盒的机车无级调速驱动器 WTQ 指示器灯闪亮）。

（4）手动中间继电器 4ZJ，燃油泵接触器 RBC 断开，燃油泵电机 RBD 停，"差示压力"灯亮；松开中间继电器 4ZJ，中间继电器 4ZJ 自锁；断开燃油泵开关 4K，中间继电器 4ZJ 断开，"差示压力"信号灯灭。

（5）闭合燃油泵开关 4K，短接 X12：14 和 X12：22，电磁联锁 DLS 吸合；撤除短接线电磁联锁 DLS 失电。（此项 302 型调速器不做）

（6）手动中间继电器 8ZJ，燃油泵接触器 RBC 断开；松开中间继电器 8ZJ，中间继电器 8ZJ 自锁；断开燃油泵开关 4K，中间继电器 8ZJ 断开，闭合燃油泵开关 4K，燃油泵接触器 RBC 吸合。

（7）闭合辅助发电开关 5K，辅助励磁接触器 FLC 吸合；手动中间继电器 9ZJ，辅助励磁接触器 FLC 断开，"辅助过压"灯亮。松开中间继电器 9ZJ，中间继电器 9ZJ 自锁，断开辅助发电开关 5K，中间继电器 9ZJ 断开，"辅发过压"信号灯灭。

（8）闭合辅助发电开关 5K，闭合固定发电开关 10K，固定发电接触器 GFC 吸合，辅助励磁接触器 FLC 断开，"固定发电"信号灯亮；断开固定发电开关 10K，固定发电接触器 GFC 断开，辅助励磁接触器 FLC 吸合，"固定发电"信号灯灭。

（9）闭合空压机开关 6K（或 6K 置于"自动"位，总风缸压力低于 750 kPa 时），空压机接触器 1YC、2YC 吸合，"空压机"信号灯亮。断开空压机开关 6K，1YC、2YC 断开，"空压机"信号灯灭。

（10）按下空压机手动开关 2QA（或 6K 置于"手动"位），空压机接触器 1YC、2YC 吸合，"空压机"信号灯亮；松开空压机手动开关 2QA（或断开空压机手动扳键），空压机接触器 1YC、2YC 断开，"空压机"信号灯灭（总风缸压力高于 750 kPa 时，只试空压机手动）。

2. 保留总控开关 1K、燃油泵开关 4K，换向手柄置于"前牵"位进行下列试验

（1）主手柄由 0 位升至 16 位，柴油机转速控制盒的机车无级调速驱动器 WTQ 发出脉冲信号正确显示（微机板控制的机车柴油机转速在调速器处听，应有步进电机的转动声），主手柄回"0"位；闭合故障开关 7K，主手柄置于"1"位，转动柴油机操纵台手动调速手轮 KQK、无级调速驱动器 WTQ 上步进电机电源状态显示灯（A、B、C）显示正常（也可在调速器处听，应有步进电机的转动声），主手柄回"0"位，断开故障开关 7K。断开燃油泵开关 4K，转换转速控制盒插头在备用位（微机控制转换转速控制开关置备用组），转换完毕后闭合燃油泵开关 4K，按上述要求进行相应试验。

（2）闭合机车控制开关 2K，换向手柄置于前牵（或后牵）位，工况转换电空阀 HKG1 得电，故障励磁接触器 1GLC、中间继电器 5ZJ、6ZJ 吸合，"励磁二"信号灯灭。

（3）主手柄提至"1"位，方向转换电空阀 HKF1 得电，前进位触指闭合，励磁机励磁接触器 LLC、电空接触器 1C~6C、励磁接触器 LC 顺序得电，方向转化电空阀 HKF1 自锁，"无载"信号灯灭，微机屏显示牵引工况运行参数。

（4）手动接地继电器 DJ，励磁机励磁接触器 LLC、励磁接触器 LC、电空接触器 1C~6C 顺序断开，接地继电器 DJ 自锁，"无载"、"接地"信号灯亮；恢复接地继电器 DJ，励磁机励磁接触器 LLC、励磁接触器 LC、电空接触器 1C~6C 顺序吸合，"接地"、"无载"信号灯灭。

（5）手动过流继电器 LJ，励磁机励磁接触器 LLC、励磁接触器 LC、电空接触器 1C~6C 顺序断开，过流继电器 LJ 自锁，"无载"、"过流"信号灯亮；恢复过流继电器 LJ，励磁机励磁接触器 LLC、电空接触器 1C～6C、励磁接触器 LC 顺序吸合，"无载"、"过流"信号灯灭。

（6）闭合常用制动停车继电器 TJ1，励磁机励磁接触器 LLC、励磁接触器 LC、主接触器 1C～6C 失电，"无载"信号灯亮，松开常用制动停车继电器 TJ1，励磁机励磁接触器 LLC、电空接触器 1C～6C、励磁接触器 LC 得电，"无载"信号灯灭。

（7）主手柄提至 2 位，中间继电器 1ZJ 吸合。

（8）削磁开关 XKK 置于"手动位"，磁场削弱接触器 XC 得电，"磁场削弱"信号灯亮；削磁开关 XKK 置于"0"位，磁场削弱接触器 XC 失电，"磁场削弱"信号灯灭。

（9）手动中间继电器 2ZJ，励磁机励磁接触器 LLC、励磁接触器 LC、电空接触器 1C～6C 断开，"水温高"、"无载"信号灯亮。松开中间继电器 2ZJ，中间继电器 2ZJ 自锁；主手柄回至"1"位，中间继电器 2ZJ 断开，励磁机励磁接触器 LLC、电空接触器 1C～6C、励磁接触器 LC 吸合，"水温高"、"无载"信号灯灭。

（10）主手柄提至"9"位，中间继电器 3ZJ 吸合。

（11）主手柄回至"8"位，中间继电器 3ZJ 断开。

（12）主手柄回至"1"位，中间继电器 1ZJ 断开。

（13）主手柄回"0"位，方向转换电空阀 HKF1 失电，励磁机励磁接触器 LLC、励磁接触器 LC、电空接触器 1～6C 断开，"无载"信号灯亮。

（14）断开机车控制开关 2K，故障励磁接触器 1GLC、中间继电器 5ZJ、6ZJ 断开，"励磁二"信号灯亮，转换开关 WZK 置于"励磁 II"位，闭合机车控制开关 2K，故障励磁接触器 2GLC 吸合。主手柄置于"1"位，"无载"信号灯灭，微机屏显示牵引工况运行参数。主手柄回"0"位，"无载"信号灯亮。

（15）断开机车控制开关 2K，转换开关 WZK 置于"励磁 I"位，闭合机车控制开关 2K，故障励磁接触器 1GLC、中间继电器 5ZJ、6ZJ 吸合，"励磁二"信号灯灭。

3．换向手柄置于"后牵"位进行下列试验

（1）换向手柄置于"后牵"位，工况转换电空阀 HKG1 得电。

（2）主手柄置于"1"位，方向转换电空阀 HKF2 得电，励磁机励磁接触器 LLC、电空接触器 1C～6C、励磁接触器 LC 顺序吸合，"无载"信号灯灭。

（3）主手柄回"0"位，励磁机励磁接触器 LLC、电空接触器 1C～6C、励磁接触器 LC 断开，"无载"信号灯亮。

（4）换向手柄置于中立位，工况转换电空阀 HKG1 失电。

4．电阻制动试验

（1）确认转换开关 WZK 在"励磁 I"位，换向手柄置于"前制"位，工况转换电空阀 HKG2 吸合。

（2）主手柄提至"1"位，方向转换电空阀 HKF1 得电，励磁机励磁接触器 LLC、主接触器 1C～6C、空电联锁电空阀 ZLF、制动接触器 ZC、电阻制动短接接触器 1RZC～6RZC（带有二级电阻制动机车）得电，显示"二级电制"信号灯亮（带有二级电阻制动机车）。

（3）主手柄提至"2"位，中间继电器 1ZJ、励磁接触器 LC 得电，"无载"信号灯灭，"电阻制动"信号灯亮，微机屏显示电阻制动工况运行参数。

（4）主手柄提至"12"位，人为闭合风速继电器FSJ，延时3~5 s，时间继电器ZSJ得电，励磁接触器LC失电，"无载"、"电制失风"信号灯亮，"电阻制动"信号灯灭；松开风速继电器FSJ，时间继电器ZSJ自锁。

（5）主手柄回"0"位，时间继电器ZSJ、励磁机励磁接触器LLC、主接触器1C~6C、空电联锁电空阀ZLF、制动接触器ZC、电阻制动短接接触器1RZC~6RZC失电；"电制失风"、"二级电制"信号灯灭。

（6）自阀手柄置制动区，单阀手柄置运转位，主手柄提至"1"位，制动接触器ZC、空电联锁电空阀ZLF、电阻制动短接接触器1RZC~6RZC得电，机车制动缸压力缓解为"0" kPa，"二级电制"信号灯亮；主手柄提"2"位，励磁接触器LC得电，"无载"信号灯灭，"电阻制动"信号灯亮。自阀手柄置运转位，单阀手柄置制动位。

（7）主手柄回"1"位，励磁接触器LC失电，"无载"信号灯亮；主手柄回"0"位，方向转换电空阀HKF1、励磁机励磁接触器LLC、主接触器1C~6C失电。换向手柄置于中立位，工况转换电空阀HKG2失电。断开机车控制开关2K、中间继电器5ZJ、6ZJ、故障励磁接触器1GLC失电，显示屏"励磁二"信号灯亮。

（二）逻辑控制单元机车（逻辑控制单元转换开关分别置A组或B组进行如下试验）

1．主手柄置于"0"位进行下列试验

（1）闭合启动机油泵开关3K，启动机油泵接触器QBC吸合，启动机油泵电机QBD运转。

（2）闭合燃油泵开关4K，燃油泵接触器RBC吸合，燃油泵电机RBD运转；启动机油泵接触器QBC失电，启动机油泵电机QBD停转；断开燃油泵开关4K，燃油泵接触器RBC断开，燃油泵电机RBD停转；启动机油泵接触器QBC吸合，启动机油泵电机QBD运转；断开启动机油泵开关3K，启动机油泵电机QBD停转。

（3）闭合燃油泵开关4K，交替试验自动脱扣开关2DZ、3DZ，燃油压力不低于150 kPa。

（4）闭合辅助发电开关5K，辅助励磁接触器FLC吸合，"辅助发电"信号灯亮。

（5）闭合固定发电开关10K，固定发电接触器GFC吸合，辅助励磁接触器FLC断开，"固定发电"信号灯亮；断开固定发电开关10K，固定发电接触器GFC断开，辅助励磁接触器FLC吸合，"固定发电"信号灯灭。

（6）闭合空压机开关6K（或6K置于"自动"位，总风缸压力低于750 kPa时），空压机接触器1YC、2YC吸合，"空压机"信号灯亮。断开空压机开关6K，空压机接触器1YC、2YC断开，"空压机"信号灯灭。

（7）按下空压机手动开关2QA（或闭合空压机手动扳键），空压机接触器1YC、2YC吸合，"空压机"信号灯亮；松开空压机手动开关2QA（或断开空压机手动扳键），空压机接触器1YC、2YC断开，"空压机"信号灯灭（总风缸压力高于750 kPa时，只试空压机手动）。

2．保留总控开关1K、燃油泵开关4K，换向手柄置于"前牵"位进行下列试验

（1）主手柄由"0"位升至"16"位，在调速器处听，应有步进电机的转动声，主手柄回"0"位；闭合故障开关7K，主手柄置于"1"位，转动操纵台手动调速手轮KQK，在调速器

处听，应有步进电机的转动声，主手柄回"0"位，断开故障开关7K。断开燃油泵开关4K，微机控制柴油机转速的转换控制开关置备用组，转换完毕后闭合燃油泵开关4K，按上述要求进行试验。换向手柄置前制位，主手柄从"0"位应只能提置"12"位，主手柄回"0"位，换向手柄置前牵位。

（2）闭合机车控制开关2K，故障励磁接触器1GLC吸合，显示屏"微机励磁"信号灯亮，工况转换电空阀HKG1得电。

（3）主手柄提至"1"位，方向转换电空阀HKF1得电，前进触指闭合后，励磁机励磁接触器LLC、电空接触器1C～6C、励磁接触器LC顺序得电，"无载"信号灯灭，微机屏显示牵引工况运行参数。

（4）手动接地继电器DJ，励磁机励磁接触器LLC、励磁接触器LC、电空接触器1C～6C顺序断开，接地继电器DJ自锁，"无载"、"接地"信号灯亮；恢复接地继电器DJ，励磁机励磁接触器LLC、电空接触器1C～6C、励磁接触器LC顺序吸合，"接地"、"无载"信号灯灭。

（5）手动过流继电器LJ，励磁机励磁接触器LLC、励磁接触器LC、电空接触器1C～6C、顺序断开，过流继电器LJ自锁，"无载"、"过流"灯亮；恢复过流继电器LJ，励磁机励磁接触器LLC、电空接触器1～6C、励磁接触器LC顺序吸合，"无载"、"过流"信号灯灭。

（6）主手柄提至2位。

（7）磁场削弱开关XKK置于"手动位"，磁场削弱接触器XC得电，"磁场削弱"信号灯亮；磁场削弱开关XKK置于"0"位，磁场削弱接触器XC失电，"磁场削弱"信号灯灭。

（8）主手柄回"0"位，方向转换电空阀HKF1失电，励磁机励磁接触器LLC、励磁接触器LC、电空接触器1～6C断开，"无载"信号灯亮。

（9）断开机车控制开关2K，故障励磁接触器1GLC断开，显示屏"微机励磁"信号灯灭，转换开关WZK置于"励磁II"位，闭合机车控制开关2K，"励磁二"信号灯亮，故障励磁接触器2GLC吸合。主手柄至"1"位，"无载"信号灯灭，微机屏显示牵引工况运行参数。主手柄回"0"位，"无载"信号灯亮。

（10）断开机车控制开关2K，转换开关WZK置于"励磁I"位，闭合机车控制开关2K，故障励磁接触器1GLC、中间继电器5ZJ、6ZJ吸合，显示屏"微机励磁"信号灯亮。

3．换向手柄置于"后牵"位进行下列试验

（1）换向手柄置于"后牵"位，工况转换电空阀HKG1得电。

（2）主手柄至"1"位，方向转换电空阀HKF2得电，励磁机励磁接触器LLC、电空接触器1C～6C、励磁接触器LC顺序吸合，"无载"信号灯灭。

（3）主手柄回"0"位，励磁机励磁接触器LLC、励磁接触器LC、电空接触器1C～6C断开，"无载"信号灯亮。

（4）换向手柄置于中立位，工况转换电空阀HKG1失电。

4．电阻制动试验

（1）断开机车控制开关2K，确认转换开关WZK在"励磁I"位，换向手柄置于"前制"位，闭合机车控制开关2K，故障励磁接触器1GLC、工况转换电空阀HKG2吸合，电制百叶窗打开，显示屏"微机励磁"指示信号灯、百叶窗"1"、"2"指示信号灯亮。

（2）主手柄提至"1"位，方向转换电空阀 HKF1 得电，励磁机励磁接触器 LLC、空电联锁电空阀 ZLF、制动接触器 ZC、励磁接触器 LC 得电，"无载"信号灯灭，"电阻制动"信号灯亮。

（3）主手柄提至"2"位，电阻制动短接接触器 1RZC～6RZC 得电，"二级制动"信号灯亮，微机屏显示电制工况运行参数。

（4）主手柄提至"12"位，人为闭合风速继电器 FSJ，延时 3～5 s，电阻制动短接接触器 1RZC～6RZC、励磁机励磁接触器 LLC、主接触器 1C～6C、空电联锁电空阀 ZLF、制动接触器 ZC、励磁接触器 LC 失电，"无载"、"电制失风"信号灯亮。

（5）主手柄回"0"位，"电制失风"信号灯灭。

（6）自阀手柄置制动区、单阀手柄置运转位，主手柄提至"1"位，励磁机励磁接触器 LLC、主接触器 1C～6C、空电联锁电空阀 ZLF、制动接触器 ZC、励磁接触器 LC 得电，机车制动缸压力缓解为"0"kPa，"无载"信号灯灭；主手柄提至"2"位，电阻制动短接接触器 1RZC～6RZC 得电，"二级电制"信号灯亮，微机屏显示电制工况运行参数。自阀手柄置运转位、单阀手柄置制动位。

（7）主手柄回"1"位，电阻制动短接接触器 1RZC～6RZC 失电，"二级电制"信号灯灭；主手柄回"0"位，方向转换电空阀 HKF1、励磁机励磁接触器 LLC、励磁接触器 LC、主接触器 1C～6C 失电，"无载"信号灯亮。换向手柄置于中立位，工况转换电空阀 HKG2 失电。断开机车控制开关 2K，故障励磁接触器 1GLC、电制百叶窗失电，显示屏"微机励磁""百叶窗"信号灯灭。

三、试验结束后

（1）主手柄回"0"位。
（2）断开机车控制开关 2K、燃油泵开关 4K、总控开关 1K；闭合自动开关 2DZ。
（3）换向手柄置于中立位。
（4）断开蓄电池闸刀 XK。
（5）励磁二带有电制的机车转换开关 WZK 置于"励磁二"位，励磁二不带有电制的机车转换开关 WZK 置于"励磁一"位。
（6）断开总照明开关 ZMK。

任务二　HXN$_5$ 型内燃机车智能显示器检测操作程序

【教学目标】

1. 知识目标
了解 HXN$_5$ 型内燃机车智能显示器检测操作程序。
2. 能力目标
能说出 HXN$_5$ 型内燃机车智能显示器检测操作程序。

【相关配套知识】

一、机车电子空气制动设置为本务机车

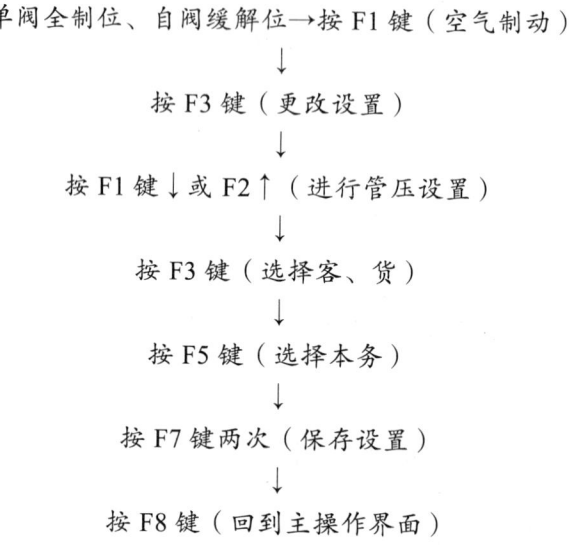

单阀全制位、自阀缓解位→按 F1 键（空气制动）
↓
按 F3 键（更改设置）
↓
按 F1 键↓或 F2↑（进行管压设置）
↓
按 F3 键（选择客、货）
↓
按 F5 键（选择本务）
↓
按 F7 键两次（保存设置）
↓
按 F8 键（回到主操作界面）

二、机车电子空气制动设置为重联机车

主手柄惰转位、换向手柄取出，单阀手柄、自阀手柄全制位排完风后：

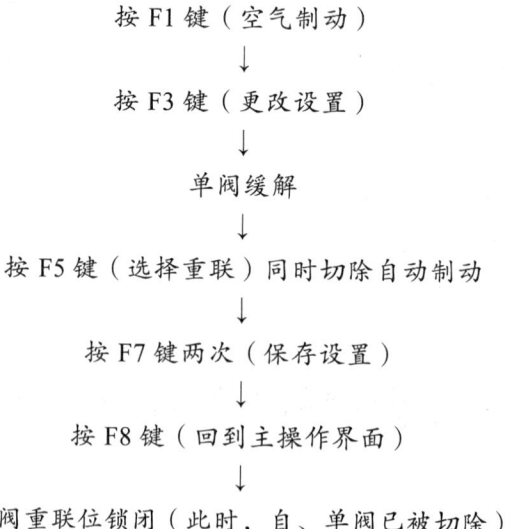

按 F1 键（空气制动）
↓
按 F3 键（更改设置）
↓
单阀缓解
↓
按 F5 键（选择重联）同时切除自动制动
↓
按 F7 键两次（保存设置）
↓
按 F8 键（回到主操作界面）
↓
自阀重联位锁闭（此时，自、单阀已被切除）

三、切入/切除电阻制动的操作

在主显示屏操作界面：

按 F7 键（开关）
↓
按 F1 键（电阻制动切入/切除）
↓
按 F4 键（是）进行确认
↓
按 F8 键（返回主操作界面）

四、空压机强制手动操作

在主显示屏操作界面：

按 F7 键（开关）
↓
按 2 号键（空压机强制手动）
↓
按 F4 键（确认开关转换）
↓
按 F8 键（返回主操作界面）

注意：仅当 1 号总风缸的压力为 827~903 kPa 时，才有 2 号键；一旦空压机已手动启动，按 2 号键将消失。

五、自负荷开关操作（仅限主操纵台）

在主显示屏操作界面：

按 F7 键（开关）
↓
按 6 号键（打开/关闭自负荷功能）界面会出现"机车正在自负荷"，
如未自负荷，显示"自负荷开关已开"。
↓
按 F8 键（返回到开关界面）
↓
再按 F8 键（返回主操作界面）

六、启用/禁用柴油机"自动启/停机"功能

启用"自动启/停机"功能必须符合的条件：停车、换向手柄置于中立位、主手柄置于惰转位、制动缸压力大于 152 kPa，合蓄电池闸刀和计算机断路器，各室门关好。

在主显示屏操作界面：

按 F7 键（开关）
↓
按 7 号键（自动起/停机）
↓
按 F4 键（确认开关转换）
↓
按 F8 键（返回主操作界面）

注意：紧急重联停机后自动启/停机开关被强制置于禁用位置。

在主显示屏操作界面：

按 3 号键（自动启/停机）
↓
显示 AESS 界面，所有操作条件以绿色显示
↓
按 F8 键（返回主操作界面）

注意：AESS 警铃位于机车右侧靠近主发机的高压柜/电器室后，它不是司机室警铃。

AESS 延时的设置：按一下柴油机控制面板中的自动停机延时按钮可对 AESS 进行延时。以下任何一项操作均会取消延时模式：

（1）挡位手柄推离惰转位。
（2）换向手柄推离之中立位。
（3）缓解自、单阀。
（4）移动机车。
（5）打开高压室柜门。
（6）部分机车限制。
（7）进入自我测试模式。
（8）柴油机控制开关设置为移车。

七、切除牵引电机或牵引电机速度传感器

在主显示屏操作界面：

按 F7 键（开关）
↓
按 8 号键（电机切除）
↓
按键 1~6（切除相应电机）、F1~F6 切除相应速度传感器
↓

按 F4 键（确认开关转换）
↓
按 F8 键（返回到开关界面）
↓
再按 F8 键（返回主操作界面）

注意：切除牵引电机速度传感器自动切除相应牵引电机，手动切除牵引电机不会影响相应的牵引电机速度传感器。

八、显示器屏幕控制

在主显示屏操作界面：

按 7 号键（屏幕控制）
↓
按 F4 键进行中英文转换
按 F5 键（操纵台选择）
按 F7 键（密码）访问高级界面
↓
在界面上选择，其中 F4 为退格键（可输入更改数字）
↓
F6 键将屏幕返回到屏幕控制界面
↓
F7 键为接收键、F8 键为取消键
↓
数字 1~8 用于输入
↓
按 F8 键（返回主操作界面）

当显示器在屏幕保护模式下时，执行以下操作可恢复屏幕显示：
（1）在任一显示器上按任意键。
（2）改变 EC 面板上的操纵台选择开关。
（3）执行警报器重置。
（4）改变 EC 面板上柴油机控制开关的位置。
（5）改变换向手柄位置。
（6）改变本务机车挡位手柄。
（7）本务机车移动。

九、显示器重联监控器操作界面

在主操作界面：

按 8 号键（更多菜单）
↓
按 F5 键（重联监控器）
↓
其中：F1（下箭头）、F2（上箭头），滚动"机车摘要框"；
F3 键（查看报警）
如按下 F3 键
↓
其中：F1（下箭头）、F2（上箭头），滚动"机车摘要框"；
F3（查看数据）
F8（退出）
↓
再按 F8 键返回主操作界面

任务三　SS_4 型电力机车高、低压试验程序

【教学目标】

1. 知识目标

掌握 SS_4 型电力机车高、低压试验程序。

2. 能力目标

会对 SS_4 型电力机车进行高、低压试验。

【相关配套知识】

一、低压试验

试验前的准备：

（1）确认车顶无人后锁闭车顶门。

（2）各管路塞门在正常工作位置，总风缸压力不小于 700 kPa，机车制动缸压力 300 kPa。

（3）各闸刀和自动开关均在正常工作位，控制电压不小于 92.5 V。

（4）将零压保护隔离开关 236QS，牵引风速故障隔离开关 573QS、574QS 及制动风速故障隔离开关 589QS、590QS 置于"故障"位，其他各故障隔离开关在正常工作位。

（5）电子柜转换开关置于"A"挡。

（6）自启劈相机隔离开关置于"手动"位，司机控制器手柄置于"0"位，辅助司机控制器置于"取出"位。

二、试验程序与要求

（一）电源钥匙开关试验

1．闭合钥匙 570QS

（1）门联锁保护阀 287YV 吸合，门联锁动作。558KA、568KA、563KA、569KA 及 539KT、528KT 吸合。

看："零位"灯亮。

（2）断开电源钥匙 570QS，门联锁保护阀 287YV 释放，558KA、568KA、563KA、569KA 及 539KT、528KT 释放。

看："零位"灯灭。

2．闭合 570QS

反复合断 2~3 次后正常，再合上 570QS。

（二）扳钮试验

1．主断路器试验（简称主断）

（1）闭合"主断合"按键（401SK）。

听：主断闭合声，恢复中间继电器 562KA 吸合声；

看："零压"灯灭又亮；

听：时间继电器 539KT 释放声和继电器 562KA 释放声；

看："主断"灯灭。

（2）合"主断断"按键（400SK）。

听：主断断开声；

看："主断"灯亮。

（3）再合"主断合"401SK [现象同（1），反复合断 2~3 次正常后，合上主断]。

2．劈相机试验

（1）合"劈相机"按键（404SK）。

听：劈相机中间继电器 567KA 吸合后，劈相机启动电阻接触器 213KM 和劈相机接触器 201KM 吸合，同时时间继电器 523KT、526KT、527KT、535KT、536KT 和压缩机放风电控阀 247YV 吸合；

看："劈相机"灯亮。

（2）人为闭合劈相机启动继电器试验按钮 283AK。

听：劈相机启动中间继电器 566KA 吸合，213KM 释放后延时 3s，533KT 释放；

看："劈相机"灯灭。

3．压缩机试验

合"压缩机"按键（405SK）（总风缸压力小于 700 kPa 时按"压缩机"按键，总风缸压力大于 700 kPa 时按"强泵"按键 408SK）。

听：压缩机接触器 203KM 吸合声，延时 3 s 后，听时间继电器 523KT 和电空阀 247YV 释放声。

4．各风机试验

（1）合"通风机"按键开关（406SK）。

听：牵引风机 1 接触器 205KM 吸合声；

看：主台"辅助回路"灯亮，副台"牵引风机 1"灯亮；

3 s 后听：时间继电器 535 KT 释放声和接触器 206KM 吸合声；

看：主台"辅助回路"灯亮，副台"牵引风机 2"灯亮；

又 3 s 后，听：时间继电器 536KT 释放声和接触器 211KM、212KM 吸合声；

看：主台"辅助回路"灯亮，副台"油泵"灯亮；

再延时 3 s 后，听：时间继电器 527KT 释放声。

（2）合"制动风机"按键（407SK）。

听：接触器 209KM 吸合声；

看：主台"辅助回路"灯亮，副台"制动风机 1"灯亮；

3 s 后听：时间继电器 526KT 释放声和接触器 210KM 吸合声；

看：主台"辅助回路"灯亮，副台"制动风机 2"灯亮。

5．断开压缩机、通风机、制动风机按键（或扳键开关）

断开压缩机、通风机、制动风机按键（或扳键开关），听各接触器释放声。

（三）电阻制动试验

将换向手柄置"制"位，电空阀 107YVF、108YVF 和 107YVB、108YVB 得电（前节车方向鼓"前位"，后节车方向鼓"后位"，牵-制鼓均在"制"位），同时牵引制动转换中间继电器 560KA、561KA 及风速延时继电器 530KT 吸合。

（1）听：两位置转换开关转换声。

（2）将制动风缸压力缓解到 150 kPa 以下，调速手轮离开"0"位。

听：线路接触器 12KM、22KM、32KM、42KM 吸合后，励磁接触器 91KM、92KM 吸合，然后 556KA 吸合；

看："电制动"灯亮，"预备"灯灭。

（3）正常后，空气制动阀制动，制动缸压力 300 kPa。

听：91KM、92KM 及 556KA 释放声；

看："电制动"灯灭，"预备"灯亮；

正常后将调速手轮拉回"0"位，听各线路接触器释放声。

(四)换向试验

1. 换向手柄置"前"位

听:两位置转换开关转换声(牵-制鼓转"牵引"位);
看:"预备"灯灭(560KA、561KA 释放,530KT、556KA 吸合)。

2. 换向手柄置"0"位

听:两位置转换开关排风声;
看:"预备"灯亮。

3. 换向手柄置"后"位

听:两位置转换开关转换声(前节车转"后位",后节车转"前位");
看:"预备"灯灭。
正常后将 573QS、574QS、589QS、590QS 置"正常"位。

(五)牵引试验

1. 换向手柄置"前"位,"预备"灯灭

调速手轮离开"0"位后置"1"级。
听:558KA、568KA 和零位延时继电器 532KT 吸合后,线路接触器 12KM、22KM、32KM、42KM 吸合声;
看:"零位"灯灭。

2. 牵引风机自启试验

(1)调速手轮置"3"级以上。
听:205KM 吸合;
看:主台"辅助回路"亮,副台"牵引风机 1"亮;
3 s 后,听:206KM 吸合;
看:副台"牵引风机 2"亮;
又 3 s 后,听:211KM、212KM 吸合;
看:副台"油泵"亮。
(2)调速手轮置"3"级以上 25 s 后,低级延时继电器 525KT 动作。
看:"预备"灯亮。
正常后,闭合"通风机"(406SK)按键,再断开"通风机"(406SK)按键。

3. 磁场削弱试验

调速手轮置 6 级以上。
(1)换向手柄置"Ⅰ"级(磁削)。
听:电空阀 17YV、47YV 吸合,磁削接触器 17KM、27KM、37KM、47KM 吸合声。

（2）换向手柄置"Ⅱ"级（磁削）。

听：电空阀 18YV、48YV 排风声，接触器 17KM~47KM 释放声；电空阀 18YV、48YV 吸合声，接触器 18KM、28KM、38KM、48KM 吸合声。

（3）换向手柄置"Ⅲ"级（磁削）。

听：电空阀 17YV、47YV 吸合声，磁削接触器 17KM~47KM 吸合声。

（4）换向手柄由"Ⅲ"、"Ⅱ"、"Ⅰ"依次退回"前"位。

听：各磁削接触器释放声。

（5）调速手轮，换向手柄均回"0"后，取出换向手柄。

（六）辅助司机控制器操纵试验

1．将换向手柄放入辅助司机控制器"前"位，推向调速区

听：两位置转换开关电空阀得电声，其他电器动作同主台；

看："预备"、"零位"灯灭。

2．换向手柄取出，放入"后"位推向调速区

听：两位置转换开关转换声，其他电器动作同主台；

看："预备"、"零位"灯灭。

3．辅台试完后，将手柄取出，放入主台置"前"位

断开"劈相机"按键（或扳键开关 404SA）。

（七）保护试验

1．接地保护

（1）主接地。

闭合主断，人为使主电路接地，主电路接地继电器 97KE 或 98KE 动作。

听：主断跳闸声；

看：主台"主断"、"主接地"、"零压"灯亮；副台"主接地 1"或"主接地 2"灯亮。

（2）辅接地。

闭合主断，人为使辅助回路接地，辅助回路接继电器 285KE 动作。

听：主断跳闸声；

看：主台"主断"、"零压"、"辅助回路"灯亮；副台"辅接地"灯亮。

（3）控制电路接地。

闭合主断，人为使控制电路接地，控制电路接地继电器 554KA 动作。

听：616QA 接地自动开关跳开；

看：主台"控制电路接地"灯亮。

2．过　载

（1）牵引过载。

闭合主断，人为闭合牵引电机过流继电器 557KA。

听：主断跳闸声；

看：主台"牵引电机"、"主断"、"零压"灯亮。

（2）原边过流。

闭合主断，人为闭合原边过流继电器 101KC。

听：主断跳闸声；

看：主台"原边过流"、"主断"、"零压"灯亮。

（3）辅过载。

闭合主断，人为闭合辅过流中间继电器 282KC。

听：主断跳闸声；

看：主台"辅助回路"、"主断"、"零压"灯亮；副台"辅过流"灯亮。

（4）制动励磁过流。

换向手柄置"制"位，调速手轮离开"0"位，人为闭合励磁过流中间继电器 559KA。

听：91KM 释放声；

看：主台"励磁过流"灯亮。

试验完后，将各开关恢复至正常位。

（八）大秦线 SS_{4G} 机车 Locotrol 试验

按 Locotrol 系统试验方法进行试验。

三、高压试验

准备工作：

（1）低压试验良好，各机械、电气设备良好。

（2）车顶作业和隔离开关作业完毕（车顶门锁闭）。

（3）各故障转换开关、自动开关、闸刀、风路塞门均在正常工作位。

（4）A、B 节车各室无人，锁闭各室门，确认所有人员齐全且处于安全位置。

（5）总风缸压力 700 kPa 以上，制动缸压力 300 kPa 以上。

四、试验程序与要求

1．升弓试验

（1）合钥匙 570QS。

听：门联锁动作声；

看:"零位"灯亮。

(2)升弓。

① 合"后弓"按键(402SK)。

看:受电弓升起时,升弓时间不大于 8 s,无冲网现象,网压表显示 19~29 kV。

② 断开"后弓"按键(402SK)。

看:降弓时无砸车顶现象,降弓时间不大于 7 s。

2. 主断路器试验

合"主断合"按键(401SK)。

听:主断闭合声,主变压器交流声;

看:主台"主断"、"零压"灯灭,控制电压上升至 110 V。

(确认前、后节车的"主断"灯均灭后,再松开按键。)

3. 劈相机试验

合"劈相机"按键(404SK)。

听:劈相机启动声音正常;

看:主台"劈相机"灯先亮又灭。

注:发现劈相机启动异常,立即断电。

4. 压缩机试验

(1)合"压缩机"按键(405SK)。

听:247YV 电空阀排风声和压缩机启动声,3 s 后听 247YV 停止排风声;

看:辅压表波动一次。

(总风缸压力达到 900 kPa 时,压缩机自动停止泵风。)

(2)按"强泵"按键(408SK)。

总风压力达到 950 kPa 时,高压安全阀喷气后,断开按键。

5. 制动机试验

按制动机试验方法进行试验。

6. 电阻制动试验

(1)合"通风机"按键(406SK)。

听:牵引风机 1 启动,隔 3 s 牵引风机 2 启动,再隔 3 s 变压器风机和油泵同时启动;

看:主台"辅助回路"——亮又灭,副台"牵引风机 1"——亮又灭,3 s 后主台"辅助回路"——亮又灭,副台"牵引风机 2"——亮又灭;再过 3 s 主台"辅助回路"——亮又灭,副台"油泵"——亮又灭。

(2)合"制动风机"按键(407SK)。

听:制动风机 1 启动,隔 3 s 制动风机 2 启动;

看:主台"辅助回路"——亮又灭,副台"制动风机 1"——亮又灭;3 s 后主台"辅助回路"——亮又灭,副台"制动风机 2"——亮又灭。

（3）换向手柄置"制"位，空气制动阀缓解，使制动缸压力降至 100 kPa，调速手轮离开"0"位。

听：线路接触器 12KM～42KM 吸合，励磁接触器 91KM、92KM 吸合声及 530KT 吸合声；

看：主台"电制动"灯亮，"预备"灯灭。

（4）调速手轮离开"0"位到最大位。

看：励磁电流上升到 930 A，制动电流上升到 50 A。

（5）断开"通风机"按键（406SK）。

听：牵引风机 1、2 停转，530KT 释放声；

看："预备"灯亮，励磁电流和制动电流下降到 0 A。

（6）合"通风机"按键，待牵引风机 1、2 启动，530KT 吸合后，"预备"灯灭，励磁电流升至 930 A、制动电流升至 50 A。

断开"制动风机"按键：

听：制动风机 1、2 停转，530KT 释放声；

看："预备"灯亮，励磁电流和制动电流下降到 0 A。

（7）合"制动风机"按键，待制动风机 1、2 启动，530KT 吸合后：

看："预备"灯灭，励磁电流升至 930 A，制动电流升至 50 A；空气制动阀制动，制动缸压力升至 300 kPa；

听：91KM、92KM 释放声；

看："预备"灯亮，励磁电流和制动电流下降到 0 A。

（8）将调速手轮拉回"0"位，换向手柄置"前"位，"预备"灯灭后，关闭各通风机、制动风机，进行下一项试验。

7．牵引试验

（1）调速手轮进到"1"级。

看："零位"灯灭，牵引电机电流升到 150 A。

（2）调速手轮回到"0"位

看："零位"灯亮，牵引电机电流下降至 0 A。

（3）辅台牵引试验。

① 手柄置"1"级。

看："零位"灯灭，牵引电机电流上升到 150 A。

② 手柄回到"0"位。

看："零位"灯亮；牵引电机电流下降至 0 A。

（4）将两节车电子柜 A、B 组转换开关均置"B"组，换向手柄置"前"位，调速手轮离开"0"位后缓慢推向牵引区。

看：牵引电流上升后（电流不超过 150 A），立即将调速手轮拉回"0"位。

（转换电子柜 A、B 组时，要求降弓断电；试验正常后，将两节车电子柜重新置"A"组。）

8．紧急制动试验

按"紧急制动"按钮。

（1）听：紧急放风阀排风声，主断跳闸，并自动撒砂；
看：列车管压力急剧下降到 0，"主断"灯亮。
（2）大闸放置重联位，15 s 后解锁缓解，再闭合主断。

9．失压保护试验

降下前、后受电弓。
听：1.5s 后 286KT 释放，主断跳闸；
看："零压"、"主断"灯亮。
试验完毕后，将各开关恢复试验前状态。

任务四　HXD$_3$型电力机车高、低压试验程序

【教学目标】

1．知识目标
掌握 HXD$_3$ 型电力机车高、低压试验程序。
2．能力目标
会对 HXD$_3$ 型电力机车进行高、低压试验。

【相关配套知识】

一、低压试验

（一）准备工作

（1）确认车顶门、控制电器柜门锁闭良好，高压接地开关在"运行"位（两把黄色钥匙插入）；蓝色钥匙插入制动控制柜锁孔，开通受电弓风路（蓝色钥匙呈垂直状态）。
（2）确认各风路塞门在正常工作位置（空气制动柜：总风塞门 A24、踏面清扫塞门 B50.02、弹停塞门 B40.06、撒砂塞门 F41.02、制动缸塞门 Z10.22 在开放位；干燥器下：控制风缸塞门 U77 在开放位、总风缸排水塞门 A12 在关闭位；压缩机与Ⅰ端变流柜间侧墙：Ⅱ端受电弓塞门 U98 在开放位；压缩机与Ⅰ端变流柜间小地板下：弹停风缸排水塞门 A14、控制风缸排水塞门 U88 均在关闭位；控制电器柜与Ⅱ端变流柜间侧墙：主断路器塞门 U94、Ⅰ、Ⅱ端受电弓高压隔离开关塞门 U95、Ⅰ端受电弓塞门 U98 均在开放位）。
（3）确认总风缸风压不低于 750 kPa；机车控制电路电压不低于 96 V。
（4）确认控制电器柜上的自动开关位置正确（除直流加热及自动过分相自动开关在"断开"位外，其余自动开关均在"闭合"位）。
（5）实施弹停制动。
（6）司机室各控制器在"0"位，打开机械室门。

（二）试验顺序及要求

1．机车照明试验

依次闭合仪表、司机室、走廊、车底、前（付）照灯、标志等照明灯开关，检查各照明灯照明良好、逻辑控制关系正确。

2．辅机系统试验

检查遮阳帘、风扇、刮雨器工作状态良好，功能与控制开关指示位置相符合。

3．机车电钥匙试验

（1）机车电钥匙置"合"位。

观察制动显示屏启动正常，检查制动显示屏各数据、参数设置正确。

（2）将自动制动手柄置"抑制"位 1 s 后回"运转"位、单独制动手柄置"全制"位。

观察制动显示屏"动力切除"消除，制动显示屏均衡风缸、列车管风压显示 600（500）kPa、机车制动缸风压显示 300 kPa。

4．微机显示屏试验

（1）状态指示屏"微机正常"、"主断分"、"零位"、"欠压"、"辅变流器"、"水泵"、"停车制动"灯亮。

（2）按下状态指示屏自检按钮，所有状态指示灯亮。

（3）确认微机显示屏显示正常，其网压、控制电路电压显示与仪表模块显示一致。

（4）主、辅变流器切除试验。

利用微机显示屏触摸开关，分别将主变流器和辅变流器切除、恢复一次。

5．弹停装置试验

（1）弹停转换开关置"缓解"位。确认弹停制动缓解，状态指示屏"停车制动"红灯灭。

（2）弹停转换开关置"制动"位。确认弹停装置制动，状态指示屏"停车制动"红灯亮。

6．主变流器试验

将主变流器试验开关（SA75）置"试验"位，进行以下试验：

（1）断路器试验。

① 将主断路器扳键开关（SB43 或 SB44）置"主断合"位：

听主断路器闭合声，看状态指示屏"主断分"灯灭，微机显示屏显示"主断合"。

② 将主断路器扳键开关（SB43 或 SB44）置"主断分"位：

听主断路器断开声；看状态指示屏"主断分"灯亮，微机显示屏显示"主断分"。

（2）牵引试验

① "前"位牵引试验。

a．换向手柄置"前"位。听充电、工作接触器动作声，看微机显示屏方向指示与手柄位置一致。

b. 缓慢将调速手柄由"0"推向"牵引"区最大位。看状态指示屏"零位"灯灭,微机显示屏级位显示从 0.0 升至 13.0,各轴扭矩输出显示由 0 升至约 95 kN。

c. 缓慢将调速手柄退至"0"位。看微机显示屏级位和牵引力显示逐步回"0",状态指示屏"零位"灯亮。

d. 换向手柄置"0"位。听工作接触器断开声。

② "后"位牵引试验。

试验内容同"前"位牵引试验。

（3）电制动试验。

① 换向手柄置于"前"位,将调速手柄拉向"制动区"并逐渐推至最大位,看状态指示屏"零位"灯灭、"电制动"灯亮;听制动系统短暂排风声（机车制动缸有风时）;看微机显示屏手柄级位由 11.9—1 级变化。

② 调速手柄退回"0"位。看状态指示屏"电制动"灯灭、"零位"灯亮。

③ 缓解机车制动,大闸置"初制动"位,将调速手柄置"制动区"。看状态指示屏"零位"灯灭、"电制动"灯亮;观察机车制动缸缓解。

④ 调速、换向手柄回"0"位。

（4）试验完毕,主变流器试验开关（SA75）恢复至"0"位。

7．撒砂试验

分别将换向手柄置"前"、"后"位,脚踩撒砂开关 SA83（SA84）,确认撒砂装置作用良好。

8．警惕装置试验

在微机显示屏牵引/制动画面点击【检修状态】→输入密码"000"→点击【确认】【状态】【信号信息】→进入信号信息画面→点击【DI2】→进入 DI2 画面第一页,手按警惕按钮或脚踩警惕开关,看 521 线底色变绿;松开后,底色恢复黑色。

二、高压试验

（一）准备工作

（1）确认机车各闸刀、试验开关、故障转换开关、风路塞门、车顶门、各屏柜门均在正常位。

（2）确认总风风压不低于 700 kPa,机车制动缸风压不低于 300 kPa。

（3）检查控制电路电压不低于 96 V。

（4）通过微机显示屏将主变流器 CI1~CI6 全部切除。

（5）将非操纵端自动制动手柄锁定在"重联"位,单独制动手柄置"全制"位,锁闭非操纵端司机室门窗。

（6）确认操纵端司机控制器手柄在"0"位、机车电钥匙在"0"位。

（7）确认机车停留在有电区且接地线已撤除,隔离开关已闭合,机车两端地面防护牌、信号旗（信号灯）已撤除，机车周围无闲杂人员且均处于安全区域，高压试验人员均在司机室。

（二）试验顺序及要求

1．机车电钥匙置"合"位

（1）确认制动显示屏启动正常，检查制动显示屏各数据、参数设置正确。

（2）将大闸置"抑制"位 1 s 后回"运转"位，小闸置"全制"位，确认制动显示屏"动力切除"消除，制动显示屏均衡风缸、列车管风压显示 600（500）kPa、机车制动缸风压显示 300 kPa。

2．升降弓试验

（1）后弓试验。

① 将受电弓扳键开关 SB41（SB42）置"后受电弓"位：

a. 听升弓电磁阀得电充风声；

b. 观察受电弓上升正常，无冲网现象，升弓时间不得大于 5.4 s（从弓头动作时起）；

c. 确认网压表及微机显示屏网压显示正常，状态指示屏"欠压"灯灭。

② 将受电弓扳键开关 SB41（SB42）置"0"位：

a. 观察受电弓下降正常，无砸车顶现象，降弓时间不得大于 4 s（从弓头动作时起）；

b. 确认网压表及微机显示屏显示网压低于 5 kV，状态指示屏"欠压"灯亮。

（2）前弓试验。

试验内容同后弓试验。

（3）升起后弓。

3．主断路器试验

（1）将主断路器扳键开关 SB43（SB44）置"主断合"位：

① 听主断路器闭合声及辅变流器 2（APU2）启动后，水泵、辅变流器风机、油泵投入工作声；

② 看机车状态指示屏"主断分"、"辅变流器"、"水泵"灯灭；

③ 进入微机显示屏"风机状态"画面，确认变压器油泵 MA21、MA22 及水泵 MA27、MA28 投入工作；

④ 进入微机显示屏"辅助电源"画面，看辅变流器 2（APU2）输出频率为（50±1）Hz；

⑤ 观察控制电路电压表及微机显示屏，看控制电路电压显示 110 V；

⑥ 进入机械室确认冷却系统水流量计显示流量正常（黑色指针在 200 左右）。

4．压缩机试验

（1）总风风压低于 750 kPa（0001~0640 号机车）或 680 kPa（0641 号机车之后）时，将压缩机扳键开关 SB45（SB46）置"压缩机"位。

① 听空气压缩机 1、2 间隔 3 s 依次启动；

② 进入微机显示屏"空制状态"画面，看压缩机 CMP1、CMP2 正常投入工作；
③ 当总风风压升至 900 kPa 时，压缩机 1、2 同时停止工作。
（2）当总风缸风压高于 750 kPa 但又低于 825 kPa 时（0001~0640 号机车），或当总风缸风压高于 680 kPa 但又低于 750 kPa 时（0641 号机车之后），将压缩机扳键开关 SB45（SB46）置"压缩机"位，此时，仅操纵端压缩机投入工作，当总风风压达到 900 kPa 时自动停止工作。
（3）将压缩机扳键开关 SB45（SB46）置"强泵风"位不松手：
① 看操纵端压缩机投入工作，总风风压升至 950 kPa 时听高压安全阀喷气声；
② 松开压缩机扳键开关 SB45（SB46），操纵端压缩机停止工作。

5．换向手柄置"前"位试验

（1）换向手柄置"前"位：
① 听辅变流器 1（APU1）启动后，牵引及复合冷却风机启动；
② 进入微机显示屏"风机状态"画面，确认牵引风机 MA11~MA16 启动正常；
③ 进入微机显示屏"辅助电源"画面，看辅变流器 1（APU1）输出频率升至 33 Hz。
（2）换向手柄回"0"位：
待 1 min 之后，听各牵引、复合冷却风机停止工作。

6．电制动试验

（1）换向手柄置"前"位、调速手柄离开"0"位至"制"区最大：
① 看机车状态指示屏"零位"灯灭；
② 进入微机显示屏"辅助电源"画面，看辅变流器 1（APU1）输出频率升至（50±1）Hz；
③ 看微机显示屏显示级位由 11.9 级—1 级间变化。
（2）调速手柄回"0"位。
看机车状态指示屏"零位"灯亮。

7．牵引试验

（1）弹停转换开关置"缓解"位，看机车状态指示屏"停车制动"红灯灭。
（2）通过微机显示屏触摸开关恢复主变流器 CI1~CI3：
看状态指示屏"预备"灯亮。
（3）将调速手柄置牵引"＊"位：
① 看机车状态指示屏"零位"、"预备"灯灭；
② 微机显示屏显示"1.0"级，牵引电机 M1~M3 输出扭矩显示 13 kN 左右。
（4）调速手柄退回"0"位：
① 机车状态指示屏"零位"、"预备"灯亮；
② 看微机显示屏牵引电机 M1~M3 输出扭矩变为 0、手柄级位显示"0"级。
（5）通过微机显示屏触摸开关切除主变流器 CI1~CI3、恢复主变流器 CI4~CI6，将调速手柄置牵引"＊"位：
① 看机车状态指示屏"零位"、"预备"灯灭；

② 微机显示屏显示"1.0"级、牵引电机 M4～M6 输出扭矩显示 13 kN 左右。

（6）调速手柄退回"0"位：

① 机车状态指示屏"零位"、"预备"灯亮；

② 看微机显示屏牵引电机 M4～M6 输出力矩变为 0、手柄级位显示"0"级。

（7）换向手柄置"0"位，通过微机显示屏触摸开关切除主变流器 CI4～CI6。

8．辅变流器故障切换试验

（1）断开主断路器，通过 TCMS 屏"开放状态"栏手动切除 APU1，看 APU1 栏变红。重新闭合主断，听 APU2 启动声，各风机启动运行，通过 TCMS 屏"机器状态"栏"风机状态"界面，确认 WP1～WP2 水泵、MA21～MA22 油泵工作正常，MA11～MA16 牵引风机、MA17～MA18 复合冷却风机启动正常。

（2）通过 TCMS 屏"机器状态"栏"辅助电源"界面看 APU2 输出电源频率为 50 Hz，看 PSU1（PSU2）装置投入工作，观察控制电压表及 TCMS 屏显示控制电压 110 V。

（3）断开主断路器，恢复 APU1，切除 APU2 试验（试验内容及步骤同上）。

9．PSU 装置转换试验

（1）断电降弓拉回电钥匙开关，通过 TCMS 屏确认试验时正常工作的 PSU 单元，并通过 TCMS 屏检修模式修改系统日期，修改完毕后脱开蓄电池开关，30 s 后恢复蓄电池开关。

（2）重新升弓闭合主断，确认控制电压表及 TCMS 显示屏显示控制电压 110 V，通过 TCMS 屏"辅助电源"界面，确认另一组 PSU 投入工作。

（3）断开主断路器，采用手动转换 PSU 单元，将 PSU 装置柜侧面转换开关转至另一组 PSU 单元，重新闭合主断，确认控制电压表及 TCMS 显示屏显示控制电压 110 V，通过 TCMS 屏"辅助电源"界面，确认另一组 PSU 投入工作。

【拓展资源】

列车被迫停车可能妨碍邻线处理

立即呼叫邻线车　迅速通知两端站
头部尾部点火炬　正确使用短路线
迅速向后查邻线　防护距离需规范
邻线列车开来时　紧急信号不间断

【项目小结】

本项目重点介绍了我国现有机车的电气动作以及高、低压试验。基础知识方面讲述了机车电气全面检查的程序以及高、低压试验的方法。

基本技能方面主要介绍了 DF_{8B} 型内燃机车、HXN_5、SS_4 和 HXD_3 型机车的电气动作及高、低压试验的具体操作步骤。

【复习思考题】

1. SS_4 型电力机车做低压试验前,需要做哪些准备工作?
2. SS_4 型电力机车做高压试验前,需要做哪些准备工作?
3. HXD_3 型电力机车做低压试验前,需要做哪些准备工作?
4. HXD_3 型电力机车做高压试验前,需要做哪些准备工作?
5. 试简述 HXD_3 型机车低压试验的顺序及要求。
6. 试简述 HXD_3 型机车高压试验的顺序及要求。

参 考 文 献

[1] 中华人民共和国铁道部. 铁路技术管理规程[M]. 北京：中国铁道出版社，2010.
[2] 中华人民共和国铁道部. 铁路机车操作规则[M]. 北京：中国铁道出版社，2013.
[3] 中华人民共和国铁道部. 铁路行车事故处理规则[M]. 北京：中国铁道出版社，2000.
[4] 吴严. 电力机车运用与规章[M]. 北京：中国铁道出版社，2002.
[5] 聂鹏. 电力机车乘务作业[M]. 北京：中国铁道出版社，2011.